Thomas Kunze
Staatschef a. D.

Thomas Kunze

# Staatschef a.D.

## Die letzten Jahre des Erich Honecker

Ch. Links Verlag, Berlin

Die Deutsche Bibliothek – CIP-Einheitsaufnahme
**Kunze, Thomas:**
Staatschef a. D.: Die letzten Jahre des Erich Honecker/
Thomas Kunze. – 1. Aufl. – Berlin: Links 2001
ISBN 3-86153-247-6

1. Auflage, September 2001
© Christoph Links Verlag – LinksDruck GmbH
Schönhauser Allee 36, 10435 Berlin, Tel. (030) 44 02 32–0
www.linksverlag.de; mail@linksverlag.de
Umschlaggestaltung: KahaneDesign, Berlin
unter Verwendung eines Fotos von Rüdiger Osterwald
Lektorat: Ingrid Kirschey-Feix, Berlin
Satz und Lithos: LVD GmbH, Berlin
Druck und Bindung: Franz Spiegel Buch GmbH, Ulm

ISBN 3-86153-247-6

# Inhalt

## »Wir stehen im Durchschnitt zwischen sieben und halb acht auf.«
Sowjetisches Militärasyl für einen Feind der Perestroika –
Der gejagte Honecker und seine alten Waffenbrüder
(April 1990 – März 1991).

## »Ich war im Land meiner Träume.«
Zuflucht ins Moskauer Chaos – Der ungeliebte Gast und das
Ende der Sowjetunion (März 1991 – Juli 1992)

# Vorwort

Im August 2000 bekomme ich Post aus Santiago de Chile. Margot Honecker wünscht mir für mein Vorhaben, ein Buch über die letzten Lebensjahre ihres Mannes zu schreiben, »gutes Gelingen«. »Sie wissen ja am besten als Historiker, wie schwer es ist, mit nur geringe(m) historischen Abstand, zu objektiven Schilderungen oder gar Wertungen zu kommen«, ergänzt sie. Zu einem Gespräch ist sie leider nicht bereit. Margot Honecker hat eigene Pläne. Wenige Wochen später erscheint ihr Interviewband mit Luis Corvalán, dem früheren Generalsekretär der Kommunistischen Partei Chiles.

Die Unterstützung von Margot Honecker wäre mir wichtig gewesen. Schließlich verbrachte sie die Zeit nach dem Sturz von Erich Honecker mit Ausnahme eines halben Jahres beinahe täglich an dessen Seite. Nach der Lektüre ihres Buches war ich ernüchtert. Margot Honecker wollte nach eigenem Bekunden »einen bescheidenen Beitrag dazu leisten, historische Wahrheiten gerade jetzt in Erinnerung zu rufen«. Aber die »Wahrheiten«, die sie verkündet, sind oft nur Stereotype aus der Zeit des Klassenkampfes. Ihr Interviewband erinnert in vielen Passagen an Honeckers »politisches Testament«, die »Moabiter Notizen« aus dem Jahre 1994. Kein Wunder – schließlich war sie wesentlich am Entstehen dieses Buches beteiligt. Margot Honecker sagt in dem Interview nichts Neues. Meine Absicht, die letzten Lebensjahre des einstigen Staats- und Parteichefs der DDR auch ohne ihre Hilfe sachlich und unvoreingenommen zu schildern, wurde bestätigt. Methodisch bediente ich mich des Handwerkszeugs des Historikers und Journalisten. Ich recherchierte in Archiven, befragte Zeitzeugen und wertete die Presse, Memoirenliteratur sowie wissenschaftliche Publikationen aus.

Zum einen möchte ich die Lebensgeschichte Honeckers nach 1989 als zusammenfassende Chronik der Ereignisse schreiben und damit einen Beitrag für eine Honecker-Biographie leisten. Zum anderen will ich darstellen, welche Wirkungsmechanismen sich entfalten, wenn Macht von einem Tage zum anderen verlorengeht und nahezu offen auf der Straße liegt.

Die DDR zerfiel 1989 trotz der Mauer, die Honecker um sie gebaut hatte. Ihr einstiger Staatschef erlebte nach seinem Sturz einen nicht enden wollenden Fall. Die meisten seiner Freunde und Genossen wandten sich von ihm ab. Erich Honecker zog, vom »Volkszorn« getrieben, mehr oder weniger obdachlos, umher. Krank und verfolgt verbrachte er seine letzten Lebensjahre in Krankenhäusern, Gefängnissen oder in einem Pfarrhaus. Honecker suchte Asyl im Ausland, aber Deutschland ließ ihn nicht los. Immer wieder meldete er sich zu Wort, obwohl immer weniger ihn hören wollten. Die Geschichte seiner Flucht gleicht einer Odyssee. Der Flüchtling ist ein alter, weißhaariger Mann, der aussieht wie der liebenswerte Opa von nebenan. Der Umgang mit ihm erscheint gefühllos. Doch Erich Honecker war vor allem moralisch und politisch der Hauptverantwortliche für ein System, das Menschen entmündigt und eingesperrt hat und dessen Repressionsorgane über 40 Jahre den Freiheitsdrang seiner Bürger mit vielen Mitteln, die einer Diktatur, gleich, welcher Prägung, zur Verfügung stehen, unterdrückte. In jenem Spannungsfeld bewegte ich mich bei meiner Recherche.

Ich möchte mich an dieser Stelle sehr herzlich für die freundliche Kooperation des Bundesarchivs »Stiftung der Parteien und Massenorganisationen der DDR« bedanken. Ebenso war mir die Unterstützung von Karin Göpel (Archiv der Bundesbeauftragten für die Unterlagen des Staatssicherheitsdienstes der ehemaligen Deutschen Demokratischen Republik) eine wertvolle Hilfe. Oberstaatsanwalt Bernhard Jahntz vom Kriminalgericht Berlin-Moabit war so freundlich, mir nicht nur seine Sicht auf den 1992er Prozeß gegen Erich Honecker zu erläutern, sondern stand mir außerdem unbürokratisch bei der Einsichtnahme in die Gerichtsakten zur Seite. Zeitungsdurchsichten wurden mir dank der Mithilfe von Dr. Anita Kecke und Dr. Claus Baumgart (beide »Leipziger Volkszeitung«) erleichtert. Dr. Ursula Ueberschär half mir bei vielen Recherchen. Der Historiker Gerd-Rüdiger Stephan, ein ausgewiesener Fachmann für die Geschichte der »Wende« in der DDR, stellte mir freundlicherweise sein »Adreßbuch« zur Verfügung und erleichterte mir damit die Kontaktaufnahme zu einigen Zeitzeugen. Jürgen Effing danke ich für seine Hilfe in Nürnberg.

Bei der Arbeit an diesem Buch bin ich jedoch auch auf zahlreiche Widerstände gestoßen. Noch heute, über zehn Jahre nach der »Wende«, ist die Wirkung der ehemaligen Staatspartei SED spürbar. Viele der »führenden Genossen« von damals möchten nicht an die eigene Vergangenheit erinnert werden. Andere wiederum schämen sich heute dafür, ihren einstigen Generalsekretär verraten zu haben, nachdem sie ihn nicht mehr für ihr eigenes Fortkommen benötigten. Und es gibt nicht wenige, die heute noch der DDR nachtrauern und deshalb an einem unparteiischen Aufarbeiten der Geschichte kein Interesse haben.

Um so dankbarer war ich für die Bereitschaft von ehemaligen hochrangigen SED-Funktionären, die meine Fragen offen beantworteten oder mir bei der Vermittlung weiterer Kontakte behilflich waren. Ich darf an dieser Stelle stellvertretend den letzten Generalsekretär des ZK der SED, Egon Krenz, das ehemalige Politbüromitglied Günter Schabowski, den früheren Leiter des Büros des Politbüros, Edwin Schwertner, den damaligen Vorsitzenden der Staatlichen Plankommission, Dr. Gerhard Schürer, den einstigen Leiter der Abteilung Sicherheitsfragen beim ZK der SED, Dr. Wolfgang Herger, den letzten im Jahre 1989 gewählten Leipziger SED-Bezirkschef Dr. Roland Wötzel sowie den ehemaligen Sekretär des Nationalrates der Nationalen Front, Dr. Norbert Podewin, nennen.

Prof. Dr. med. Peter Althaus, der Honecker im Januar 1990 operierte, berichtete mir über diese Tage. Honeckers Rechtsanwalt Dr. Friedrich Wolff schilderte mir seine Sicht der Ereignisse. Honeckers Tochter Erika Wildau war mir mit einigen Informationen behilflich und außerdem so freundlich, Teile des Buchmanuskriptes gegenzulesen. Der Liedermacher Reinhold Andert, der Honecker im Frühjahr 1990 interviewte, vermittelte mir wichtige Innenansichten. Mein Dank für ihre Kooperation gilt auch den Vertretern der ehemaligen Strafverfolgungsbehörden der DDR, dem früheren Vize-Generalstaatsanwalt Prof. Dr. Lothar Reuter, dem damaligen Leiter der Abteilung Wirtschaftsstrafsachen beim Generalstaatsanwalt der DDR, Dr. Adolf Buske, sowie dem Kriminalisten Ralf Romahn.

Wichtig war auch, daß ich Hans Wauer kennenlernte. Er ist heute der stellvertretende Vorsitzende der 1990 in der DDR gegründeten KPD. Seit 1992 engagierte er sich im »Solidaritätskomitee Erich Honecker«. Unter den Bildern von Stalin und Kim Il Sung erzählte er mir von seinen Begegnungen mit Honecker. Hans Wauer stellte mir umfangreiches Schriftmaterial aus seinem Privatarchiv zur Verfügung.

Ich hatte außerdem die Gelegenheit, mit vielen politischen Akteuren sprechen zu können, die nach dem Oktober 1989 mittelbar oder unmittelbar mit Erich Honecker zu tun hatten. Altbundeskanzler Dr. Helmut Kohl stellte sich meinen Fragen genauso geduldig wie der Bundesminister a.D. Dr. Norbert Blüm sowie die letzten beiden Ministerpräsidenten der DDR, Dr. Hans Modrow und Lothar de Maizière. Dem ehemaligen Konsistorialpräsidenten der evangelischen Kirche und heutigen brandenburgischen Ministerpräsidenten Manfred Stolpe danke ich für seine Kontaktvermittlungen zu Kirchenvertretern. Die Auskünfte von Oberkirchenrat a.D. Martin Ziegler, einem der ehemaligen »Moderatoren« am »Zentralen Runden Tisch« der DDR, flossen in meine Arbeit ebenso ein wie die Informationen von Pastor Uwe Holmer, der Honecker 1990 in seinem Pfarrhaus Asyl gewährte. Der letzte Innenminister der DDR, Dr. Peter-Michael Diestel, traf Erich Honecker im Sommer 1990 zweimal im sowjetischen Militärhospital Beelitz. Er berichtete mir ausführlich über seine Eindrücke. Dank der freundlichen Unterstützung des Büros von Bundesaußenminister a.D. Hans-Dietrich Genscher gelang es mir, mit den ehemaligen Beratern von Michail Gorbatschow, Georgi Schachnasarow, Karen Karagesian und Anatoli Tschernajew, über die Zeit zu sprechen, die Honecker nach 1989 unter sowjetischer Obhut verbrachte. Mit Abdallah Frangi, dem Leiter der Generaldelegation Palästinas in der Bundesrepublik Deutschland, und Abdallah Hijazi, dem früheren Kulturattaché der Botschaft Palästinas in der DDR, unterhielt ich mich über die Unterstützung, die Honecker noch nach seinem Sturz seitens der PLO erhielt.

Wo nötig, wird aus bestimmten Gesprächen zitiert, ohne Interviews jedoch vollständig wiederzugeben.

Abschließend bedanke ich mich bei Prof. Dr. Günter Bernard, Dr. Heidi Roth, Susanne Zwiener, Andreas und Guido Schöneboom, André Ueberschär, Dr. Volker Külow, Joachim Gottschalk, Ingrid Braun-Dettmer und Andreas Diestel für ihre Unterstützung sowie Ingrid Kirschey-Feix für ihr sach- und fachkundiges Lektorat.

Ein herzlicher Dank gilt meiner Frau, die nicht nur die Interviews mit den russischen Gesprächspartnern führte und das Manuskript korrigierte, sondern die mir in jeder Weise hilfreich zur Seite stand.

*Dr. Thomas Kunze, August 2001*

# Prolog

»30. Mai 1994/Berlin/Neues Deutschland:

Das Zentralkomitee der Sozialistischen Einheitspartei Deutschlands und der Staatsrat der Deutschen Demokratischen Republik teilen tiefbewegt mit, daß der hervorragende Funktionär der deutschen und internationalen Arbeiterbewegung, das Mitglied des Politbüros des ZK der SED und der Vorsitzende des Staatsrates der Deutschen Demokratischen Republik, unser Genosse Erich Honecker, für immer die Augen geschlossen hat. Wir trauern um einen Genossen, der sich als hervorragender Kommunist, als glühender Patriot, kämpferischer Internationalist und hochgeschätzter Staatsmann unermüdlich und mit ganzer Kraft für das Wohl und das Glück des Volkes unserer Deutschen Demokratischen Republik eingesetzt hat. Die großartigen Leistungen des Genossen Erich Honecker für unsere edlen sozialistischen Ziele, seine Treue zur Partei der Arbeiterklasse und zum Sozialismus und seine revolutionäre Gesinnung werden der ganzen Partei und dem Volke der Deutschen Demokratischen Republik unvergessen bleiben. Es wird Staatstrauer angeordnet.«

So oder ähnlich hätte die Parteizeitung, das Zentralorgan der SED »Neues Deutschland«, wohl über den am 29. Mai 1994 verstorbenen Erich Honecker berichtet, wenn im Herbst 1989 nicht Hunderttausende Demonstranten überall in der DDR dem sozialistischen Experiment auf deutschem Boden ein Ende bereitet hätten.

Der schon geplante XII. Parteitag der SED sollte den 77jährigen Erich Honecker im Frühjahr 1990 erneut zum Generalsekretär der SED wählen. Das belegen die Aussagen hochrangiger ehemaliger Parteifunktionäre. Dieses Amt hätte Honecker aufgrund seiner fortschreitenden Krebserkrankung sicher nicht bis zu seinem Tode ausgeübt, doch den Staatsratsvorsitz hätte man ihm möglicherweise belassen, so wie ehedem Walter Ulbricht.

Erich Honecker stirbt am 29. Mai 1994 nicht in Berlin, sondern in Santiago de Chile. Die DDR existiert nicht mehr. Das nun als »sozialistische Tageszeitung« erscheinende »Neue Deutschland« meldet in dürren Zeilen: »Der ehemalige DDR-Staatschef, Erich Honecker, ist am Sonntag in Santiago de Chile seinem schweren Krebsleiden erlegen.«[1]

Einst hatte Erich Honecker den DDR-Personalausweis mit der Nummer A 000 000 1. Zum Zeitpunkt seines Todes besaß er einen bundesdeutschen Reisepaß mit einem Touristenvisum für Chile. Honecker fand aus der Sicht vieler ehemaliger DDR-Bürger ein tragisches, aber gerechtes Ende. Der Mann, dessen Politik immer mehr DDR-Bürger dazu trieb, ihrem Land den Rücken zu kehren, war die letzten Jahre seines Lebens selbst auf der Flucht. Diese Flucht begann am Tag seines Sturzes.

# »Ein schändliches Spiel!«

Das Ende einer Karriere – Erich Honeckers letzte Arbeitstage
(Oktober 1989)

## Das Politbüro als Verschwörerrunde

17. Oktober 1989, 10 Uhr, Haus des Zentralkomitees der SED, Ostberlin. Nur Verteidigungsminister Heinz Keßler fehlt, er ist auf Dienstreise in der Karibik. Alle anderen Mitglieder und Kandidaten des
26 Personen umfassenden SED-Politbüros sind versammelt: Willi
Stoph, Egon Krenz, Günter Mittag, Hermann Axen, Joachim Herrmann,
Erich Mielke, Werner Eberlein, Kurt Hager etc. Auf den ersten Blick
unterscheidet diesen Dienstag nichts von den sonstigen Sitzungstagen
des obersten Machtgremiums der DDR. Aber nur auf den ersten Blick,
denn die Atmosphäre im Saal ist aufs höchste angespannt. Die versam-
melte Runde plant nichts Geringeres als den Sturz ihres Chefs. Erich
Honecker, der Generalsekretärs des Zentralkomitees der Sozialistischen Einheitspartei Deutschlands, Vorsitzender des Staatsrates sowie
des Nationalen Verteidigungsrates der Deutschen Demokratischen Republik, soll abgesetzt werden.

Die Hauptdrahtzieher des geplanten Coups sind Egon Krenz, Honeckers Kronprinz, Siegfried Lorenz, Erster Sekretär der SED-Bezirksleitung Karl-Marx-Stadt, und Günter Schabowski, Erster Sekretär der
SED-Bezirksleitung Berlin. Auch Gerhard Schürer, der Vorsitzende
der DDR-Planungskommission, und Harry Tisch, der Chef des Freien
Deutschen Gewerkschaftsbundes, gehören zu den Verschwörern. Die
fünf haben sich der Unterstützung anderer Politbüromitglieder versichert, und noch am vorangegangenen Nachmittag hat sich Tisch in
Moskau bei Gorbatschow »grünes Licht« geben lassen. Der Kreml-
Chef wünschte »viel Erfolg bei (dem) Vorhaben«[2]. Dennoch ist man
sich des Gelingens der Sache nicht sicher. Wer von den anwesenden
Genossen wird schließlich doch für Honecker Partei ergreifen?

Gerhard Schürer hat einen handgeschriebenen Zettel vor sich liegen. Darauf steht unter der Überschrift »Plan und Ablauf«: »General-sekretär E. H. offensichtlich nicht mehr in der Lage, Führung auszu-üben, Gefahr der Spaltung.«[3] Außerdem hat sich Schürer notiert, mit wessen Stimme für Honeckers Absetzung fest gerechnet werden kann. Neben ihm selbst sind das Harry Tisch, Kurt Hager und Alfred Neu-mann. Selbstverständlich gehören auch Krenz, Schabowski und Lo-renz dazu, obwohl er das nicht gesondert vermerkt hat. Als »eventuell schwankend« schätzt der DDR-Planungschef seinen Kollegen Horst Dohlus sowie die beiden »Quotenfrauen« des Politbüros, Inge Lange und Margarete Müller, ein. Gleichfalls unsicher ist sich Schürer bei dem heute ohnehin abwesenden Heinz Keßler und bei Erich Mielke: »Keßler und Mielke muß Egon klären«, heißt es in seinem konspirati-ven Plan. Als »eventuell gegen uns« betrachtet Schürer den DDR-Ministerpräsidenten Willi Stoph, den Volkskammerpräsidenten Horst Sindermann, den Chef der SED-Parteikontrollkommission und Vor-sitzenden der SED-Fraktion in der Volkskammer, Erich Mückenber-ger, den Außenpolitiker Hermann Axen wie auch die Politbüromit-glieder Günter Mittag und Joachim Herrmann, die als enge Vertraute Honeckers gelten. Im Ergebnis stellt Gerhard Schürer fest: »11 sicher, 3 gegen, 5 schwankend … Mittag (und) Herrmann müssen so früh als möglich weg.«[4]

## Die Tage und Stunden zuvor

Doch taufrisch ist dieser Plan nicht mehr. »Zwei Formulierungen las-sen darauf schließen, daß (er) nicht unmittelbar vor jenem Dienstag niedergeschrieben wurde«,[5] sagt Günter Schabowski. Egon Krenz hat nämlich mittlerweile seine Hausaufgaben gemacht und den gefürchte-ten Erich Mielke eingeweiht. Und, wie sich gleich zeigen wird, auch Willi Stoph. Krenz hatte am Wochenende mit ihm gesprochen. Stoph ist sogar bereit, die Rolle des Brutus zu übernehmen und auf der heuti-gen Sitzung persönlich die Absetzung Erich Honeckers zu fordern.

Zwei Abende vorher hatten sich die Hauptverschwörer in ihrer Funk-tionärs-Wohnsiedlung Wandlitz getroffen. In der Dämmerung waren Schabowski und Krenz in Trainingsanzügen und auf Nebenwegen zum Haus von Harry Tisch geschlichen. Sie hatten Angst, daß Honecker ih-nen unverhofft über den Weg laufen könnte. »Das wäre nicht sehr ange-nehm gewesen«, erinnert sich Günter Schabowski. »Vielleicht hätte

*Einheit und Geschlossenheit: Erich Honecker auf dem VIII. Parteitag der SED 1971. Hinter ihm in der ersten Reihe von links nach rechts erkennbar, Kurt Hager (1.), Willi Stoph (2.), Hermann Axen (4.), Horst Sindermann (6.).*

ihn eine solche Begegnung zu einer Kurzschlußhandlung veranlaßt, weil es nicht üblich war, daß Krenz und Schabowski gemeinsam durch die Wälder trabten.«[6]

Alle Unwägbarkeiten sollten so gut wie möglich ausgeschlossen werden. Der Ablauf der entscheidenden Sitzung ist beinahe generalstabsmäßig geplant. Ungefähr eine Hälfte der Politbüromitglieder weiß von dem Vorhaben, die andere ahnt wohl, was heute passieren soll. Der Siedepunkt ist erreicht.

Staatssicherheitsminister Erich Mielke telefoniert kurz vor der Sitzung noch mit dem im ZK für Sicherheitsfragen zuständigen Wolfgang Herger, einem Vertrauten von Egon Krenz, und fordert ihn auf, sich mit ein paar zuverlässigen Mitarbeitern während der Politbürositzung vor dem Beratungsraum aufzuhalten. Herger ist an der Vorbereitung des Sturzes beteiligt. Er gilt in Parteikreisen »als einer der Klügsten dort oben«[7]. Egon Krenz beordert seinerseits den amtierenden Verteidigungsminister, Generaloberst Fritz Streletz, ins ZK-Gebäude. Man hat Angst vor Honeckers Widerstand. In kommunistischen Parteien gibt es kein schlimmeres Verbrechen als Fraktionsbildung. »Du konntest eher Sodomie betreiben, als daß du versucht hättest, eine Fraktion hoch-

17

zuziehen«,[8] meint Günter Schabowski. Ein gescheiterter Umsturzversuch könnte für die Verschwörer existenzbedrohend sein. Und so ist es nur verständlich, daß sich einige der Politbüromitglieder davor fürchten, Honecker könne sie mit Hilfe seines Personenschutzes verhaften lassen.

## Die entscheidende Sitzung

10.05 Uhr. Die Anwesenden werden unruhig. Erich Honecker legt stets Wert auf Pünktlichkeit, und die Sitzung hätte schon vor fünf Minuten beginnen sollen. Wo bleibt der Generalsekretär? Was ist passiert? Warum kommt er nicht? Die Politbüromitglieder sprechen leise miteinander, immer wieder richten sich die Blicke zur Tür. Endlich, zehn Minuten nach zehn, geht sie auf, und Erich Honecker betritt den Saal. Er scheint gutgelaunt zu sein. Wie gewohnt, gibt er jedem die Hand und bedauert die Verspätung: »Entschuldigt, Genossen, Hans Modrow hat gerade angerufen. Er will auf mich zukommen. Wir wollen miteinander reden.«[9] Egon Krenz erschrickt. Warum ruft gerade jetzt der Dresdner SED-Chef Modrow bei Honecker an? Er ist einer, der wenigen Personen außerhalb des Politbüros, die wissen, was heute passieren soll. In der Öffentlichkeit eilt Modrow der Ruf eines Reformers voraus. Unter den hohen SED-Funktionären macht er in den letzten angespannten Monaten die beste Figur. Modrow gilt als Sympathieträger. Die Westmedien haben ihn dazu gemacht, und der sowjetische Geheimdienst KGB war dabei, nach Überzeugung von Günter Schabowski, nicht untätig. Doch weder Egon Krenz noch seine Mitverschwörer haben Zeit, über das mysteriöse Telefonat nachzudenken. Sie sind hochkonzentriert und richten ihre Aufmerksamkeit auf das, was gleich passieren soll.

Erich Honecker setzt sich an seinen angestammten Platz am Kopfende des Beratungstisches und eröffnet die Tagung. Zunächst verliest Edwin Schwertner, der Leiter des Büros des Politbüros, das Beschlußprotokoll der vorangegangenen Sitzung. Es ist das letzte Politbüroprotokoll der Honecker-Ära, das ins Archiv gelangt.[10] Auf Honeckers heutigem Plan steht nichts wirklich Wichtiges. Nicht einmal die vor fünf Tagen durchgeführte Beratung mit den SED-Bezirkssekretären, bei der deutliche Worte gegen seine Politik fielen, will er auswerten. Und das, obwohl Hunderttausende Demonstranten in der DDR seit Wochen politische Veränderungen von ihrer Führung einfordern und Zehntausende das Land bereits verlassen haben. Honecker selbst hatte erst am gestrigen Abend im Büro von Innenminister Friedrich Dickel die eingehenden Lageberichte aus Leipzig zur Kenntnis genommen. Die Stadt war hermetisch abgeriegelt, als sich gegen 17 Uhr, nach dem Friedensgebet in der Nikolaikirche, wie schon so viele Montage zuvor, ein Demonstrationszug um den Leipziger Ring in Bewegung setzte. Diesmal hatten sich trotz der bestehenden Angst vor einer »chinesischen Lösung«[11] über 150 000 Menschen an dem Protest beteiligt. So viele waren es noch nie gewesen.

Aber jetzt endlich stellt Honecker die Frage, auf die man im Sitzungssaal gewartet hat: »Gibt es noch Vorschläge zur Tagesordnung?«[12] Er schaut in die Runde. Der entscheidende Moment ist gekommen. Willi Stoph meldet sich zu Wort. »Erich, gestatte.« Honecker erwidert überrascht: »Ja.« In seinem üblichen, etwas leiernden Tonfall läßt Stoph nun die Bombe platzen: »Ich schlage vor: Erster Punkt der Tagesordnung, Entbindung des Genossen Erich Honecker von seiner Funktion als Generalsekretär und Wahl von Egon Krenz zum Generalsekretär.«

Einen Augenblick lang herrscht in dem Raum Grabesstille. Man hätte eine Stecknadel fallen hören können. Stoph redet weiter. Er begründet seinen ungeheuerlich anmutenden Vorstoß mit der außerordentlich schweren Lage in der Republik, die mit Honeckers Amtsführung zusammenhänge. Er erwähnt auch den angeschlagenen Gesundheitszustand des Generalsekretärs, der diesem eine Veränderung des Arbeitsstils und das Einschlagen neuer Wege erschwerte.[13]

Erich Honecker reagiert mit steinernem Gesicht und mit eisigem Schweigen auf Stophs Vortrag. Beide verbindet eine lange gemeinsame Wegstrecke. Hatte er Stoph nicht im Jahre 1976 den Posten des Vorsitzenden des Ministerrates verschafft und sich damit Horst Sindermann, der dieses Amt bis dahin innehatte, zu seinem Feind gemacht? Hatte er nicht Stoph, den wegen seines »sauertöpfischen Ausdrucks«[14], seines unfreundlichen Wesens und seiner Eigenbrötelei[15] keiner so richtig mochte, immer wieder in Schutz genommen? Und jetzt fällt ihm dieser Mann in den Rücken? Darüber ist Honecker augenscheinlich tief betroffen. Für ihn ist das Ganze »ein schändliches Spiel«[16]. Doch er gewinnt rasch wieder die Kontrolle über seine Gefühle, und auch später gibt er nicht zu, wie sehr ihn Stophs Attacke verletzt hat: »Ich war selbstverständlich sehr überrascht von diesem Antrag Willi Stophs, habe mich aber, wie so oft in meinem Leben, sehr

19

rasch gefaßt«,[17] wiegelt er ab. In der Tat zeigt sich Honecker wenige Sekunden nach dem Vorschlag wieder als taktierender Machtmensch. Er will nicht klein beigeben. »Na bitte«, sagt er, »diskutieren wir darüber!«[18]

Die Fäden dieser Diskussion will Honecker selbst in der Hand behalten. Zuerst sollen die Politbüromitglieder sprechen, deren Unterstützung er sich sicher ist. Ein geschickter Schachzug, der dazu führen könnte, der Palastrevolte den Wind aus den Segeln zu nehmen. Doch was nun folgt, kommt für Honecker einem Desaster gleich. Gleichgültig, wem er das Wort erteilt, es gibt in der Runde nicht einen einzigen, der sich gegen Stophs Vorschlag stellt. Selbst der ZK-Sekretär für Wirtschaftsfragen, Günter Mittag, der als Honeckers engster Vertrauter gilt, spricht sich für dessen Ablösung aus. Sie sei schon lange fällig gewesen, läßt er kurz und stammelnd wissen. Dabei gibt sich der Aufseher über 224 Kombinate und 3 526 Industriebetriebe sehr besorgt. Das verlorengegangene Vertrauen in die Partei müsse wiedergewonnen werden, doziert er.[19]

Ein weiterer Spitzenfunktionär, den Honecker als einen sicheren Trumpf wähnt, fällt ihm gleichfalls in den Rücken – Pressezensor Joachim Herrmann. Ihm unterstehen die Nachrichtenagentur ADN, Rundfunk, Fernsehen sowie alle in der DDR erscheinenden Zeitungen und Zeitschriften. Eigentlich gilt er als williges »Sprachrohr Honeckers«[20]. Heute aber findet Herrmann keine unterstützenden Worte für den Generalsekretär, den dessen Beitrag »sehr überrascht«[21].

Äußerlich regungslos hört sich Honecker nun eine aggressive Rede von Landwirtschaftssekretär Werner Krolikowski an. Dieser läßt »einen wütenden, mit Injurien gespickten Beitrag los, der verblüffte, weil der Mann bis dato als ein absolut angepaßter Mensch galt, selbst in Fragen, bei denen es nicht unbedingt nötig war, Ergebenheit zu demonstrieren«[22].

Dann meldet sich der für Propagandafragen zuständige Kurt Hager zu Wort, der im In- wie Ausland durch seinen »Tapetenvergleich«[23] zu ungewollter Berühmtheit gelangt war. Der oberste Kulturhüter der DDR wechselt nun doch die Tapete: »Unter Berufung auf die äußerst kritische Stimmung unter den Kulturschaffenden und den Vertrauensverlust, den die Parteiführung, insbesondere der Generalsekretär, erlitten hatte, unterstützte ich den Antrag Stophs ... Eine andere Entscheidung war nicht möglich.«[24]

Erich Honecker zeigt während der Wortmeldungen nur ein einziges

Mal seine starke innere Erregung. Das geschieht während des Redebeitrages des Mannes, mit dem ihn seit seinem Amtsantritt ein »besonderes Vertrauensverhältnis«[25] verbindet: Erich Mielke. Der Minister für Staatssicherheit ergeht sich in Entrüstungstiraden gegen Honecker und empfindet den Vorschlag, ihn abzulösen, richtig. Die Lage, so Mielke, sei sehr ernst, denn schließlich gehe es um die Macht. An diesem Punkt reicht es Erich Honecker, und er gibt dem Staatssicherheitsminister zu verstehen, »er solle die Klappe nicht so weit aufreißen«[26]. Doch Mielke ist nicht zu bremsen und droht, er werde noch mal auspacken, da werden sich alle noch wundern.

Es gibt nur drei Personen aus dieser Dienstagsrunde, die Honecker später noch einigermaßen positiv erwähnt: Siegfried Lorenz, Inge Lange und Margarete Müller. Obwohl Lorenz zu den Initiatoren des Sturzes von Erich Honecker zählt, erinnert er zumindest an die gute Zusammenarbeit, die ihn mit dem Generalsekretär verband. Die beiden Frauen im Politbüro verlangen, daß Honecker mit Würde aus der Funktion scheide.

Über drei Stunden sind vergangen. Die Uhr zeigt 13.20. Während der Debatte unterbreitet Alfred Neumann unmittelbar nach den Redebeiträgen von Mittag und Herrmann den Vorschlag, auch diese ehemaligen Vertrauten Honeckers zu entlassen. Erich Honecker, der nur mühsam seinen Gemütszustand verbergen kann, ist sich mittlerweile darüber im klaren, daß er verloren hat. Sein Bericht über das nun Folgende hört sich so an: »Weitere Anträge gab es nicht. Zuerst habe ich darüber abstimmen lassen, wer dafür ist, … mich von meinen drei Funktionen zu entbinden, und ich bat um das Handzeichen. Daraufhin haben alle Mitglieder des Politbüros und alle Kandidaten[27] zugestimmt. Ich selbst habe dem Beschluß ebenfalls durch die Hebung meiner Hand die Zustimmung gegeben. Dann fuhr ich fort und sagte: ›Wer dafür ist, Günter Mittag von seinen Funktionen zu entbinden, den bitte ich ebenfalls um das Handzeichen.‹ Da haben alle zugestimmt, und ich auch. Und das gleiche geschah bei Joachim Herrmann.«[28]

Erich Honecker ist ein geschlagener Mann. Niemand hat gegen seine Ablösung gestimmt. Offiziell ist er auch jetzt noch Generalsekretär der Partei, denn nur das Zentralkomitee[29] kann ihn abberufen. Als Honecker soeben für seinen eigenen Sturz die Hand hob, ergänzte er, daß er nur zum Rücktritt bereit sei, wenn das ZK zustimme. Morgen soll es tagen.

Obwohl man Honecker ansieht, daß er kaum noch Kraft hat, spricht er noch einmal vor dem Politbüro, dem er 18 Jahre lang vorstand. Er spricht von »Genossen, von denen (er) das nie erwartet habe«[30] und beschwört die Runde, die »Errungenschaften der DDR nicht an(zu)tasten«. Der Sozialismus darf nicht zur Disposition stehen, mahnt er. Doch als alter Klassenkämpfer sieht er den Verlauf der Ereignisse voraus. »In (der) Ungarischen Volksrepublik hat (der) erste Schritt auch nicht geholfen«,[31] warnt er. Honecker hat recht. In Ungarn, der »fröhlichsten Baracke im Ostblock«[32], war Honeckers langjähriger Amtskollege Janos Kádár bereits im Mai 1988 als Generalsekretär der USAP zurückgetreten.[33] Sein Rücktritt läutete das Ende des dortigen »Gulasch-Kommunismus«[34] ein. Am 10. September 1989 öffnete Ungarn schließlich als erstes Land den Eisernen Vorhang und beging damit nach Ansicht Honeckers »Verrat«[35].

Und so ist sich Erich Honecker sicher: Durch seine Ablösung wird nichts beruhigt, denn »der Feind wird weiter heftig arbeiten«[36]. Am Schluß bemerkt er wörtlich: »Ich sage das hier nicht als geschlagener Mann, sondern als Genosse, der bei voller Gesundheit ist.«[37] Dann erhebt er sich. Kalkweiß verläßt er den Raum. Die Tür schließt sich hinter ihm. Es ist 13.50 Uhr. Eine Ära ist zu Ende gegangen.

## Eine kommunistische Musterkarriere

Erich Honecker wurde am 25. August 1912 als Sohn eines Bergmanns im saarländischen Wiebelskirchen geboren. Sein Vater meldete den Zehnjährigen in der Kommunistischen Kindergruppe an. Mit 14 Jahren trat Erich Honecker, der Dachdeckerlehrling war, dem Kommunistischen Jugendverband Deutschlands (KJVD) und mit 18 Jahren der KPD bei. Honecker galt als durchsetzungsfähig und – man wollte es später gar nicht mehr glauben – als guter Rhetoriker. Er erhielt erste Parteifunktionen. 1930/1931 besuchte Erich Honecker die Lenin-Schule in Moskau, eine stalinistische Kaderschmiede. Nach seiner Rückkehr leitete der 19jährige Jungfunktionär den saarländischen Verband des KJVD. Der nationalsozialistische Volksgerichtshof verurteilte ihn 1937 wegen illegaler Arbeit für die KPD zu zehn Jahren Zuchthaus, erst 1945 kam er aus dem Zuchthaus Brandenburg frei. Unmittelbar nach Kriegsende begann das »Spitzenprodukt des kommunistischen Nachwuchses«[38] seine Musterkarriere. Er wurde Jugendsekretär des ZK der KPD und Vorsitzender des Zentralen Antifaschistischen Jugendausschusses, ein

*Auf dem DDR-Karriereweg: Der Vorsitzende der Freien Deutschen Jugend 1951.*

Jahr später, 1946, Vorsitzender der Freien Deutschen Jugend (FDJ). 1950 wählte man ihn zum Kandidaten des Politbüros des ZK der SED. 1956 absolvierte er einen Lehrgang an der Moskauer Hochschule des ZK der KPdSU. Über eine weitergehende Ausbildung verfügte Erich Honecker nicht, ein Mangel, den er mit anderen kommunistischen Führern in der DDR sowie in ganz Osteuropa teilte. Er kompensierte fehlende Bildung mit unerschütterlicher kommunistischer Überzeugung, einem feinen Instinkt für die Macht und dem unbedingten Willen, die Karriereleiter zu erklimmen. Sein Aufstieg vollzog sich an der Seite von Walter Ulbricht. 1956 wurde Erich Honecker ZK-Sekretär für Sicherheitsfragen, 1958 Vollmitglied des Politbüros und 1960 Mitglied des Nationalen Verteidigungsrates. Mit der logistischen Vorbereitung und Durchführung des Mauerbaus empfahl er sich im August 1961 für die Nachfolge Ulbrichts. Ende der 60er Jahre war seine Stellung in der Partei gefestigt genug, um zum Sprung auf den Thron anzusetzen. Honecker intrigierte mit Unterstützung Leonid Breschnews gegen Walter Ulbricht und erreichte 1971 dessen Entmachtung als Erster Sekretär des ZK der SED. Er wurde sein Nachfolger als SED-Chef, übernahm außerdem das Amt des Vorsitzenden des Nationalen Ver-

*Süßsaure Miene beim Republikgeburtstag: Treffen Erich Honeckers mit Michail Gorbatschow am 7. Oktober 1989 in Berlin.*

teidigungsrates und krönte 1976 seine politische Karriere durch die Wahl zum Staatsratsvorsitzenden und damit zum Staatsoberhaupt der DDR. Er vereinte jetzt die machtentscheidenden Staats- und Partei-ämter der DDR in seiner Person.

Am Anfang der Ära Honecker stand eine liberalere Haltung der SED gegenüber Künstlern und Intellektuellen sowie eine verbesserte Sozial-politik. Der VIII. SED-Parteitag markierte den Beginn dieser Politik. Gleichzeitig aber sollte die »führende Rolle« der SED im Zuge der »Ge-staltung der entwickelten sozialistischen Gesellschaft«[39] weiter ausge-baut werden. Das Ende der »Liberalisierung« kam bald. Die Kulturpoli-tik wurde seit 1976 wieder repressiver, die Wirtschaft stagnierte. Zu Beginn der 80er Jahre breitete sich Erstarrung auf ganzer Linie aus. Ne-ben ökonomischen Schwierigkeiten mußte sich Honeckers Regime mit aufkommenden oppositionellen Strömungen aus den Reihen der evange-lischen Kirche und der Friedensbewegung auseinandersetzen. Doch Erich Honecker gab sich unbeeindruckt von der wachsenden Opposition im Lande. In ihm wuchs die Überzeugung, für die DDR der bestmögli-che Landesvater zu sein. Sein Realitätsverlust steigerte sich zunehmend.

Bis Mitte der 80er Jahre war Honecker im Gegensatz zu seinem Vorgänger Walter Ulbricht stets darauf bedacht, die »Führungsrolle« der KPdSU nicht in Frage zu stellen und nationale Alleingänge zu vermeiden. Das änderte sich mit dem Machtantritt Michail Gorbatschows. Die sich in der Sowjetunion abzeichnenden neuen Entwicklungen widersprachen zutiefst den orthodox-kommunistischen Vorstellungen des SED-Chefs. In Gorbatschow sah Honecker eine ernste Gefahr für die Existenz des »real existierenden Sozialismus«. Nach den einsetzenden Reformen in Polen und Ungarn demonstrierte er daher seine Ablehnung des Perestroika-Kurses relativ offen. Damit nahm er den DDR-Bürgern jede Hoffnung auf innere Reformen und provozierte die »Abstimmung mit den Füßen«[40]. Dies beschwor auf der Basis einer profunden Wirtschaftskrise den revolutionären Herbst von 1989.

## Nach der Politbürositzung

Als Honecker unmittelbar nach der Politbürositzung am 17. Oktober 1989 seine Diensträume im Haus des Zentralkomitees betritt, bemerkt seine langjährige Sekretärin Elli Kelm instinktiv, daß etwas passiert sein muß. Die Vorzimmerdame kennt ihn gut. Schon seit Honeckers Zeiten in der FDJ hat sie seine Termine koordiniert. Honecker wirkt am heutigen Dienstag anders als sonst. Seine Gesichtszüge sind wie versteinert. Ohne auch nur ein Wort zu verlieren, verschwindet er in seinem Arbeitszimmer.

Zu diesem Zeitpunkt mutmaßt Elli Kelm noch, daß ihr Chef auf der Politbürositzung in »das ungewohnte Wildwasser der Kritik«[41] geraten sei. Auch die anderen fünf Genossen im Büro Honecker[42] ahnen nichts. Erich Honecker beweist an diesem Nachmittag eine ungeheure Selbstdisziplin, die sich in der eigenen Nachbetrachtung so anhört: »Nun, ich ging zurück in mein Arbeitszimmer, habe die erforderlichen Aufräumungsarbeiten durchgeführt und alles zur Übergabe an meinen Nachfolger geordnet. Ich habe mit meiner Sekretärin gesprochen, mit meinen persönlichen Mitarbeitern …, und habe mich von ihnen verabschiedet. Das heißt, ich war vollkommen gefaßt, als die Entscheidung gefallen war.«[43]

Doch es müßte wohl besser heißen, daß er sich vollkommen gefaßt gab. Honecker will Contenance bewahren, auch wenn ihn diese Anstrengung an den Rand der physischen Erschöpfung führt. Zunächst

25

ruft er im Ministerium für Volksbildung an. Der Noch-SED-Chef informiert seine Frau, Volksbildungsministerin Margot Honecker, über das soeben Geschehene. »Es ist passiert«,[44] sagt er. Dann räumt er seinen Schreibtisch auf. Das einzige Foto darauf nimmt er mit. Es ist ein Bild seines Enkelsohnes Roberto. Der Junge trägt auf der Aufnahme eine Budjonny-Mütze, die er ihm einmal von einer Auslandsreise mitgebracht hatte. Für Besucher war das Bild nicht sichtbar, man hätte schon um den Schreibtisch herumlaufen müssen, um es zu sehen. Auch einige Vorgänge bearbeitet Honecker noch. Einer Freundin, der Schriftstellerin Wera Küchenmeister, die an diesem Tag ihren 60. Geburtstag feiert, läßt er eine persönliche Widmung zukommen: »Als letzten Gruß.«[45] Eine Information über die aktuelle Lage in der DDR von Horst Dohlus, dem für die SED-Kaderpolitik[46] zuständigen Politbüromitglied, versieht er mit dem Vermerk: »Gen. E. Krenz, EH«[47]. Die meisten Unterschriftsmappen bleiben allerdings unerledigt liegen. Dann ruft er Krenz an und bittet ihn zu sich. Ahnt Honecker, daß sein politischer Ziehsohn zu den Hauptdrahtziehern des Komplotts gegen ihn gehört? Beide einigen sich jedenfalls in bewährter stalinistischer Tradition darauf, Honeckers Sturz als »Rücktritt aus gesundheitlichen Gründen« darzustellen.[48] »Du wirst verstehen, daß mich dies alles bewegt …«, sagt Honecker, »kannst Du mir eine kurze Erklärung vorbereiten, die ich auf dem ZK-Plenum abgeben kann?«[49] Krenz verspricht es. Dann ändert Erich Honecker die Einladung an die Mitglieder des Zentralkomitees der SED. Ursprünglich sollte die nächste Tagung vom 15.–17. November 1989 stattfinden. Honecker wollte über die Aufgaben der Partei in Vorbereitung auf den für das Frühjahr 1990 geplanten XII. Parteitag der SED referieren sowie Thesen zur Gesellschaftsstrategie der SED für die 90er Jahre beraten. Der neue Text ist kurz und bündig und geht als Blitztelegramm an alle Mitglieder des ZK: »Werte Genossen! Die 9. Tagung des Zentralkomitees der SED ist auf Beschluß des Politbüros für Mittwoch, den 18. Oktober 1989, 14.00 Uhr im Hause des ZK einberufen. Tagesordnung: Zur politischen Lage. Mit sozialistischem Gruß E. Honecker.«[50]

Meistens findet man den Generalsekretär, der seinen Arbeitstag in der Regel um 8.30 Uhr beginnt, noch 19 Uhr in seinem Büro. Heute will er früher nach Hause. Sichtbar gezeichnet von den Ereignissen des Tages läßt er seinen Chauffeur rufen. Im Konvoi geht es zurück in die Funktionärssiedlung Wandlitz. Als Erich Honecker am frühen Abend des 17. Oktober dort ankommt, hat er den schwärzesten Tag in seinem Leben hinter sich. Margot Honecker ist zu Hause. Unmittelbar nachdem sie die Nachricht vom Sturz ihres Mannes erreicht hatte, war sie von ihrem Ministerium nach Wandlitz zurückgefahren. Honeckers Frau beschreibt sein Verhalten an jenem Abend als gefaßt und entlastet. »Weißt Du, ich bin regelrecht erleichtert, ich könnte es nicht mehr«,[51] hätte er zu ihr gesagt. Vielleicht war es auch nur die erschöpfte und schönfärbende Aussage eines tief gekränkten Mannes, der keine Alternative mehr hatte.

## Rückblicke: Vorboten des Sturzes

Erich Honecker behauptete später immer wieder, nichts von der Konspiration geahnt zu haben und sehr überrascht gewesen zu sein: »Ich muß ganz offen sagen, daß ich von der ganzen Soße nichts gewußt habe.«[52] Doch das dürfte kaum der Wahrheit entsprechen. Es hatte in den vorhergegangenen Tagen und Wochen zu deutliche Anzeichen dafür gegeben, daß die Ära Honecker dem Ende entgegenging. Das konnte auch der machtverliebte und von schmeichelnden Schönrednern umgebene 77jährige Honecker nicht übersehen haben. Spätestens nachdem Gorbatschow anläßlich der Feierlichkeiten zum 40. Jahrestag der DDR mit seinem Satz »Wer zu spät kommt, den bestraft das Leben« demonstrativ gegen die Reformverweigerer in der SED Stellung bezogen hatte, wendete sich das Blatt gegen Honecker. Sollte er nicht bemerkt haben, daß sich Gorbatschows Besuch in der DDR unmittelbar gegen ihn gerichtet hatte, oder verhinderte der mit den Jahren gewachsene Realitätsverlust diese Erkenntnis?

Einen Tag nach Gorbatschows Abreise verärgerte Egon Krenz Honecker mit dem Vorschlag, das Politbüro müsse eine Erklärung veröffentlichen und darin bekunden, »alle erforderliche(n) Formen und Foren der Demokratie«[53] umfassender nutzen zu wollen. Er schickte einen entsprechenden Entwurf zu Honecker nach Wandlitz. Aufgrund seines angeschlagenen Gesundheitszustandes arbeitete der Staats- und Parteichef in den letzten Wochen oft zu Hause. Er teilte Krenz telefonisch mit, daß er nicht zustimmen könne und die Erklärung als gegen seine Person gerichtet betrachte. Auf die schriftlich vorgetragene Bitte von Krenz, das Material wenigstens dem Politbüro übergeben zu dürfen, vermerkte Honecker doppelt unterstrichen »Nein«[54]. Egon Krenz reichte die Vorlage daraufhin ohne Zustimmung Honeckers ein. Die Politbüromitglieder hatten sie einen Tag vorher auf ihren Tischen.

Normalerweise durften keine Unterlagen ohne Zustimmung Honeckers verschickt werden. Doch Büroleiter Edwin Schwertner setzte sich darüber hinweg.[55] Sollte Honecker nicht erkannt haben, daß seine Macht nicht mehr ausreichte, um einen solchen Affront zu verhindern?

Sogar die allzeit regimetreue Jugendorganisation der SED, die Freie Deutsche Jugend (FDJ), deren Vorsitzender Honecker ja früher selbst war, wagte sich hervor. Am 9. Oktober wandten sich der Erste Sekretär des Zentralrates der FDJ, Eberhard Aurich, gemeinsam mit dem Vorsitzenden der Pionierorganisation, Wilfried Poßner, und dem Leiter der Abteilung Jugend beim ZK der SED, Gerd Schulz, »in großer Sorge« an Erich Honecker und verlangten: »Änderungen in der Politik und der sie in Partei und Regierung repräsentierenden Personen.«[56] Honecker unterstrich diese Stelle und versah sie mit einem Ausrufezeichen. Niemand hatte bisher gewagt, dem Generalsekretär so etwas vorzulegen. Undenkbar, daß die berufsjugendlichen Funktionäre das Schreiben ohne Rückendeckung aus dem Politbüro verfaßt hatten.

Sollte Honecker nicht klar gewesen sein, daß er selbst mit dieser Rücktrittsforderung gemeint war?

Genau eine Woche vor der letzten Sitzung, am 10./11. Oktober, war es dann im SED-Politbüro erstmals zu einer offenen Konfrontation gekommen. Erst nach längerem Zögern hatte sich Erich Honecker bereit erklärt, über die Lage im Land zu debattieren. Egon Krenz forderte daraufhin einen Dialog innerhalb der Parteiführung, Kurt Hager äußerte Besorgnis über die gegenwärtige Linie, Horst Dohlus vermerkte »Unsicherheit bis in den Parteiapparat«, Werner Walde schimpfte, daß zu viel geredet und zu wenig agiert würde, Harry Tisch sprach von einer »tiefen inneren Unruhe«, und selbst Erich Mielke sah sich im Politbüro erstmals zu einem offenen Auftreten veranlaßt. Die Lage sei zugespitzt und die Machtfrage stelle sich, konstatierte der Staatssicherheits-Minister.[57] Erich Honecker galt weder als launisch noch kannte man von ihm Wutausbrüche. Ihm nahestehende Mitarbeiter bewunderten seine »unerhörte Selbstdisziplin«[58]. Doch auf dieser Tagung des Politbüros konnte er nicht mehr an sich halten. Papiere seien über den Tisch geflogen, berichtet Günter Schabowski. Gegen Honeckers Widerstand setzte die Runde eine Erklärung »an alle Bürger« durch, die am darauffolgenden Tag in der parteieigenen Tageszeitung »Neues Deutschland« veröffentlicht wurde. Darin hieß es: »Der Sozialismus braucht jeden. Er hat Platz und Perspektive für alle.«[59]

Eigentlich wirkt diese Formulierung banal. Doch sie war alles an-

*Heißer Herbst 1989: Während Tausende das Land verlassen, gehen immer mehr Menschen in der DDR wie in Dresden auf die Straße.*

dere als unbedeutend. Ohnehin verstanden sich die DDR-Bürger darauf, in dem Einheitsbrei der sozialistischen Presse zwischen den Zeilen zu lesen. In den brisanten Herbsttagen des Jahres 1989, in denen das politische Geschehen wie nie zuvor die Atmosphäre in der DDR beherrschte, begriff man sehr gut, daß das SED-Politbüro mit dieser Erklärung den Rückzug angetreten hatte. Sie bezog sich auf den andauernden Flüchtlingsstrom von DDR-Bürgern in den Westen. Erst am 2. Oktober hatte das »Neue Deutschland« dazu kommentiert: »Sie alle haben durch ihr Verhalten die moralischen Werte mit Füßen getreten und sich selbst aus unserer Gesellschaft ausgegrenzt. Man sollte ihnen deshalb keine Träne nachweinen.«[60] Diesen arroganten Wortlaut hatte Honecker höchstpersönlich in den Kommentar hineinredigiert. Die vom Politbüro nun verabschiedete gegenteilige Formulierung mußte als Kampfansage gegen ihn verstanden werden. Noch aber verdrängte der Generalsekretär die Zeichen des Wandels und behauptete sich nach alter Manier. Am Ende der Politbürositzung vom 10./11. Oktober meinte er, es sei sehr fruchtbar gewesen, daß alle ihre Fragen gestellt hätten. Abschließend konstatierte Erich Honecker »Übereinstimmung«[61] mit den übrigen Mitgliedern des Politbüros. Soll Honecker nicht gewußt haben, daß er sich mit diesem Nachgeben bereits auf der

Verliererseite befand? An diesem Tag »muß er es einfach geahnt haben«, erinnert sich Edwin Schwertner, »es war der Prolog für den Sturz.«[62] Der Generalsekretär erhielt am 12. Oktober noch einmal Post von FDJ-Chef Eberhard Aurich, der sich in einer Mischung aus feinem Spott und eingeübter Folgsamkeit bei Honecker bedankte: »Lieber Genosse Erich Honecker! Das Sekretariat des Zentralrates der FDJ stimmt der Erklärung des Politbüros des ZK der SED vom 11. 10. 1989 vorbehaltlos und vollinhaltlich zu. Als Helfer und Kampfreserve der SED und Interessenvertreter der Jugend der DDR wird die FDJ alles tun, um dieses wichtige Dokument allen Jugendlichen zu erläutern, ihre Klassenposition zu festigen und sie weiterhin für die darin gegebene Orientierung zu gewinnen.«[63] An seinen Freund und Förderer Egon Krenz schrieb Aurich einen Brief ganz anderer Art. Darin hieß es: »Es muß jetzt etwas Konkretes passieren ... Die Lage ist ernst.«[64] Sie war es in der Tat. Honecker schien sich immer noch nicht klar zu sein, was die Bürger forderten. Er schlug am 11. Oktober lediglich vor, »einen neuen Paß einzuführen, der ansehnlich ist und auf jeden Fall nicht schlechter aussieht als der Paß der BRD« und fuhr fort: »So haben wir auch größere Möglichkeiten der Kontrolle des Reiseverkehrs.«[65]

Am 13. Oktober meldete die »Bild«-Zeitung Berlin auf ihrer Titelseite unter der Überschrift »Honecker – Mittwoch letzter Arbeitstag«, daß der SED-Chef in fünf Tagen, am 18. Oktober 1989, entmachtet werden würde. Das Blatt berief sich dabei auf »höchstrangige SED-Kreise in Ost-Berlin«[66]. Der Bundesnachrichtendienst in Pullach ging nach Informationen des MfS zu diesem Zeitpunkt schon davon aus, daß Krenz in Kürze Honeckers Nachfolger wird. Zwei Ärzte Honeckers, Dr. Hannelore Banaschak und Prof. Dr. Helmut Wolff, waren sogar soweit gegangen, einen Professor an der Universitätsklinik München über das Krankheitsbild ihres Patienten zu informieren.[67] Sollte Honecker nicht wahrgenommen haben, daß es sich dabei um eine gezielte Indiskretion seiner eigenen Genossen handeln könnte?

Auf einer Beratung Honeckers mit den SED-Bezirkssekretären war der Staats- und Parteichef der DDR am 12. Oktober erstmals offen zum Rücktritt aufgefordert worden. Der Potsdamer Parteichef Günther Jahn beklagte »Führungsschwächen an der Spitze« und sagte: »Deshalb fordere ich Dich, Genosse Generalsekretär, auf, daraus die persönlichen Kaderkonsequenzen zu ziehen.«[68] Dieser Forderung ist von keinem widersprochen worden.

All das konnte Honecker nicht überhört haben, und man kann mit

Sicherheit annehmen, daß ihn sein Sturz nicht so überrascht hat, wie er später vorgab. Günter Schabowski wußte von Honeckers Sekretärin Elli Kelm, daß der SED-Chef in den Tagen vorher»... schon ganz unnahbar war. Viele Dinge sind unerledigt geblieben. Er hat nur noch die notwendigsten Vorgänge abgezeichnet. Da sind schon Prozesse in ihm vorgegangen, die sehr existentieller Natur waren: Er war in einer schlechteren Verfassung als je zuvor, und die DDR war in einer schlechteren Verfassung als je zuvor. Wenn er dazwischen ein Gleichheitszeichen setzte, mußte ihn das schon sehr beschäftigen.«[69] Und so ist es auch kein Zufall, daß Honecker in die Politbürositzung am 17. Oktober 1989 speziell gewappnet hineingegangen war. Auf einem Zettel hatte er handschriftlich notiert, was er möglichen Angriffen entgegenzusetzen hatte. Er wollte die Einheit von Wirtschafts- und Sozialpolitik betonen, die Ergebnisse des Wohnungsbauprogrammes seit 1971 darstellen und mitteilen, daß sich die Nettogehälter in der DDR seit 1970 mit 205 % mehr als verdoppelt hätten. Selbst die Formulierung vom Arbeitsplatz, der Kampfplatz für Frieden und Sozialismus sei, fehlte nicht.[70] Doch diese Rede wollten die Politbüromitglieder nicht mehr hören.

## Die 9. ZK-Tagung

Hatte Honecker am Abend des 17. Oktober schon eine Vorahnung, daß er sich für den Rest seines Lebens auf der Flucht befinden würde? Wahrscheinlich nicht. Dazu fehlte ihm nicht nur die Vorstellungskraft, daß es mit »seinem« DDR-Sozialismus bald zu Ende sein würde, sondern auch der zeitliche Abstand zu den Ereignissen. Die Gedanken an die ZK-Sitzung am nächsten Tag lassen den Frühaufsteher Honecker, der in der Regel zeitig zu Bett geht, keine ruhige Nacht haben. Aber auch die »Palastrevolutionäre« aus dem Politbüro finden nur wenig Schlaf. Sie bereiten die ZK-Sitzung vor, auf der Honeckers Entmachtung offiziell bestätigt werden muß. Egon Krenz, Günter Schabowski, Wolfgang Herger und Krenz-Referent Hans-Gert Schubert besprechen den Ablaufplan und schreiben die Antrittsrede für den zukünftigen Generalsekretär.

Am Morgen des 18. Oktober können die DDR-Bürger aus der Presse keine Informationen über die ereignisreiche Politbürositzung des Vortages entnehmen. Als wäre nichts passiert, berichtet das »Neue Deutschland« auf Seite 1 über die »Technischen Tage Österreichs« in der DDR, über den Besuch des DDR-Verteidigungsministers Heinz Keßler in Nicaragua, über ein Gastspiel Leipziger Künstler in Kiew, über das Umweltschutztreffen der KSZE-Länder in Sofia und über einen Falschmünzer in Nizza.

Im Ostberliner »Großen Haus« – so heißt in SED-Kreisen umgangssprachlich das Gebäude des Zentralkomitees – indes herrscht schon seit den frühen Morgenstunden geschäftiges Treiben. Egon Krenz ist bereits seit 6.30 Uhr in seinem Büro.

Um 8.00 Uhr werden die Ersten Sekretäre der SED-Bezirksleitungen zu einer Beratung mit den ZK-Sekretären erwartet. »Noch-Generalsekretär« Honecker sowie die Sekretäre Joachim Herrmann und Günter Mittag sollen aber nicht dabei sein. Anschließend ist eine Politbürositzung geplant, und um 14 Uhr wird schließlich die große Stunde des Zentralkomitees schlagen: Honecker soll aus seinen Ämtern entlassen werden.

Der Morgennebel über Berlin hat sich gerade verzogen, da beginnt die Acht-Uhr-Sitzung. Willi Stoph informiert die angereisten Provinzfürsten sowie die anwesenden ZK-Sekretäre über die gestrigen Ereignisse und schlägt Egon Krenz »als Nachfolger Honeckers in allen Funktionen vor«[71].

Für die SED-Bezirkschefs ist es bis jetzt unvorstellbar gewesen, auch nur an Honeckers Abschied zu denken. Auf ihren Schreibtischen liegt seit Wochen eine Information über Personalentscheidungen, die auf dem für Frühjahr 1990 geplanten Parteitag anstehen. Dort sollte Honecker erneut in seinen Ämtern bestätigt werden. Bis auf den 1910 geborenen Erich Mückenberger wollte das gesamte alte Politbüro noch einmal antreten. Kurt Hager ließ allen Ernstes vernehmen: »Erst mit 80 Jahren hat man eigentlich genügend Erfahrung zum Regieren.«[72] Auch für Erich Honecker hat »die Frage des Alters eines Funktionärs in der Arbeiterbewegung nie eine Rolle gespielt«[73].

Kaum einer der Spitzenfunktionäre stellt sich noch gegen die Abberufung Honeckers. Lediglich aus dem Mund von Hans Modrow kommt ein Tadel. Der Dresdner wendet sich gegen die erneut geplante Ämterhäufung, nun in den Händen von Egon Krenz. Er kann sich nicht durchsetzen. Seine Kritik bringt Modrow den Vorwurf Harry Tischs ein, ja nur selbst Generalsekretär werden zu wollen.

Mittlerweile ist auch Erich Honecker im ZK-Gebäude eingetroffen. Er gibt sich große Mühe, im Angesicht seines Fiaskos Haltung zu bewahren. Honecker weiß, daß er keine Chance mehr hat, das Ruder herumzureißen. Er konzentriert deshalb seine ganze Kraft darauf, den Sturz zumindest wie einen freiwilligen Rücktritt aussehen zu lassen. Auf seinem Schreibtisch liegt bereits die Erklärung für seine Amtsniederlegung. Krenz und Schabowski haben sie vorbereitet. Um 14.00 Uhr soll Erich Honecker sie den Mitgliedern des Zentralkomitees vorlesen. In der zweiseitigen Ausarbeitung ist davon die Rede, daß ausschließlich Honeckers Gesundheitszustand diesen Schritt bedingt. Über begangene Fehler verliert man kein Wort. »Wir oktroyierten ihm den Rücktritt, damit er sein Gesicht wahren konnte«,[74] schrieb Günter Schabowski später. Krenz ergänzte: »Es ist nicht die Unwahrheit. Honecker (konnte) tatsächlich physisch nicht mehr.«[75]

Die um 10.00 Uhr beginnende Politbürositzung wird bereits von Krenz und Honecker gemeinsam geleitet. Die Politbüromitglieder stimmen der Rücktrittserklärung Honeckers zu. Nachdem Honecker sie verlesen hat, klatschen alle Beifall. Das hat es noch nie im Politbüro gegeben. Anschließend befinden die Genossen über den Ablaufplan der nachmittäglichen ZK-Tagung und bestätigen die geplante Antrittsrede des neuen Generalsekretärs.

Zurück in seinem Arbeitszimmer ruft Honecker für zehn Minuten Frank-Joachim Herrmann zu sich. Seit 20 Jahren ist er der Leiter der Kanzlei des Vorsitzenden des Staatsrates der DDR. Am gestrigen Dienstag war Herrmann nicht im Haus gewesen. Honecker informiert ihn deshalb erst heute über seinen bevorstehenden Rücktritt. Herrmann entsinnt sich: »Er teilte alles – und das war ja das Groteske an der Situation – so sachlich mit, wie es im Ergebnis der Politbürositzung aussah ... Er hat sparsamst die Abstimmung im Politbüro geschildert, aber er wirkte dennoch sehr betroffen von der Geschichte. Er war in einer besonderen Weise wortkarg und im höchsten Maße um Contenance bemüht. Das war bei ihm immer das Zeichen, daß ihn etwas sehr beschäftigte oder getroffen hatte.«[76]

Der letzte Akt des Honecker-Sturzes beginnt an diesem Mittwoch wie geplant gegen 14.00 Uhr im Sitzungssaal des ZK der SED.

Von den insgesamt 222 Mitgliedern und Kandidaten des ZK der SED sind heute 206 anwesend. Der Plenarsaal hat 13 Sesselreihen. In den Reihen 1–9 haben wie immer in alphabetischer Reihenfolge die Mitglieder und in den Reihen 10–13 die Kandidaten des ZK Platz genommen. An der Vorderfront des Raumes stehen zwei lange Präsidiumstische hintereinander. Reihe eins ist Vollmitgliedern des Politbüros und Reihe zwei

Erklärung des Genossen Erich Honecker

Liebe Genossinnen und Genossen!

Nach reiflichem Überlegen und im Ergebnis der gestrigen Beratung im
Politbüro bin ich zu folgendem  Entschluß gekommen: Infolge meiner
Erkrankung und nach überstandener Operation erlaubt mir mein Gesund-
heitszustand nicht mehr den Einsatz an Kraft und Energie, den die
Geschicke unserer Partei und des Volkes heute und künftig verlangen.
Deshalb bitte ich das Zentralkomitee, mich von der Funktion des Ge-
neralsekretärs des ZK der SED, vom Amt des Vorsitzenden des Staats-
rates der DDR und von der Funktion des Vorsitzenden des Nationalen
Verteidigungsrates der DDR zu entbinden. Dem Zentralkomitee und der
Volkskammer sollte ~~dafür ein Genosse~~ vorgeschlagen werden, der fähig
und entschlossen ist, der Verantwortung und dem Ausmaß der Arbeit so
zu entsprechen, wie es die Lage, die Interessen der Partei und des
Volkes und die alle Bereiche der Gesellschaft umfassende Vorbereitung
des XII. Parteitages erfordern.


Liebe Genossen!

Mein ganzes bewußtes Leben habe ich in unverrückbarer Treue zur revolutionären Sache der Arbeiterklasse und zu unserer marxistisch-leninistischen Weltanschauung der Errichtung des Sozialismus auf deutschem
Boden gewidmet, die Gründung und die erfolgreiche Entwicklung der sozialistischen Deutschen Demokratischen Republik, deren Bilanz wir am

*Letzte Verlautbarung: Die von Egon Krenz für Erich Honecker
vorbereitete letzte Ansprache des SED-Chefs an seine Genossen am
18. Oktober 1989.*

40. Jahrestag gemeinsam gezogen haben, betrachte ich als die Krönung
des Kampfes unserer Partei und meines eigenen Wirkens als Kommunist.

Dem Politbüro, dem Zentralkomitee, meinen Kampfgefährten in der schweren Zeit des antifaschistischen Widerstandes, den Mitgliedern der Par
tei und allen Bürgern unseres Landes danke ich für jahrzehntelanges
gemeinschaftliches und fruchtbares Handeln zum Wohle des Volkes.

Meiner Partei werde ich auch in Zukunft mit meinen Erfahrungen und
meinem Rat zur Verfügung stehen.

Erich Honecker

dessen Kandidaten vorbehalten. Alle Anwesenden wissen, um was es
geht. Die Nachricht der Honecker-Ablösung hat sich am heutigen Tag
im »Großen Haus« hinter vorgehaltener Hand wie ein Lauffeuer verbreitet. Im Saal herrscht »eine Atmosphäre äußerster Konzentration und
Spannung«[77]. Man diskutiert aufgeregt miteinander. Dann betritt Erich
Honecker den Raum. Auf einen Schlag verstummen alle Gespräche.
Der Generalsekretär geht zu seinem Platz in der Mitte der ersten Reihe
im Präsidium. Noch ist es nicht 14.00 Uhr. Honecker blättert in seinen
Unterlagen und gibt sich geschäftig. 13.55 Uhr erhebt er sich. Über 200
Augenpaare blicken auf ihn. Es herrscht Grabesstille. Honecker spricht
ein letztes Mal als Staats- und Parteichef der DDR: »Liebe Genossinnen
und Genossen! Nach reiflichem Überlegen und im Ergebnis der gestrigen Beratung im Politbüro bin ich zu folgendem Entschluß gekommen:
Infolge meiner Erkrankung und nach überstandener Operation erlaubt
mir mein Gesundheitszustand nicht mehr den Einsatz an Kraft und Energie, den die Geschicke unserer Partei und des Volkes heute und künftig verlangen. Deshalb bitte ich das Zentralkomitee, mich von der
Funktion des Generalsekretärs des ZK der SED, vom Amt des Vorsitzenden des Staatsrates der DDR und von der Funktion des Vorsitzenden des Nationalen Verteidigungsrates der DDR zu entbinden.«[78]
   Dann erklärt Honecker im hölzernen Funktionärs-Deutsch: »Mein
ganzes bewußtes Leben habe ich in unverrückbarer Treue zur revolu-

tionären Sache der Arbeiterklasse und zu unserer marxistisch-leninisti-schen Weltanschauung der Errichtung des Sozialismus auf deutschem Boden gewidmet, die Gründung und die erfolgreiche Entwicklung der Deutschen Demokratischen Republik ...« (hier hat Honecker nun zum letzten Mal in seiner Amtszeit in dem für ihn typischen Singsang und mit überschnappend hoher Stimme den Staatsnamen ausgesprochen) »... betrachte ich als Krönung des Kampfes unserer Partei und meines eigenen Wirkens als Kommunist.«[79]

## Der Fluch des Pharao?

Die Erklärung, die Honecker verliest, ist maschinegeschrieben. Ein Halbsatz allerdings ist durchgestrichen und nachträglich handschrift-lich verändert worden. Die Formulierung für die Honecker-Nachfolge lautete ursprünglich:»Dem Zentralkomitee und der Volkskammer sollte ein Genosse vorgeschlagen werden, der fähig und entschlossen ist, der Verantwortung und dem Ausmaß der Arbeit so zu entsprechen, wie es die Lage, die Interessen der Partei und des Volkes und die alle Bereiche der Gesellschaft umfassende Vorbereitung des XII. Parteita-ges erfordern.« Aus dem anonymen »ein Genosse« ist jetzt »Egon Krenz«[80] geworden, und genau das trägt Honecker auch vor:»Dem Zentralkomitee und der Volkskammer sollte Egon Krenz vorgeschla-gen werden ... Ich wünsche unserer Partei und ihrer Führung auch wei-terhin die Festigkeit ihrer Einheit und Geschlossenheit und dem Zen-tralkomitee weiteren Erfolg.«[81]

Wer hat den Namen Krenz ergänzt? Warum hat sich Honecker nicht geweigert, den Mann, der ihm die bitterste Niederlage seines Lebens bei-gebracht hat, als seinen Nachfolger vorzuschlagen? Oder schlug ihn Honecker gar aus Heimtücke vor? Wollte er ihm von vornherein den Stempel aufdrücken, nicht mehr als ein »jüngerer Erich« zu sein? Günter Schabowski erklärt, Honecker persönlich habe »in einem Anflug von Raffinesse« den Namen »Krenz« in die Erklärung »hineingeflickt, als Fluch des Pharao sozusagen«.[82] Egon Krenz gibt an, Honecker wollte den Eindruck erwecken, er selbst und nicht das Politbüro habe ihn als sei-nen Nachfolger vorgeschlagen, und ergänzt:»Honecker erweist mir mit seiner Eigenmächtigkeit keinen guten Dienst. So entsteht die Legende, der Kronprinz habe nahtlos die Macht übernommen.«[83] Die Wahrheit ist, daß Honecker nicht eigenmächtig gehandelt hat. Der Vorschlag »Egon Krenz« stammte nicht aus seiner Feder. Politbüro-Bürochef Schwertner hat den Text in der Erklärung während der Politbüro-Sitzung am 18. Oktober verändert: »Diese Korrektur ergab sich aus der Diskussion des obersten Parteigremiums und mit Honeckers Einverständnis.«[84] Ex-Verteidigungsminister Heinz Keßler vermutet, daß es vorher im kleinen Kreis noch eine Beratung gegeben hat. Erich Honeckers eigene Angaben decken diese Vermutung. Am Morgen des 18. Oktober habe ihn Egon Krenz noch vor der Politbürositzung gebeten, ihn als neuen Generalsekretär vorzuschlagen. Wortwörtlich hätte er gesagt: »Du hast mich ja vorbereitet als Deinen Nachfolger.«[85] Laut Hans Modrow »ist Erich Honecker bei seinem Kronprinzen geblieben«[86].

Egon Krenz wollte die Macht nahtlos übernehmen. Die später von ihm und Schabowski abgegebenen Erklärungen sind Rechtfertigungsversuche, warum die neue Riege im Dezember 1989 schon wieder abdanken mußte, kaum daß sie mit dem Regieren begonnen hatte. Doch das hatte wenig damit zu tun, von wem Egon Krenz vorgeschlagen wurde. Die DDR-Bürger hatten zu diesem Zeitpunkt in ihrer überwiegenden Mehrheit mit der SED abgeschlossen, gleichgültig, wie deren Generalsekretär hieß.

## Ein Abschied für immer

Nachdem Honecker vor dem Zentralkomitee seine Rücktrittserklärung verlesen und Egon Krenz als neuen Staats- und Parteichef empfohlen hat, erhebt sich Willi Stoph. Er dankt Honecker für dessen Darlegungen und stellt sie zur Abstimmung. 205 Hände gehen nach oben. Es gibt nur eine Gegenstimme. Die 81jährige Hanna Wolf, ehemalige Direktorin der SED-Parteihochschule und langjährige Gefolgsfrau Honeckers, stellt sich als einzige hinter ihn. ZK-Mitglied Margot Honecker ist zu Hause geblieben.[87]

Im offiziellen ZK-Protokoll über die Sitzung heißt es zunächst: »Das Zentralkomitee entsprach der Bitte des Genossen Erich Honecker und entband ihn von der Funktion des Generalsekretärs des ZK, als Mitglied des Politbüros und des Sekretariats, vom Amt des Vorsitzenden des Staatsrates und von der Funktion des Vorsitzenden des Verteidigungsrates der DDR.« Kurze Zeit später fällt der neuen Mannschaft ein, daß diese Formulierung doch zu viel der Ehre für Erich Honecker ist. Handschriftlich wird ergänzt, daß der Rücktritt nicht nur auf Honeckers eigenen Wunsch, sondern auch »auf Vorschlag des Politbüros«[88] erfolgte.

Nachdem die ZK-Mitglieder Honeckers Absetzung beschlossen haben, bittet Willi Stoph sie um Verständnis, daß der ehemalige Generalsekretär »aufgrund seines angegriffenen Gesundheitszustandes nicht weiter an der Tagung des Zentralkomitees teilnehmen kann«[89]. Er schlägt den Anwesenden vor, Erich Honecker »für sein politisches Lebenswerk ... den herzlichsten Dank auszusprechen«[90]. In einer Mischung aus Mitgefühl und Befreitsein erheben sich die ZK-Mitglieder von ihren Stühlen. Stürmischer Beifall setzt ein. Man will »Erich« keinen Fußtritt verpassen. Auch Honecker erhebt sich. Er hat Mühe, seine Tränen zurückzuhalten. Edwin Schwertner begleitet ihn bis zum Ausgang des Saales und öffnet ihm die Tür. Die beiden Männer geben sich die Hand. In diesem Moment hat Honecker sein politisches Leben hinter sich gelassen.

Im Foyer vor dem Sitzungssaal des Zentralkomitees bleibt der soeben abgelöste Staatschef stehen. Journalisten haben sich eingefunden. Ein ungewöhnlicher Vorgang. Der Sitzungssaal des Zentralkomitees ist normalerweise streng abgeschirmt. Doch die Organisatoren des Honecker-Sturzes haben am heutigen Tage die Presseleute bestellt. Die Journalisten sind sich im Grunde darüber im klaren, was soeben passiert ist. Doch keiner wagt, Honecker anzusprechen. Die DDR-Medienvertreter sind es nicht gewohnt, ihm nicht vorher abgesprochene Fragen zu stellen. Ihr Verhalten gleicht einer Mischung aus eingeübter Demut und Unsicherheit. Honecker schaut die Anwesenden an. Sie blicken ihn an. Nach einem unbehaglichen Moment peinlichen Schweigens sagt Honecker schließlich mit gepreßter Stimme und jedes Wort betonend: »Na dann: Auf Wiedersehen.«[91] Dann geht er zurück in sein Arbeitszimmer, packt seine restlichen Sachen zusammen und verläßt das »Große Haus«. Er kehrt nie wieder hierher zurück. Nun ist es wirklich vorbei. Zum ersten Mal in seinem Leben hat er nichts mehr mit Politik zu tun.

## Erinnerungen an das Jahr 1971

Einiges am Sturz Honeckers erinnert an die Entmachtung seines Amtsvorgängers Walter Ulbricht.

Ulbricht war von 1950–1971 Generalsekretär bzw. Erster Sekretär des ZK der SED. Am 3. Mai 1971 wurde er entthront. Wie Honecker war auch Ulbricht am Tag seiner Entmachtung 77 Jahre alt. Beide hatten den Rückhalt Moskaus verloren, und beide fielen einer Konspiration der eigenen Genossen zum Opfer. Erich Honecker ist von der Geschichte eingeholt worden. Denn niemand anders als er selbst hatte den Sturz Ulbrichts betrieben. Zu Honeckers Mitverschwörern von damals gehörten Leute, die ihn heute zu Fall gebracht hatten. Einen geheimen Brief an Breschnew, der schließlich zum Sturz Ulbrichts führte, unterzeichneten 1971 u. a. auch Günter Mittag, Kurt Hager, Horst Sindermann und Willi Stoph.[92]

Erich Honecker arbeitete seit Mitte der 60er Jahre gegen Ulbricht. Mehrere Faktoren erleichterten ihm zu jener Zeit, die Sowjetunion nach und nach davon zu überzeugen, daß er selbst der bessere Verbündete sei. Walter Ulbricht hatte den 1964 in Moskau an die Macht gekommenen Chruschtschow-Nachfolger Leonid Breschnew mehrfach mit seiner Arroganz verärgert. Die DDR stand wirtschaftlich vergleichsweise gut da, und ihr Staats- und Parteichef gab sich gern als Landesvater eines konsolidierten Staates. In seinen letzten Jahren versuchte Walter Ulbricht, sich vom sowjetischen Wirtschaftsmodell zu entpflichten. Außerdem verabschiedete sich Ulbricht im September 1967 von der These der »Allgemeingültigkeit der Erfahrungen der Sowjetunion«. Hinzu kamen Alleingänge Ulbrichts in der Deutschlandpolitik, die 1970 in dem Besuch von Bundeskanzler Willy Brandt und dem Gegenbesuch von Ministerpräsident Willi Stoph in Kassel gipfelten. Breschnew distanzierte sich sowohl von dem Neuen Ökonomischen System Ulbrichts als auch von dessen Deutschlandpolitik und begann, Honecker als eine Art Vertrauten zu betrachten. Dieser intrigierte nun mutiger als je zuvor.

Am 3. Mai 1971 mußte Walter Ulbricht von der SED-Spitze zurücktreten. Sein Nachfolger wurde Erich Honecker. Er demütigte Walter Ulbricht nach dessen Sturz, wo er nur konnte. Zwar durfte Ulbricht noch bis zu seinem Tod Vorsitzender des DDR-Staatsrates und damit Staatsoberhaupt bleiben, doch diese zwei Jahre wurden »zu einer täglich neu zelebrierten öffentlichen politischen Hinrichtung«[93]. Am 30. Juni 1971, dem 78. Geburtstag von Walter Ulbricht, zeigte das DDR-Fernsehen den Jubilar bei der Entgegennahme von Glückwünschen des Politbüros in Pantoffeln und Hausmantel im Lehnstuhl sitzend. Wenig später wurde Ulbrichts Erbfeind Friedrich Ebert zum »Amtierenden Stellvertreter des Vorsitzenden des Staatsrates« erho-

*Glückwünsche an einen Entthronten: Erich Honecker gratuliert Walter Ulbricht zum 78. Geburtstag am 30. Juni 1971.*

ben, obwohl es diese Funktion laut DDR-Verfassung überhaupt nicht gab. Im November 1972 verweigerte die Protokollabteilung des ZK der SED Walter Ulbricht sogar Einladungskarten für die Festveranstaltung zum Jahrestag der Oktoberrevolution. Ab Juli 1973 wurde die DDR-Bevölkerung dann durch zahllose ärztliche Bulletins auf das Ableben von Walter Ulbricht eingestimmt. Er starb politisch völlig vereinsamt am 1. August 1973. Da zu diesem Zeitpunkt gerade die »Weltfestspiele der Jugend und Studenten«, eine Mammutveranstaltung in

Ostberlin, stattfanden, durfte erst fünf Tage später offiziell getrauert werden. In seiner 1980 erschienenen Autobiographie »Aus meinem Leben« verlor Honecker kein Wort über seine eigenen Schachzüge gegen seinen politischen Ziehvater. Für Honecker war seine eigene Wahl zum Ersten Sekretär des ZK der SED lediglich »ein großer Vertrauensbeweis, eine Entscheidung, die mich tief bewegte«[94]. Erich Honecker empfindet nicht einmal im Angesicht seiner eigenen Niederlage etwas Ehrenrühriges am Umgang mit Walter Ulbricht. Es sei ein »sehr kulturvoller Übergang von einem Älteren auf einen Jüngeren« gewesen, sagt er und fügt hinzu: »Das war sogar ein Musterbeispiel, wie man ältere Genossen, die große Leistungen vollbracht haben, achtet und gleichzeitig ihren Erfahrungsschatz weiter nutzen kann für die Entwicklung der gesamten Partei.«[95] Die Ironie des Schicksals wollte es so, daß Erich Honecker in ähnlicher Weise von seinen Paladinen gedemütigt wurde.

## Die »Wende«

Nachdem Erich Honecker am 18. Oktober den Tagungssaal verlassen hat, wird Egon Krenz einstimmig zum neuen Generalsekretär gewählt. Krenz ist für die meisten SED-Funktionäre kein aus der Not geborener Kandidat. Die Ignoranz, die Honecker und die Parteiführung in den letzten Monaten angesichts der sich zuspitzenden Lage im Land an den Tag gelegt hatten, ließ es in den Reihen der SED schon lange brodeln. Vor allem auf Bezirksebene machte sich zunehmende Unzufriedenheit bemerkbar. Laut Roland Wötzel, dem letzten SED-Bezirkschef Leipzigs, galt Krenz im Vergleich mit seinen Politbüro-Kollegen »allgemein als einer der wenigen im Politbüro, der noch für Realitäten aufnahmefähig war«[96]. Günter Schabowski sagt im Interview des Autors, Krenz wäre der einzige gewesen, der die »Alten« im Politbüro davon überzeugen konnte, daß Honecker abgesetzt werden muß.

Nach der Wahl von Krenz schlagen kurzzeitig die Wogen hoch. Willi Stoph stellt auf Vorschlag des Politbüros die Entlassung von Günter Mittag und Joachim Herrmann zur Abstimmung. Eine Begründung dafür gibt er den ZK-Mitgliedern nicht. Der Arzt Prof. Dr. Moritz Mebel, seit 1986 im Zentralkomitee, springt auf. »Zur Geschäftsordnung! ... Ich möchte wissen, warum das Politbüro den Genossen Herrmann und den Genossen Mittag abberuft. Ich möchte eine Erklärung des Polit-

büros haben.«[97] Stoph macht einen verdatterten Eindruck. Solche Nach-
fragen ist er nicht gewohnt. »Ich hab nicht richtig verstanden«, erwidert
er. Mebel wiederholt seinen Antrag. Endlich – Stoph hat einen Geistes-
blitz: »Weil sie ihren Anforderungen nicht gerecht wurden ..., genügt
das?« entgegnet er dem aufmüpfigen Frager. Es genügt. Honeckers
Gefolgsleute werden mit nur einer Stimmenthaltung abgelöst.

Nun hält Egon Krenz seine Antrittsrede, die er am Abend noch einmal
im Fernsehen wiederholen wird. Er gibt zu, daß die Parteiführung die
Entwicklung in den vergangenen Monaten nicht real eingeschätzt hat,
und verkündet die »Wende«. Ein Schlagwort ist geboren. Krenz bemüht
sich zu verdeutlichen, daß er für einen neuen Kurs steht. Dieser Kurs
soll jedoch nicht am Machtmonopol der SED rütteln. Der neue Generalsekretär sagt: »Unsere marxistisch-leninistische Partei ist ein großer
erfahrener Kampfbund. Sie hat immer an der Spitze der sozialistischen
Revolution in unserem Lande gestanden und alle gesellschaftlichen
Umwälzungen geführt. So wird es auch diesmal sein.« Egon Krenz
gibt sich dialogbereit und selbstkritisch. Sein Aufruf zur Mitarbeit
wendet sich an alle Schichten der Gesellschaft, auch an die Kirche.
Selbst zum Problem der massenhaften Flucht von DDR-Bürgern in den
Westen nimmt er Stellung und versucht, Schaden wiedergutzumachen.
Im bewußten Kontrast zu der Anfang Oktober verkündeten Devise,
man weine Republikflüchtlingen keine Träne nach, beschreibt er ihren
Weggang jetzt als »großen Aderlaß«. »Jeder von uns kann die Tränen
vieler Mütter und Väter nachempfinden«, erklärt der Honecker-Nachfolger. Insgesamt wird aber eines deutlich: Für ihn sind die Probleme
der letzten Monate nur eine »Verschärfung von Widersprüchen bei der
Verwirklichung des Programms des XI. Parteitags«.[98]

Der 1937 geborene Egon Krenz hat eine steile Parteikarriere hinter
sich. 1973 wurde er Mitglied des ZK der SED. In der Bevölkerung trug
er den Spitznamen »Berufsjugendlicher«, da er noch 1984, im Alter
von 47 Jahren, der »Freien Deutschen Jugend« vorstand. Anschließend
wurde er ins Politbüro berufen, wo er Sicherheits- und Kaderfragen
verantwortete. Seit 1984 war er außerdem stellvertretender Staatsratsvorsitzender der DDR.

Die Öffentlichkeit erfährt am Nachmittag des 18. Oktober, daß Erich
Honecker abgelöst worden ist und sein Nachfolger Egon Krenz am
Abend im Fernsehen sprechen wird. Die Reaktionen im Land sind
zwiespältig. Krenz ist nicht beliebt. Der radikale Wandel, den die seit
Wochen demonstrierenden Menschen sich wünschten, wird ihm nicht

zugetraut. Die wenigsten haben ihn sich als Nachfolger Honeckers gewünscht. Das nach wie vor verbotene »Neue Forum« bringt die Unzufriedenheit auf einen Nenner. Sprecher Reinhard Schult: »Das ist nur ein Personentausch. Egon Krenz, der Sekretär für Sicherheitsfragen, war für alle Übergriffe der letzten Jahre zuständig … Außerdem fällt die Wahlfälschung bei den Kommunalwahlen im Mai 1989 in seinen Verantwortungsbereich. Insgesamt ist er nach unserer Ansicht ein Kandidat Honeckers.«[99] Der 1976 ausgebürgerte Liedermacher Wolf Biermann polemisiert: »… der blöde Krenz, der mieseste aller möglichen Kandidaten, der versoffene FDJ-Funktionär, der Jubelperser des Politbüros, der optimistische Idiot, Egon Krenz, das ewig lachende Gebiß … Es ist der verlogene und geistarme Optimismus, es ist die monotone Kraft-durch-Freude-Freundlichkeit, die uns seit Jahrzehnten aus diesem verwüsteten FDJ-Gesicht entgegenlacht.« Für Biermann ist der neue Mann die »fleischgewordene Aufforderung zur Republikflucht«.[100]

Am Abend des 18. Oktober 1989 hat das DDR-Fernsehen eine Einschaltquote wie nie zuvor. Aber auch in der Bundesrepublik richten sich die Augen auf den neuen ersten Mann der DDR. Was wird er zur Situation in der DDR sagen, welchen Eindruck wird er hinterlassen? Der neue SED-Chef begeht einen entscheidenden Fehler. Er verliest dieselbe Rede, die er am Nachmittag vor dem Zentralkomitee seiner Partei gehalten hat. Nicht einmal die Anrede »Liebe Genossinnen und Genossen« erspart er den Menschen, die auf wirkliche Änderungen warten. Was in den Ohren der ZK-Funktionäre noch programmatisch und modern geklungen haben mag, hört sich für die überwiegende Mehrzahl der DDR-Bürger an wie die abgenutzten Sprachhülsen aus der Rumpelkammer der Parteischulung. Da hilft es auch nichts, wenn ihm sein Referent schmeichelt, seine Rede »sei ansprechend, verständlich (gewesen) und habe sich durch ihre Sachlichkeit, ihre selbstkritische Note und durch ihre verständliche Sprache wohltuend von den Reden führender Repräsentanten in der Vergangenheit mit deren einseitigen ›runden‹ Vorstellungen der gesellschaftlichen Entwicklungen abgehoben. Damit hätte er der Partei signalisiert, daß sie die Probleme in unserem Land erkannt habe.«[101] Mielkes Staatssicherheit sieht da klarer und berichtet intern, daß »die Rede des Genossen Krenz inhaltlich wenig … geboten« hätte.[102]

Auch in der Bundesrepublik weiß man nicht, was man von dem Honecker-Nachfolger halten soll. Den bissigsten Kommentar gibt am kommenden Morgen die Westberliner »taz« ab: »DDR-Fernsehen,

1. Programm, Mittwoch 20 Uhr: Auf dem Bildschirm erscheint der Schriftzug ›Egon Krenz an die Bürger der DDR‹. Sekunden später taucht das Gesicht des neuen Generalsekretärs der SED auf: Hängender Unterkiefer, schiefes Lächeln, schläfriger und trübseliger Blick. Der neue Mann an der Spitze der DDR wirkt, als könne er noch gar nicht glauben, was ihm an diesem Tag widerfahren ist. Doch plötzlich schwindet der Eindruck, aus Versehen in eine neue Folge von ›Spitting Image‹ geraten zu sein. Krenz hat das rote Licht an der Kamera erspäht, erschrickt kurz und hebt an zu sprechen ...«[103]

Egon Krenz gibt sich in den kommenden Tagen ernsthaft Mühe, Flexibilität, Dialogbereitschaft und den Willen zu einer »Perestroika« in der DDR zu demonstrieren, aber das reicht dem Volk nicht mehr. Auf den Straßen verlieren die Menschen die Angst vor dem System. Krenz muß entweder das Machtmonopol der SED in Frage stellen oder aber seine Machtmittel gegen die Straße einsetzen. Er will beides nicht, und so entwickelt sich seine Herrschaftszeit zum Abgesang auf Raten. Im Angesicht der Unmöglichkeit, ein totalitäres Regime zu demokratisieren, ohne dabei dessen Grundfesten zu zerstören und somit die eigene Führerschaft einzubüßen, entgleitet Krenz die Macht wie allen anderen Ostblockführern, die sich die »Perestroika« der Not gehorchend auf ihre Fahnen schrieben.

## Die Demonstrationen gehen weiter

In den nächsten Tagen vernimmt die Öffentlichkeit nichts von oder über Erich Honecker. Er scheint wie vom Erdboden verschluckt zu sein. Die kommenden dramatischen Ereignisse verfolgt er von Wandlitz aus.

Krenz und seine Vertrauten hoffen, mit der Ablösung Honeckers den Notanker geworfen zu haben und die Proteste Hunderttausender DDR-Bürger gegen das SED-Regime eindämmen zu können. Doch ihre Rechnung geht nicht auf – im Gegenteil. Die Demonstrationen weiten sich aus. Am Samstag, dem 21. Oktober, formiert sich in Ostberlin eine Menschenkette. Die Teilnehmer fordern die Freilassung aller bei den Protesten am 7. und 8. Oktober Inhaftierten. Am darauffolgenden Montag, dem 23. Oktober 1989, kommt es in Leipzig zur bislang größten Protestkundgebung in der DDR-Geschichte. Über 300 000 Menschen ziehen um den Leipziger Ring. Transparente machen deutlich, daß man Krenz nicht traut. Auf den Spruchbändern steht: »Egon Krenz

*Stafettenübergabe in glücklichen Tagen: SED-Chef Erich Honecker und FDJ-Chef Egon Krenz 1976.*

– wir sind nicht deine Fans«, »Sozialismus – krenzlos«, »Ökonomie statt Egonomie«, »SED tut weh«. Die Fernseh-Nachrichtensendung »Aktuelle Kamera« vermeidet es, über derartigen Spott zu berichten. Statt dessen drucken die DDR-Medien lieber kämpferische Pro-Krenz-Briefe ab. In der »Jungen Welt« äußert sich ein 27jähriger Jugendbrigadier: »Als Genosse habe ich Vertrauen zu meiner Partei. Sie hat uns in den letzten vier Jahrzehnten aus so mancher komplizierten Situation geführt. Auf uns Mansfeld-Kumpel kann sie dabei bauen.«[104] Während die Demonstration in Leipzig noch andauert, spricht sich Politbüromitglied Kurt Hager im DDR-Fernsehen für die Wahl von Egon Krenz auch in die Ämter des Staatsratsvorsitzenden und des Vorsitzenden des Nationalen Verteidigungsrates aus, »um die Wende zu sichern«[105]. Auf dem Leipziger Karl-Marx-Platz[106] kommt es indes zu einer Unterschriftenaktion. Viele Leipziger fordern, nicht Egon Krenz, sondern den Vorsitzenden der LDPD, Manfred Gerlach, zum neuen Staatschef zu wählen. Im Gegensatz zu seinen Blockpartei-Kollegen Heinrich Homann (NDPD), Günther Maleuda (DBD) und Gerald Götting (CDU) hat Gerlach in den letzten Wochen mit kritischen Tönen auf sich aufmerksam gemacht. In Ostberlin melden sich der Rektor sowie Lehrkräfte der Kunsthochschule öffentlich zu Wort: »Wir rufen die Abgeordneten der Volkskammer, vor allem der Fraktionen von Kulturbund, FDJ und FDGB, dazu auf, sich gegen die Wahl von Egon Krenz zum Staatsratsvorsitzenden auszusprechen.«[107]

## Honecker offiziell außer Amt und Würden

Am Dienstag, dem 24. Oktober 1989, richten sich die Augen der gesamten Nation nach Ostberlin. Im Palast der Republik tagt die Volkskammer. Der neue DDR-Staatschef soll gewählt werden. Die Tribüne im Plenarsaal ist gefüllt wie noch nie. Ein Abgeordneter fehlt: Erich Honecker. Noch ist Honecker offiziell Staatsoberhaupt des sozialistischen deutschen Staates, aber die heutige Sitzung der Volkskammer verfolgt er vor dem Fernseher. Nachdem Volkskammer-Präsident Sindermann die Sitzung eröffnet hat, gibt er bekannt, daß der Abgeordnete Erich Honecker auf Antrag der SED-Fraktion von der Funktion des Vorsitzenden des Staatsrates und des Nationalen Verteidigungsrates abberufen wird. Es gibt keine Gegenstimmen.[108]

Nun wird sein Nachfolger in beiden Staatsämtern gewählt. Die Abgeordneten der LDPD haben nicht den Mut aufgebracht, ihren Vorsitzenden als Kandidaten zu nominieren. Die »führende Rolle« der SED will man nach wie vor nicht in Frage stellen. SED-Kandidat Egon Krenz ist somit der einzige Bewerber. Ein Lufthauch des revolutionären Windes der Straße ist jedoch selbst in die Volkskammer eingedrungen. Erstmals in ihrer Geschichte gibt sie kein einstimmiges Votum für einen Staatschef ab. 26 Abgeordnete stimmen gegen Krenz. Sie kommen aus den Reihen der LDPD und der CDU. Weitere 26 enthalten sich der Stimme. Bei der Wahl von Krenz zum Vorsitzenden des Nationalen Verteidigungsrates gibt es acht Gegenstimmen und 17 Enthaltungen. So etwas hat Horst Sindermann noch nicht erlebt. Er hat Mühe, die Stimmen zu zählen, verzählt sich und bittet seinen Nachbarn: »Zähl mal mit hier.« In seinem Bemühen, entkrampft zu wirken, läßt er sich zu einer peinlichen Reminiszenz an die umstrittenen DDR-Kommunalwahlen vom Mai 1989 hinreißen: »Ich werde das Ergebnis nicht verfälschen«,[109] scherzt er unbeholfen.

In seiner Antrittsrede wirbt der neue Staatsratsvorsitzende Egon Krenz um Vertrauen. Seine Worte in Richtung Erich Honecker fallen deshalb wohl auch etwas distanzierter aus als auf der ZK-Tagung vom 18. Oktober. Von »bleibender Hochachtung« war vor einer Woche die Rede. Davon ist nur noch »Respekt« übriggeblieben. Abschließend erklärt das neue Staatsoberhaupt kurz und bündig: »Wir danken Erich Honecker für sein politisches Wirken und wünschen ihm Gesundheit und Wohlergehen.«[110] Für Honecker ist das der letzte offizielle Dank. Im Vergleich mit der sonst üblichen attributreichen, lobhudelnden Funktionärssprache klingt er bereits reichlich kühl und distanziert.

## Vom Volk getrieben

Egon Krenz läuft den sich überschlagenden Ereignissen in den kommenden Tagen und Wochen buchstäblich hinterher. Er hat nicht einmal Zeit, in das ihm jetzt zustehende ehemalige Büro Honeckers umzuziehen. Der neue Generalsekretär bleibt in seinem alten Arbeitszimmer im Hause des ZK. Gleichgültig, was er nach seiner Wahl als neuer Staats- und SED-Chef unternimmt – es bringt ihm keine Pluspunkte in der Bevölkerung ein.

Seine Mitarbeiter informieren ihn darüber, daß in der Bevölkerung der »Rücktritt des Gen. Honecker von seinen Funktionen ... übereinstimmend als zu spät erfolgt bewertet (wird)«[111]. Unmittelbar nach seiner Wahl demonstrieren in Ostberlin 12 000 Menschen vor dem Volkskammergebäude. Sie skandieren: »Egon Krenz – keine Lizenz!«[112] Noch aber funktioniert die kommunistische Hofberichterstattung. Der Korrespondent des »Neuen Deutschland« scheint sich auf einer anderen Veranstaltung zu befinden. Das SED-Zentralorgan berichtet: »Gegenüber dem Staatsratsgebäude hatten sich mehrere tausend Bürger versammelt. Sie spendeten dem neuen Staatschef lebhaften Beifall. Egon Krenz dankte herzlich.«[113]

Krenz versucht angestrengt, sein Negativ-Image loszuwerden. Dabei hat er nicht immer die besten Berater. Sein Büro macht ihm Vorschläge, die »ohne großen finanziellen Aufwand realisierbar wären«. Darin heißt es z. B.: »Es wäre ein gutes Signal, könnte der Generalsekretär gelegentlich in einen *kleinen* Betrieb gehen, der bisher wenig im Blickpunkt stand und nicht unbedingt zu den profilbestimmenden gehört. Denkbar wäre auch, eine Kaufhalle zu besuchen, mit Personal und mit Kunden zu reden.« Seine Genossen beschwören ihn: »Wir sollten alles tun, den Bürgern die Partei- und Staatsführung irdisch nahezubringen.«[114] Krenz läßt selbst die Protokollstrecke abschaffen, auf der Mitglieder des Politbüros und der Regierung in Ostberlin freie Fahrt hatten. Während sein Chauffeur nun an jeder roten Ampel halten muß, hofft Krenz, Volksverbundenheit zu demonstrieren.

Bald merkt man, daß Kaufhallen-Besuche und rote Ampeln von der Bevölkerung nicht mit der erhofften Ekstase aufgenommen werden. Nun greift Plan zwei. Honecker verfügte über einen persönlichen Valutafonds im Umfang von 100 Millionen DM. Krenz übernimmt ihn und läßt von dem Geld unter anderem Apfelsinen und Kiwis kaufen.[115] Willi Stoph informiert am 26. Oktober 1989 im Fernsehen stolz über die Verbesserung der Marktsituation durch zusätzliche Importe.

Gar lebensrettend erweist sich die »Wende« für viele Hasen in den sozialistischen Feldern und Wäldern. Mit einer »sehr akuten Frage« wendet sich Politbüromitglied Werner Eberlein an den Staatsratsvorsitzenden: »Was soll mit der ›traditionellen‹ Hasenjagd für Diplomaten geschehen, deren Vorbereitung … bereits intensiv läuft?«[116] Bald darauf wird eine Verfügung über die Auflösung von Sonderjagdgebieten erlassen.[117]

Krenz unternimmt aber auch Anstrengungen, für die er vor einem halben Jahr noch als wahrer Reformer gefeiert worden wäre. So probt er den Schulterschluß mit der evangelischen Kirche und trifft sich am

48

19. Oktober demonstrativ mit der Kirchenleitung.[118] Am 19. Oktober kommt die perestroikafreundliche sowjetische Zeitschrift »Sputnik« wieder in den Handel. Sie war ein Jahr vorher mit einem Vertriebsverbot belegt worden. Am 20. Oktober gibt der Sprecher des DDR-Außenministeriums Wolfgang Meyer bekannt, daß alle Botschaftsflüchtlinge, die sich in der bundesdeutschen Vertretung in Warschau aufhalten, ausreisen dürfen. Gleichzeitig bietet die Regierung jedem Bürger, der das Land verlassen hat, die Rückkehr an. Am 3. November wendet sich Krenz im Fernsehen an die Bürger und ruft sie auf, das Land nicht mehr zu verlassen. Seit Ungarn am 11. September den Eisernen Vorhang geöffnet hat, haben fast 100 000 Ostdeutsche ihrem Land den Rücken gekehrt. Am 24. Oktober wird der DDR-Ministerrat beauftragt, ein Reisegesetz vorzubereiten und zur öffentlichen Diskussion zu stellen. Jeder DDR-Bürger soll einen Reisepaß erhalten und leichter als bisher in den Westen reisen dürfen. Am 27. Oktober verkündet der Staatsrat eine Amnestie. Amnestiert werden »Personen …, die vor dem 27. Oktober 1989 Straftaten des ungesetzlichen Grenzübertritts sowie der widerrechtlichen Durchsetzung der Ausreise aus der DDR begangen haben«.[119] Am 30. Oktober schlägt im DDR-Fernsehen die letzte Stunde des als »Sudel-Ede« bekannten adligen Klassenkämpfers Karl-Eduard von Schnitzler. Nachdem er über 30 Jahre lang mit seinem legendär-zynischen »Ja-ja« westliche Journalisten als Handlanger des Imperialismus »entlarvt« und die Verelendung der Menschen in der Bundesrepublik »bewiesen« hat, wird seine Sendung »Der schwarze Kanal« aus dem Programm genommen.

Krenz ahnt, daß der SED-Staat in den Grundfesten zu schwanken beginnt. Doch die Hoffnung auf den eigenen Machterhalt hat er noch nicht verloren. Entscheidungsvorlagen zeichnet er übrigens schon mit dem berühmten »Einverstanden« seines Vorgängers Erich Honecker ab. Dieser Fakt ist an sich unwesentlich. Aber er illustriert die Rolle, die Krenz einnimmt. Lieber wäre er wohl Honeckers Nachfolger in »dessen« DDR geworden.

## Der Rücktritt von Margot Honecker

Das politische Zurückweichen der neuen Führung ist für Honeckers Frau Margot unerträglich. Im Gegensatz zu ihrem Mann übt sie noch ihr Amt aus, das sie seit 1963 innehat: Volksbildungsministerin. Doch die Rufe nach ihrer Ablösung werden lauter. »Warum hat die noch kein Wort zu nötigen Veränderungen im Volksbildungswesen gesagt?«[120] fragt am 29. Oktober ein Teilnehmer auf einem von der SED anberaumten »Dialog mit der Bevölkerung«[121] vor dem Roten Rathaus in Berlin. Bezirkschef Schabowski zieht es vor zu schweigen. Er möchte nicht über Personen reden, die »nicht präsent sind«[122]. Auf dem Leipziger Ring fordern die Montagsdemonstranten, deren Zahl von Woche zu Woche anwächst, bereits Margot Honeckers »Freistellung zur Pflege ihres Mannes«. Es scheint nur noch eine Frage von Stunden zu sein, bis die Ministerin aufgibt. Öffentlich zeigt sie sich in dieser Zeit nicht mehr. In seinem wöchentlichen internen Lagebericht meldet das MfS dem gewendeten Politbüro: »Im Bereich des Ministeriums für Volksbildung rechnet man mit der Ablösung der Genn. Honecker als Ministerin.«[123] In Margot Honeckers Ministerium weht ein neuer Wind. Dort diskutiert man am 1. November mit den Bezirksschulräten über die Einführung der 5-Tage-Woche, die Margot Honecker bisher immer mit dem Argument abgewiesen hatte, sie wolle nicht vom Westen kopieren. Staatsbürgerkundelehrer, so wird verlautbart, sollen künftig in der Wahl ihrer Themen frei sein. Und schließlich dürfen auch vier Schüler der Ostberliner Ossietzky-Schule ihre Abitur-Ausbildung fortsetzen. Sie waren am 10. Oktober 1989 auf Betreiben von Erich Honeckers Frau relegiert worden, weil sie öffentlich erklärt hatten, daß Militärparaden zum DDR-Jubiläum nicht mehr zeitgemäß wären. Die Presse berichtet nur noch von einer Beratung der Bezirksschulräte mit der »Leitung des Ministeriums«. Von Margot Honecker war schon nicht mehr die Rede. Sie hat am Vormittag dieses Tages ihren Rücktritt erklärt und scheidet offiziell am 2. November 1989 aus dem Amt.

## Die alte Garde gibt auf

Dieser 2. November ist überhaupt ein Tag der Rücktritte. Harry Tisch legt sein Amt als FDGB-Vorsitzender nieder, Heinrich Homann und Gerald Götting treten als Vorsitzende der Blockparteien NDPD und CDU zurück, und in den Bezirken Suhl und Gera müssen die SED-Chefs Hans Albrecht und Herbert Ziegenhahn ihre Sessel räumen.

Am 4. November 1989 findet in Ostberlin die größte Demonstration in der Geschichte der DDR statt. Die Staatssicherheit rechnet mit

300 000 bis 500 000 Teilnehmern, doch schließlich fordern eine Million Menschen aus dem ganzen Land radikale Reformen. SED-Redner werden ausgebuht, selbst solche, die wie Markus Wolf in dem Ruf stehen, Gorbatschows Glasnost-Kurs zu unterstützen.[124]

Sehr eindringliche Worte auf der Kundgebung findet der Schriftsteller Stefan Heym: »Es ist, als habe einer die Fenster aufgestoßen nach all den Jahren der Stagnation – der geistigen, der wirtschaftlichen, der politischen – nach all den Jahren der Dumpfheit und des Miefs, des Phrasengewäschs und bürokratischer Willkür.«[125] Die Sätze Heyms lassen Hunderttausenden einen Schauer über den Rücken laufen.

Hätten sich die Menschenmassen an diesem Tag in Richtung der nahen Grenze begeben, wäre wahrscheinlich nicht geschossen worden. In einem geheimen Einsatzbefehl hat Krenz »bei Eindringen in den Bereich Staatsgrenze« angeordnet, die Demonstranten durch »einfache körperliche Gewalt und Hunde« zurückzuhalten. Ein »Schußwaffeneinsatz ist zu unterlassen«,[126] befiehlt der Staatschef.

Die bisher größte Demonstrationswelle erlebt das Land am 6. November. Am Morgen dieses Tages veröffentlicht die DDR-Presse den Entwurf eines Reisegesetzes, den Krenz vor zwei Wochen angekündigt hatte. Die DDR-Bürger sollen 30 Tage pro Jahr ins westliche Ausland reisen dürfen.[127] Aber was vor kurzem noch als Sensation empfunden worden wäre, will nun keiner mehr haben. Auf der Montagsdemonstration in Leipzig wird skandiert: »Die Mauer muß weg.«

Am 7. November 1989 demissioniert der gesamte DDR-Ministerrat sowie dessen Vorsitzender Willi Stoph. Am 8. November tritt das Politbüro der SED geschlossen zurück.[128] Das »Neue Forum« wird offiziell zugelassen.

Während der 10. ZK-Tagung, die am 8. und 9. November stattfindet, wird das Politbüro von 21 auf 11 Vollmitglieder verkleinert. Von der Honecker-Mannschaft bleiben Heinz Keßler, Werner Eberlein, Werner Jarowinsky, Siegfried Lorenz, Hans-Joachim Böhme, Günter Schabowski, Margarete Müller und Gerhard Schürer übrig. Egon Krenz wird einstimmig als Generalsekretär bestätigt.[129] Das prominenteste neue Gesicht im »rundernenuerten« Politbüro ist Hans Modrow. Er wird auf der 10. ZK-Tagung als neuer Ministerpräsident vorgeschlagen. Das Verhältnis zwischen Krenz und Modrow gilt als gespannt. Modrow selbst bezeichnet sich als »vierte Wahl von Egon Krenz«[130]. Dessen Wunschkandidaten für den Posten des Ministerpräsidenten seien Politbüromitglied Siegfried Lorenz, Devisenbeschaffer Alexander Schalck-

Golodkowski oder Bauminister Wolfgang Junker gewesen. Erst nachdem alle drei abgewinkt hatten, wäre die Sprache auf ihn gekommen. Das ist glaubhaft. Als Krenz und Gefolge den Sturz von Honecker planten, hatten sie Hans Modrow auch schon einmal als mögliches neues Politbüromitglied auf ihrem Plan, weil das »auf die BRD wirken würde«[131]. Sein Name wurde damals aber rasch wieder gestrichen.

## Honeckers Staat zerfällt

Im neuen Politbüro regiert nur noch das Chaos. Nichts macht diese Tatsache deutlicher als die Pressekonferenz Günter Schabowskis am 9. November, 18.00 Uhr. Er will die Journalisten über den Verlauf der 10. ZK-Tagung unterrichten, die er deshalb vorzeitig verlassen hat. In seiner Aktentasche befindet sich unter anderem ein Beschluß der Regierung über eine neue Reiseregelung. Krenz hat sie ihm soeben mit auf den Weg gegeben. Günter Schabowski kramt nach Beendigung seines Berichtes über die ZK-Sitzung einen Zettel hervor und verkündet, daß künftig Privatreisen nach dem Ausland auch ohne das Vorliegen von Voraussetzungen beantragt werden können. Ein italienischer Journalist fragt nach, wann diese Neuregelung in Kraft trete. Eigentlich hatte der Ministerrat geplant, ab dem nächsten Tag auf den Polizeidienststellen Paßanträge der Bürger entgegenzunehmen. Doch Schabowski weiß das nicht[132] und antwortet sichtlich irritiert: »Nach meiner Kenntnis ist das sofort. Unverzüglich.«[133]

Kurz darauf verkündet die Nachrichtenagentur dpa, die DDR habe ihre Grenzen geöffnet. Die Nachricht schlägt wie eine Bombe ein. Als die Abgeordneten des zu abendlicher Stunde tagenden Deutschen Bundestages diese unglaubliche Nachricht erfahren, erheben sie sich von ihren Plätzen und singen gemeinsam »Einigkeit und Recht und Freiheit«.

Gegen 21 Uhr erhält der ahnungslose Krenz einen Anruf des noch amtierenden Staatssicherheitsministers Mielke: Schabowski habe irgend etwas auf einer Pressekonferenz gesagt. Viele Menschen würden sich in Richtung Grenze bewegen. »Wenn wir nicht sofort entscheiden, was zu tun ist, verlieren wir die Kontrolle«,[134] beschwört er den Generalsekretär. Aber die SED-Führung hat bereits die Kontrolle verloren. Grenzoffiziere entscheiden im Angesicht der sich versammelnden Menschenmassen zum Teil eigenverantwortlich, die Tore zu öffnen. Kurze Zeit später tanzen und weinen Zehntausende DDR-Bürger ge-

*Mauerbau und Mauerfall: Walter Ulbricht beim Kampfgruppenappell am 23. August 1961 (Erich Honecker links hinter ihm).*
*Und: Günter Schabowski verkündet auf der Pressekonferenz am 9. November 1989 die neuen Reiseregelungen, die dann zur Maueröffnung führen.*

meinsam mit den Westberlinern auf dem Kurfürstendamm und am Brandenburger Tor.

»Ein Traum ist in Erfüllung gegangen«, titelt am nächsten Tag eine Sonderausgabe der »Berliner Morgenpost« und spricht damit Millionen Deutschen aus dem Herzen. Allein in den ersten vier Tagen nach Grenzöffnung stellten die Polizeimeldestellen über fünf Millionen Visa aus.

## Honeckers Haltung zum Mauerfall

Erich Honecker versteht die Welt nicht mehr. Die Entscheidung für den Mauerbau fiel Anfang August 1961 auf einer Beratung der kommunistischen Parteichefs des Ostblocks. Die Mauer sicherte das Überleben der durch massenhafte Flucht ihrer Bürger in den Westen ausblutenden DDR. Gleichzeitig war sie das deutlichste Eingeständnis der Niederlage im Kampf der Systeme. Honecker trug für den Mauerbau maßgeblich Verantwortung. Er koordinierte die logistische Vorbereitung und Durchführung der Aktion. Mit Stolz erinnert sich Honecker an den 13. August 1961: »Binnen weniger Stunden war unsere Staatsgrenze rings um Berlin-West zuverlässig geschützt ... Trotz des beträchtlichen Umfangs der vorbereitenden Maßnahmen, die für das Gelingen erforderlich waren, kam die Errichtung des antifaschistischen Schutzwalls für unsere Gegner völlig überraschend.«[135] Honecker blieb bis zu seinem Sturz ein überzeugter Befürworter des »Schutzwalls«. Noch am 19. Januar 1989 erklärte er anläßlich einer Tagung des Thomas-Münzer-Komitees der DDR, die Mauer werde »in 50 und auch in 100 Jahren noch bestehen bleiben, wenn die dazu vorhandenen Gründe noch nicht beseitigt« seien.

Der Fall der Mauer ist für ihn ein schlimmer Moment: »Ich war tief erschüttert davon. Im übrigen war das bereits ein Akt, der praktisch die DDR liquidiert hat ... Die ... spontane Lösung hat ja mehr Unheil angerichtet als der Krieg«, befindet er.[136]

# »Ich besaß ein Konto auf der Stadtsparkasse.«

Der alte Mann in Wandlitz – Kriminelle Machenschaften und
verlorene Freunde (Oktober 1989–Januar 1990)

## Die Revolution tritt in ihre zweite Phase

Es schmerzt Honecker, was er in diesen Tagen im Fernsehen zu sehen
bekommt. Es werden immer mehr Vorwürfe gegen ihn laut.

Am 13. November tritt Horst Sindermann als Volkskammerpräsident
zurück.[137] Auch Willi Stoph hält seine letzte Rede vor dem nun auf-
müpfig werdenden DDR-Parlament. Hans Modrow wird mit der Bildung einer neuen Regierung beauftragt.[138] Hätte man in diesen Tagen
noch einen weiteren Beweis für den Kollaps der alten SED-Führung
gebraucht – mit dem Auftritt von Erich Mielke vor der Volkskammer,
der wie gewohnt alle Anwesenden mit »Genossen« tituliert, ist er er-
bracht worden. Auf die Bemerkung eines mutig gewordenen CDU-
Abgeordneten, der Herr Minister möge doch bitte zur Kenntnis nehmen,
daß sich in diesem Hause nicht nur Genossen befänden, reagiert der
scheidende Stasi-Chef verwirrt: »Aber ich liebe euch doch. Ich liebe
doch alle Menschen!« ruft er hilflos in den Saal.

Modrow wandelt das Ministerium für Staatssicherheit in ein Amt für
Nationale Sicherheit um, ein Etikettenschwindel reinsten Wassers. Er
verspricht dem neu ernannten Chef des Amtes, Wolfgang Schwanitz,
daß der Mielke-Auftritt »nicht weiter ausgeschlachtet« werden soll.[139]
Auch als wenige Wochen später die DDR-Bürger die endgültige Auflösung der Staatssicherheit erzwingen, bleibt Modrow seiner Politik
treu: Der Kaderbestand wird vom Ministerium des Innern übernommen, und der Großteil der »Tschekisten« geht zum Zoll.

Mitte November 1989 tritt die Revolution in der DDR in eine neue
Phase. Nachdem die Demonstrationen aufgrund hunderttausendfacher
Westreisen für einige Tage abgeflaut waren, leben sie nun in neuer
Stärke wieder auf. Bisher unbekannte Töne sind zu hören. Auf der
Leipziger Montagsdemonstration am 13. November, an der sich

200 000 Menschen beteiligen, ist erstmals aus einigen Kehlen die Forderung »Deutschland einig Vaterland« zu vernehmen. Zwei Tage später finden erneut in 30 Städten Demonstrationen statt. Gefordert werden freie Wahlen, ein Ende des im Artikel 1 der DDR-Verfassung verankerten Führungsanspruchs der SED und die Aufdeckung von Amtsmißbrauch und Korruption. Selbst die Blockparteien fallen in diesen Chor ein, allen voran die LDPD sowie die CDU mit ihrem am 10. November neu gewählten Vorsitzenden Lothar de Maizière, der kurz darauf als stellvertretender Vorsitzender des Ministerrates und Minister für Kirchenfragen in die Modrow-Regierung eintritt.[140]

Je schwieriger die Situation für die Mannschaft um Egon Krenz wird, desto mehr neigt sie dazu, Honecker als Sündenbock zu verkaufen. Der Umgangston zwischen dem Ex-Staatschef und seinen einstigen Untergebenen wird kühler. Post, die für Honecker nach dessen Ablösung noch beim Staatsrat eingeht, sendet man ihm formlos und ohne jegliche Grußformel nach Wandlitz. »Kurzerhand«, steht auf den Beizetteln zu lesen, »von Staatsrat an Genossen Erich Honecker«.[141]

Lediglich der Inhalt dieser Briefe stellt für den kranken Honecker manchmal noch eine Genugtuung dar. So bedankt sich ein alter Freund, der britische Publizist und Verleger Robert Maxwell,[142] für die Zeit, die Honecker ihm während der Festlichkeiten zum 40. Jahrestag der DDR gewidmet hat. Aber auch einfache Bürger schreiben an Honecker. Barbara B. aus Barth läßt den »hochverehrten, lieben Herr(n) Erich Honecker« wissen, wie sehr sie seine Ablösung bedauere: »Es tut mir so leid und ich möchte Ihnen noch einmal sehr, sehr herzlich danken für alles, was Sie der Menschheit Gutes getan haben. Wie lange haben wir durch Ihr Zutun in Ruhe und Frieden leben können. Wie schnell wird das von der Menschheit vergessen ...«[143] Ein junges Ehepaar schreibt: »Auch wir als Eltern, André (Berufsfeuerwehrmann) und Annette (Unterstufenlehrerin), verspüren das Bedürfnis, Ihnen für Ihre geleistete Arbeit zu danken, die Grundlage für unser sicheres und glückliches Leben ist.«[144] Nicht zuletzt darf sich Erich Honecker über Kinderzeichnungen freuen. Auf ihnen steht: »Lieber Onkel Erich Honecker! Viele Grüße und daß Du immer gesund bleibst, das wünscht Dir Deine Katja W.«[145]

Solch freundliche Post mit an religiösen Eifer erinnernden Bekenntnissen bleibt für Honecker in diesen Tagen aber eher die Ausnahme. Viele seiner ehemaligen Genossen wenden sich von ihm ab. Erich Mückenberger erinnert sich: »Jedenfalls ist das eine menschliche

Tragödie, was er erlebt. So hoch zu steigen und so tief zu fallen. Ich möchte sagen, wirkliche Freunde wird er wohl zuletzt nicht mehr viele gehabt haben.«[146]

Willi Stoph gibt Erich Honecker die Schuld für die wirtschaftliche Misere der DDR. Er hätte zusammen mit Günter Mittag an allen verfassungsmäßigen Gremien vorbei eigenmächtige Investitionsentscheidungen getroffen, die dann nachträglich »in den Plan gedrückt« worden seien,[147] verkündet der Mann, der selbst seit 1953 dem Politbüro der SED angehörte. Auch Familie Sindermann spricht mit Haß über Honecker. Horst Sindermann wirft ihm vor, sich nach seiner Ablösung sofort in seine Krankheit geflüchtet und sich »verkrochen« zu haben: »Jedenfalls ist es das Argument, seine Krankheit verhindert es, öffentlich Stellung zu nehmen … Er kommt mir auch jetzt noch vor wie so ein kleiner König. Wie ein Puter.« Sohn Michael fügt hinzu: »Aber so krank ist er nicht, oder?«, und Frau Sindermann stichelt: »Er geht doch immer (in Wandlitz) spazieren. Gestern haben wir ihn erst wieder gesehen.«[148]

Immer lauter werden die Stimmen, die Honecker Amtsmißbrauch vorwerfen. In der Öffentlichkeit werden Gerüchte über seinen vermeintlich sagenhaften Wohlstand und das angeblich schmarotzerhafte Leben von Funktionären in Wandlitz kolportiert. »Wie komfortabel lebte das Politbüro in Wandlitz?«[149] fragt die Parteizeitung »Neues Deutschland«. SED-Bezirksleitungen verurteilen in gewohnter »Einmütigkeit«, diesmal aber »betroffen, empört und voller Abscheu«[150] die Privilegien der früheren Politbüromitglieder. Nachdem die Presse Mitte November 1989 erstmals Zutritt zur Waldsiedlung sowie zu einigen Ferienobjekten der ehemaligen SED-Oberen bekommen hat, breitet sie genüßlich aus, welche »Schätze« es dort gibt: »Mehr als zehn sehr große Kühlschränke stehen dort, gefüllt nicht nur mit Äpfeln und Fleisch, sondern auch mit teuren Süßigkeiten – von A bis Z aus westlicher Produktion«[151], schreibt die Nachrichtenagentur ADN über ein Anwesen in Müritz. Die Zeitungen sind voll mit Berichten über Videoräume, westliche Badezimmerarmaturen und dreilagiges Toilettenpapier. Die Bevölkerung ist aufgebracht. Horst Sindermann jedoch tobt: »Das ist faschistische Ideologie, Pogromhetze gegen die Funktionäre … Das ist Pogromhetze. So etwas gefährdet das Leben der Funktionäre …«[152]

## Wandlitz und kein Ende

Überlegungen zum Bau einer abgeschotteten Funktionärssiedlung entstanden unmittelbar nach dem ungarischen Volksaufstand von 1956. Die Siedlung Wandlitz im Kreis Bernau wurde dann zwischen März 1958 und Herbst 1960 als Wohnanlage für Angehörige des Politbüros errichtet und später mehrfach erweitert. Eine unkontrollierte Annäherung an die Siedlung war unmöglich. Neben vielfältigen Kontroll- und Überwachungsmaßnahmen bestand auf der Fernstraße F 723, entlang der Siedlungsgrenze, striktes Halteverbot. Zur Tarnung befand sich vor der Zufahrt ein sogenanntes Wildforschungsgebiet, in dem Mufflons ausgesetzt waren. Im Außenring der Funktionärssiedlung befanden sich die Unterkunftsgebäude für das Wachregiment, Garagen, eine Wäscherei, Wohnhäuser für das Dienstpersonal, Verkaufsstellen, ein Klubhaus und diverse technische Einrichtungen. Im Innenring wohnte – mit sieben Ausnahmen[153] – die »geschlossene Gesellschaft«[154] der SED-Politbüromitglieder. Es gab keine Straßennamen, die Häuser hatten nur Nummern. Zuletzt sorgten etwa 650 Bedienstete, allesamt Angestellte des Ministeriums für Staatssicherheit, für das Wohl der Funktionäre. Sie hatten sich selbst zu »tschekistisch einfühlsamem Verhalten«[155] verpflichtet. Auf 21 Postenbereichen bewachten die Angehörigen des Wachregiments die Ruhe der Politbüromitglieder.[156] Im Innenring waren der »F-Klub« (Funktionärsclub), ein Schwimmbad mit Sauna sowie das sogenannte Ladenkombinat »stationiert«, in dem nur die Politbüromitglieder sowie deren Familien einkaufen durften.

Nach der »Wende« erweckten vor allem die privilegierten Einkaufsmöglichkeiten den Unmut der Bevölkerung. Heute ist dieser Komfort für die ehemaligen DDR-Bürger Durchschnittsniveau im Alltag. Im blechernen SED-Deutsch gestand der Verwaltungschef der Waldsiedlung ein: »Der Umfang der im Ladenkombinat angebotenen Waren enthielt grundsätzlich das volle mögliche Sortiment in den jeweiligen Branchen aus der DDR-Produktion ... Es enthielt weiter Elemente der Eigenproduktion wie Brot, Brötchen, Kuchen und Torten ... Entsprechend dem Kaufgebaren und Wünschen der Kunden aber waren diese Grundsortimente im Verlaufe der Jahre ... mehr und mehr ergänzt worden durch Importe ..., so (daß) man einschätzen (muß, daß) das von uns erfolgte beharrliche Anbieten des DDR-Sortiments nur noch als Feigenblatt zu bezeichnen (war) ... So trug Herr Honecker grundsätzlich nur weiße Oberhemden von ›Seidensticker‹, seine Ehefrau konnte nicht genügend Pullover angeboten bekommen. Herr Stoph konnte nicht leben ohne Senoussi-Zigaretten und seine Ehefrau nicht ohne Charmeuse-Unterwäsche.«[157] Zu den Spitzenreitern in puncto Kauflust zählten nach Angaben des Wandlitzer Verwaltungsleiters »die Familien Stoph, Mielke, Honecker, Sindermann, Mittag, aber auch mit Abstrichen Jarowinsky, Krenz und Schabowski...«[158] Margot Honecker bestritt nach 1989, oft in Wandlitz eingekauft zu haben. Sie hätte ihre Einkäufe auch in Berlin erledigt. Das »Wo« bleibt ihr Geheimnis. Egon Krenz war da ehrlicher. Er bekannte unumwunden: »Wahr ist, daß (in Wandlitz) auch viele Erzeugnisse westlicher Produktion, extra importiert, verkauft worden (sind). Hier liegt die doppelte Moral.«[159]

Die Häuser der Politbüromitglieder stammten allesamt aus der »Gründerzeit« der Siedlung. Das größte Anwesen nannte Ministerpräsident Stoph sein eigen. Bei den Häusern handelte es sich um schmucklose Standardbauten. »Die Häuser waren so, wie sich Lieschen Müller die Villa von Dr. Lieschen Müller vorstellte – ein großes Entree mit schwarzem Marmorfußboden, völlig unzweckmäßig und düster, ein Wintergarten mit Springbrunnen, buntes Mosaik, dunkle Küche mit Dienstboteneingang ... Wie Streichholzschachteln schön symmetrisch waren die Häuser aufgestellt«[160], erinnert sich die Schauspielerin Vera Oelschlegel, die als Ehefrau des 1985 aus dem Politbüro ausgeschiedenen Konrad Naumann einige Jahre hier wohnte.

Die Wandlitz-Bewohner verfügten über jeweils zwei Haushälterinnen, zahlten für Miet- und Personalkosten monatlich 300 und 600 Mark, und sie brauchten »nur den Mund aufzumachen, es wurde alles für sie realisiert, was irgendwie ging«[161]. Aus dem Budget des MfS flossen jährlich knapp 30 Millionen Mark in den Unterhalt der Siedlung. Hinzu kamen Devisenaufwendungen. Die Korrumpierung seiner Mitarbeiter gehörte zum Herrschaftsstil Honeckers, ihn selbst interessierte in erster Linie die Macht. Das Bruttogehalt eines Politbüromitgliedes betrug 5 500 Mark, es war höher, wenn die Person noch ein Staatsamt bekleidete. Hinzu kamen diverse Aufwandsentschädigungen. Nach dem Ausscheiden aus dem Politbüro standen dem Funktionär monatlich eine Ehrenpension in Höhe von 90 Prozent des letzten Bruttogehaltes, ein persönlicher Mitarbeiter, eine Schreibkraft, ein »personengebundenes Fahrzeug mit Fahrer«, die Versorgung mit Presseerzeugnissen und Literatur, einschließlich Literatur aus kapitalistischen Ländern sowie eine Reihe weiterer Vergünstigungen zu. Die »Rundumversorgung« der Politbüromitglieder wurde durch von der

Öffentlichkeit abgeschirmte Wochenendhäuser in Brandenburg und Mecklenburg komplettiert. Keine Datsche war weniger wert als eine Million Mark. Auch die Kinder der führenden Genossen durften sich über Häuser oder Wohnungen freuen.

Erich und Margot Honecker bewohnten in Wandlitz das Haus Nr. 11, ein schmuckloses Gebäude mit einem Obergeschoß. Die Zimmer waren mit den gleichen Einbaumöbeln wie in den Domizilen der anderen Politbüromitglieder ausgestattet. Honecker hatte keinen Hang zum Luxus. In seinem Schlafzimmer hing eine Kinderzeichnung mit dem Titel »Das Kriegsschiff Rosto(c)k«.[162] In den Wohnräumen fanden sich einige Bilder und Skulpturen. Im Garten vor der Veranda stand ein Hahn aus Bronze.

Die meisten Politbüromitglieder stammten aus einfachen Elternhäusern. Ihre Bildung bestand aus Klassenkampf und Parteischulen. Gleichgültig, ob es die Einrichtung ihrer Häuser, das Quelle-Versandhaus-Niveau ihrer Verkaufsstelle oder das »asiatische Zimmer« im Restaurant des Funktionärsclubs betrifft – alles bewies einen kleinbürgerlich-spießigen Geschmack. Die Westberliner »taz« spottete: »Ceauşescus Hofstaat residierte wenigstens in Barockschlössern mit Hollywoodpools. Honeckers Günstlinge schafften kaum den Standard schwäbischer Landärzte und begnügten sich mit Zwei-Züge-quer-drei-Züge-längs-Pools.«[163]

Das eigentliche Problem bestand darin, daß die in der Waldsiedlung Wandlitz lebende Gesellschaft aber Wasser predigte und selbst Wein trank, auch wenn es keine Spitzenweine waren. Die Kommunisten waren mit dem Anspruch angetreten, soziale Ungleichheiten aufzuheben. Daran mußten sie sich nach der »Wende« selbst messen lassen.

Die Bewohner der Siedlung hatten nur wenig privaten Kontakt miteinander. Wie zwischen Hund und Katze sei das Verhältnis gewesen, sagt Günter Schabowski. Horst Sindermanns Frau erinnert sich: »Keiner ... geht zum anderen. Das gibt es einfach nicht ...«[164] Erich Mückenberger gesteht ein: »... es gab hier draußen kein Wohnkollektiv in der Form, daß man sich gegenseitig besuchte. Man nahm untereinander nicht groß Anteil am Privatleben des anderen, auch nicht an den Sorgen des anderen.«[165] Der für die Verwaltung der Waldsiedlung zuständige MfS-Oberstleutnant Gerd Schmidt vermerkt im Kauderwelsch des Funktionärsdeutsch der Pläne und Rechenschaftsberichte: »Die (gemeinsame) Einnahme von Speisen und Getränken im Klubhaus im Verlaufe der Woche wurde selten praktiziert.«[166]

Honecker erzählt, daß man Wandlitz ursprünglich auch dazu nutzen wollte, »um abends mal zusammenzukommen«. Daß man am Ende doch ein relativ abgeschottetes Leben führte, begründet er menschlich: »Wenn man den Tag über zusammen ist ... und sich mittags beim Essen auch noch sprechen kann ..., und man kommt dann spät nach Hause, dann hatte man natürlich die Nase voll.«[167]

Den Vorwurf, er habe in Saus und Braus gelebt, weist Honecker nahezu empört zurück: »Wenn uns heute vorgeworfen wird, ... feudal gelebt zu haben, kann ich nur sagen, und das aus vollem Herzen, daß das nicht stimmt. Das ist vielmehr der Hauptbestandteil einer großangelegten Kampagne um die sagenhafte Siedlung Wandlitz, in der angeblich ein Schlemmerleben herrschte ... Ich habe jeden Morgen ein oder zwei Brötchen gegessen mit Butter und Honig; mittags waren wir im Zentralkomitee, da habe ich entweder gegrillte Wurst mit Kartoffelpüree, Makkaroni mit Speck oder Gulasch gegessen, und abends habe ich zu Hause gegessen, etwas ferngesehen und bin schlafen gegangen ... Was man (da) unter einem feudalen Leben versteht, muß man mir erst einmal erläutern.«[168]

Ein Luxus, den Honecker sich allerdings gönnte, war die Jagd. Fast an jedem Wochenende und mitunter auch an Wochentagen hielt sich Honecker in seinem Anwesen Wildfang, einer alten Försterei am Pinnowsee, auf.[169] Nur da habe er abschalten können, beim Spazierengehen sei ihm das nicht gelungen, berichtet Margot Honecker. Ihr Mann drückte seine Vorliebe für das Weidwerk staatsmännischer aus. Er mochte es, weil »wir in der Woche sehr intensiv und sehr angestrengt gearbeitet haben und in der Jagd die Möglichkeit sahen, etwas Sauerstoff zu atmen und uns zu bewegen«[170]. Naiv erklärt er: »Ich will auch sagen, daß es in bezug auf meine Jagd immer großes Verständnis in den wenigen Dörfern gab, die dort lagen. Es gab nie eine Beschwerde darüber.«[171]

Im Vergleich zu anderen Politbüromitgliedern führte Honecker aber tatsächlich keinen ausschweifenden Lebenswandel. »Die Vorwürfe, die gegen Honecker in punkto Korruption und Vergeudung von Mitteln erhoben wurden, betrafen überwiegend die Bevorteilung anderer«[172], schrieb der Pressesprecher der Generalstaatsanwaltschaft später. Damit meinte er sicher nicht die »Privilegien«, die Honeckers Hund genoß. Cockerspaniel Klecksi wurde vom Personal als tückisch, aggressiv, hinterlistig und bissig beschrieben. Da ihn Honecker über alles liebte, galt aber die Parole: »Lieber beißen lassen und ein disziplinerter Tschekist sein, als der Töle eins überbraten.«[173] Seiner Tochter Sonja und seinem Enkel Roberto konnte der Staatschef keinen Wunsch abschlagen. Dreimal zog Sonja Yáñez innerhalb Berlins um. Die Umzüge waren jedesmal mit umfangreichen Renovierungen sowie Neueinrichtungen verbunden, für die der DDR-Steuerzahler aufkam.

Für Enkel Roberto legte die Volksmarine auf der Insel Vilm einen Sandstrand an, da sich das Kind beim Baden an den vielen Steinen gestört hatte. Besonderer Aufmerksamkeiten erfreuten sich auch Honeckers Sekretärin sowie seine Masseuse.

Günter Schabowski schrieb: »Wir waren im Leihkommunismus angekommen. Der Generalsekretär hat's gegeben; er wird es nehmen, wenn du die Parteiräson, die Disziplin, die Spielregeln verletzt, die er bestimmt … Das kleine Wohlleben entwickelt eine beträchtliche Klebekraft an den, der es gewährt.«[174]

## Honecker wird einsam

Die Klebekraft schwindet, als Honecker Amt und Würden verliert.

Am 10. November schlägt der Generalstaatsanwalt der DDR, Günter Wendland, der Volkskammer die Einsetzung eines zeitweiligen parlamentarischen Ausschusses zur Untersuchung von Korruption und Amtsmißbrauch vor, der am 13. November gegründet wird. Seinen Vorsitz übernimmt der CDU-Abgeordnete Heinrich Toeplitz, der dafür eigentlich alles andere als prädestiniert ist. Toeplitz war früher ein willfähriger Präsident des Obersten Gerichts der DDR. Die SED, deren Mitglied Honecker seit 43 Jahren ist, rückt von ihrem einstigen Generalsekretär ab. Man beschließt, »die Verfehlungen und Verstöße von führenden Genossen gegen das Parteistatut zu untersuchen und die Schuldigen für die Krise in der DDR zur Verantwortung zu ziehen.«[175] Honecker ist tief beleidigt. Nur mühsam kann er seine Wut im Zaum halten, als er seinem Nachfolger am 15. November schreibt: »Werter Genosse Krenz! Ich bin mir durchaus der Verantwortung für die Ereignisse bewußt, die unser Land gegenwärtig durchlebt. Das spüre ich heute stärker als zu dem Zeitpunkt, als ich im Ergebnis einer Beratung des Politbüros bat, mich von der Funktion des Generalsekretärs, als Vorsitzender des Staatsrates und Nationalen Verteidigungsrates der Deutschen Demokratischen Republik zu entbinden … Zu einer Frage kann und darf ich jedoch nicht schweigen. Das ist der jetzt aufgewor-

*Ganz in Familie: Erich und Margot Honecker mit Enkel Roberto und
Tochter Sonja 1977.*

fene Vorwurf des Amtsmißbrauchs. Ich werde immer – wo dies auch
sei – diesen Vorwurf bei allen Fehlern, die ich begangen habe, zurück-
weisen. In keiner Phase meines Lebens (hatte) ich in meiner Tätigkeit
etwas mit Amtsmißbrauch zu tun.«[176] »Ich besaß ein Konto auf der
Stadtsparkasse«[177], mehr will Erich Honecker nicht eingestehen. Ein
paar Tage später erstattet er »wegen öffentlicher Verleumdung und der
Beschuldigung der Korruption« Strafanzeige beim Generalstaatsanwalt der DDR.[178]

Egon Krenz verliest Honeckers Brief am 16. November im Politbüro. Das Gremium beschließt, ihn nicht zu veröffentlichen.

Kurz entschlossen fährt Krenz daraufhin zu Erich Honecker nach
Wandlitz. Eigentlich müßte er an diesem Tag andere Probleme lösen.
Soeben hat die LDPD verlauten lassen, daß sie den Führungsanspruch
der SED aus der Verfassung streichen lassen will. Außerdem werden
in der DDR Spekulationen über eine mögliche Währungsreform laut.

Honecker bittet seinen Nachfolger ins Haus und führt ihn ins Arbeitszimmer. Der 77jährige wirkt apathisch, ist andererseits aber gespannt,
weshalb Egon Krenz gekommen ist. »Erich, wir haben im Politbüro
über Dein Schreiben an mich diskutiert«, beginnt der einstige Kronprinz vorsichtig. »Wir schlagen Dir vor, daß Du darauf verzichtest, es

zu veröffentlichen … Die Genossen finden es nicht richtig, daß du so tust, als wärst du freiwillig zurückgetreten. Du weißt, daß das nicht stimmt.« Honecker gibt sich kurz angebunden: »Ich bin gesundheitlich nicht in der Lage, mehr zu schreiben, als in dieser Erklärung steht«,[179] erwidert er. Dann überlegt er. Vielleicht ist es Lethargie, vielleicht auch Parteidisziplin, auf jeden Fall sagt Honecker nach einem Moment des Schweigens leise: »Du hast recht. Wenn es der Partei schadet, darf der Brief nicht veröffentlicht werden. Betrachte ihn nur als ein an Dich gerichtetes Schreiben.«[180] Krenz befreit sich nun von einer zweiten unangenehmen Aufgabe. Er überbringt Honecker die Nachricht, daß Margot und er am nächsten Tag ihre letzten verbliebenen Ämter verlieren sollen. »(Wir) wurden … aufgefordert, unsere (Volkskammer-)Mandate … niederzulegen«[181], empört sich die einstige Volksbildungsministerin.[182] Wortlos steht Honecker auf, geht an seinen Schreibtisch, nimmt ein weißes Blatt Papier und unterschreibt es blanko. Dann ruft er die Sekretärin von Egon Krenz in Berlin an und diktiert ihr, daß er sein Mandat als Abgeordneter der Volkskammer niederlegt. Er fügt hinzu: »Egon bringt den Briefbogen mit.«[183] Danach verabschieden sich die beiden Männer. Als Krenz schon in der Tür steht, fragt ihn Honecker: »Weißt du eigentlich, daß ich der Volkskammer seit ihrer Gründung angehöre?« – »Ja«, entgegnet dieser. »Ich verstehe deine Stimmung.«[184] Am 16. November bestätigt die Volkskammer die Mandatsniederlegung Honeckers und 26 weiterer Abgeordneter.

## Umzugsgedanken

Mitte November 1989 verlassen die Politbüromitglieder, die sich noch in Amt und Würden befinden und in Wandlitz wohnen, die Waldsiedlung wie ein sinkendes Schiff. Egon Krenz zieht am 18. November aus und wohnt seitdem in Berlin-Pankow. Von seinen »politischen Freunden, die dem Politbüro angehören«, weiß er zu berichten, »daß sie Schritt für Schritt auch aus Wandlitz wegziehen wollen, um hier in Berlin ihren Wohnsitz zu nehmen, und somit wird Wandlitz, wie ja verschiedentlich vorgeschlagen ist, eine Wohnsiedlung sein für Persönlichkeiten, die im Ruhestand sind.«[185]

Die Honeckers wollen unter keinen Umständen in einer solchen Pensionärssiedlung enden.[186] Erich Honecker beklagt bitter, daß seitens der

SED »keinerlei Anstrengungen unternommen wurden, wie sich das gehört hätte, um (seiner Frau und ihm) eine neue Wohnung in Berlin zu besorgen«[187].

Das trifft so aber nicht zu. Der ehemalige Büroleiter des Politbüros, Edwin Schwertner, bezeugt, daß Egon Krenz versucht hatte, die Frage einer neuen Unterkunft für Erich Honecker zu lösen. Honecker wünscht sich eine Wohnung in Berlin-Grünau. In den Wirren dieser Tage findet man so schnell jedoch nichts Passendes. Auch der DDR-Ministerrat wird in die Wohnungssuche für den ehemaligen Staatschef eingebunden. Schließlich bietet man den Honeckers ein Appartement am Bersarinplatz in Berlin-Friedrichshain an. Margot Honecker erbittet sich Bedenkzeit. Telefonisch teilt sie Edwin Schwertner nach einigen Tagen mit, daß sie das Angebot »aus Sicherheitsgründen« nicht akzeptieren kann.

Die nun folgenden Ereignisse, die für Honecker zur bittersten Erfahrung seines bisherigen Lebens werden sollen, verfolgt der gestürzte Staatschef somit aus einem von Journalisten belagerten Wandlitz.


## Parteiverfahren und Parteiausschluß

In einem ARD-Interview erklärt Krenz, Honecker würde sich zu seiner Verantwortung bekennen, aber sein Gesundheitszustand gestatte ihm gegenwärtig nicht, öffentlich Stellung zu beziehen. Außerdem wähne Honecker sein Lebenswerk zerstört. Andere ehemalige Kampfgefährten sind in bezug auf Honecker weniger rücksichtsvoll. Werner Krolikowski nennt Krenz feige, denn er hätte nur ungenügend mit Honecker abgerechnet. Die Angehörigen der »alten Garde« versuchen, im Angesicht der sich überstürzenden Presseenthüllungen über Wandlitz im Vergleich zu Honecker als Saubermänner dazustehen. Schabowski will seit jeher Bedenken gegen die Sonderbedingungen in der Waldsiedlung gehabt haben, Schürer hat es angeblich »noch nie als ideal empfunden, hier zu wohnen«[188], und Hager erinnert die Siedlung auf einmal an Internierungslager aus dem Krieg[189].

Am 23. November ist es dann soweit. Die SED holt zum letzten Schlag gegen ihren einstigen Generalsekretär aus. Unter Leitung von Werner Eberlein tagt die Zentrale Parteikontrollkommission (ZPKK), ein einst gefürchtetes Disziplinierungsgremium für Genossen. Honeckers ehemaliger Intimus Günter Mittag wird aus der SED ausgeschlossen, und gegen Erich Honecker beginnt ein Parteiverfahren. Als Begründung wird genannt, daß der ZPKK eine Reihe von Anfragen und Forderungen aus den Reihen der Partei vorlägen,»mit dem Antrag, Parteiverfahren gegen Genossen durchzuführen, die schwerwiegende Verstöße gegen das Parteistatut begangen haben und die Verantwortung für die gegenwärtige Lage in der Partei und im Land tragen«[190].

Honecker erreicht diese Mitteilung am Abend. Voller Entrüstung greift er zum Telefonhörer und ruft bei Egon Krenz an. Doch er hat kein Glück. Der Generalsekretär ist wieder einmal auf der Jagd nach Popularität. Er wohnt diesmal im Berliner Kino »International« der Wiederaufführung des Frank-Beyer-Filmes »Spur der Steine« bei, der 1966 von der SED-Führung verboten worden war.[191] Anläßlich dieses Ereignisses darf der 1976 in die Bundesrepublik umgesiedelte Schauspieler Manfred Krug erstmals seit 13 Jahren wieder den Boden der DDR betreten. Das »Neue Deutschland« berichtet in einem peinlichen Gemisch aus Boulevard-Journalismus und Wochenschau-Ton: »Kurz vor Beginn dieser bedeutsamen Wiederaufführung herrschte riesiger Trubel vor dem Kinoeingang. Dicht umringt von Journalisten Generalsekretär Egon Krenz und Filmstar Manfred Krug, die sich die Gelegenheit zu einem small talk nicht entgehen ließen.«[192]

Erich Honecker ruft im Kino an. Er besteht darauf, daß man seinen Nachfolger ans Telefon holt. Der ehemalige SED-Chef ist außer sich: »Ich habe soeben in den Nachrichten gehört, daß ein Parteiverfahren gegen mich eingeleitet wurde«,[193] faucht er. Er werde zum Parteitag kommen und allen die Meinung sagen. Krenz versucht, ihn zu beruhigen. Er bietet ihm an, Werner Eberlein vorbeizuschicken. Der soll Honecker »die Beschlüsse zu seinem Parteiverfahren«[194] erklären.

Als sich Eberlein, der Vorsitzende der Parteikontrollkommission, am nächsten Tag auf den Weg zu seinem ehemaligen Vorgesetzten macht, ist ihm die Sache nicht einerlei. Eberlein weiß, daß es in der Partei gärt. Schließlich erhält er täglich Hunderte von Briefen und Anrufen, die Parteiverfahren gegen ehemalige Mitglieder des Politbüros fordern. Mehrere SED-Kreisleitungen rebellieren. Auf der anderen Seite kennt Werner Eberlein Honecker seit 1950, »hatte Jahrzehnte mit (Honecker) zusammengearbeitet und hatte ein gutes persönliches Verhältnis zu ihm«[195]. Außerdem hatte Eberlein selbst in der Vergangenheit ohne Bedenken die von Honeckers System gebotenen Privilegien in Anspruch genommen. Noch im September 1989 gönnte er sich und seiner Familie einen Urlaubsflug mit einer Maschine der Regierungsstaffel. Ziel der Reise war das sonnige Zypern.[196] Doch jetzt will er Erich Honecker wegen Amtsmißbrauch aus der Partei ausschließen.

Über seine Ärzte hat der ehemalige Staats- und Parteichef zwar mitteilen lassen, daß »seine Verhandlungsunfähigkeit infolge des Gesundheitszustandes zur Zeit keine Aussprachen zuläßt«[197], doch schließlich ist er bereit, Eberlein zu empfangen.

Das Zusammentreffen in Wandlitz ist von kurzer Dauer. Honecker sagt, er habe Mühe sich zu konzentrieren und werde nur eine Stellungnahme vorlesen. Eine groteske Szene: Die zwei alten, einst mächtigen Männer sitzen sich gegenüber. Erich Honecker zitiert mühsam: »Ich übernehme die volle Verantwortung für die entstandene Lage, die um so schwerer ins Gewicht fällt, da ich die Funktionen des Generalsekretärs, des Vorsitzenden des Staatsrates und des Vorsitzenden des Nationalen Verteidigungsrates über lange Zeit ausübte ... Zu keiner Zeit ... sind (aber) meine Handlungen mit diesen Vorwürfen (des Amtsmißbrauchs und der Korruption) in Verbindung zu bringen.«[198] Werner Eberlein erinnert sich: »Es kam danach zu keinem Gespräch. Meine Fragen ... beantwortete er nicht. Meine Mission war beendet. Ich habe ihn nie wieder gesehen.«[199]

Erich Honecker gilt als »entschlossener und nicht so schnell zu irritierender Mensch«[200]. Doch in diesen letzten Novembertagen fühlt er den Boden unter seinen Füßen wanken. Nicht nur, daß man ihn aus der Partei ausschließen will, in »seiner« DDR spielen sich geradezu unglaubliche Dinge ab: Oppositionsgruppen diskutieren mit der SED an Runden Tischen, freie Wahlen werden gefordert, neue Parteien werden gegründet, und am 28. November erdreistet sich Bundeskanzler Kohl sogar, ein 10-Punkte-Programm zur Deutschlandfrage vorzustellen, an dessen Ende die Wiedervereinigung steht. Unfaßbar – und in dieser Situation läßt sein Nachfolger Krenz überdies am 1. Dezember 1989 zu, daß der Führungsanspruch der SED aus der Verfassung gestrichen wird.[201] Erich Honecker versteht die Welt nicht mehr. In einer mehrseitigen Stellungnahme an das Zentralkomitee der SED schreibt er: »Das in 40 Jahren Arbeiter- und Bauernmacht auf deutschem Boden Erreichte bildet – ob man das nun wahrhaben will oder nicht – den Ausgangspunkt für jegliche Erneuerung ... Ich (habe) zunehmend Zweifel, ob dieser Prozeß in die richtige Richtung läuft. Ich habe den Eindruck, daß Kräfte wirksam werden, die einen regelrechten Vernichtungsfeldzug gegen unsere Partei, unseren souveränen Staat, gegen die Volkspolizei und andere Sicherheitsorgane führen. Es gibt

Erscheinungen des rücksichtslosen Vorgehens gegen Kader der Partei und der Zerschlagung großer Teile ihres Apparates.«[202]

Doch in der SED hat niemand mehr Kraft und Lust, sich mit Honeckers Wortmeldungen auseinanderzusetzen. Der einstige Generalsekretär wird am 3. Dezember 1989 aufgrund »der Schwere (seiner) Verstöße gegen das Statut der SED und in Anbetracht zahlreicher Forderungen und Anträge von Kreisdelegiertenkonferenzen aus der Partei ausgeschlossen«[203]. An diesem Tag stand er nach Angaben von Margot Honecker unter Hausarrest. Das Schicksal des Parteiausschlusses ereilt elf weitere ehemalige Spitzenfunktionäre.[204] Erich Honecker hatte der KPD und später der SED genau 60 Jahre angehört.

Sein Name ist jetzt Ballast, der abgeworfen werden kann. Doch die Gegenwart holt die Partei gerade an diesem 3. Dezember ein. DDR-Devisenbeschaffer Schalck-Golodkowski flüchtet in die Bundesrepublik. In mehreren Strafanstalten kommt es zu Häftlingsrevolten. Demonstranten verlangen in einigen Bezirken die Auflösung des aus dem MfS hervorgegangenen »Amtes für Nationale Sicherheit«. 12 Uhr mittags ruht in allen größeren Städten für eine Viertelstunde der Verkehr. Menschenketten bilden sich überall in der DDR. Man fordert eine grundlegende demokratische Erneuerung. Selbst die SED-Basis macht Druck.

Am Nachmittag des 3. Dezember 1989 muß Egon Krenz als SED-Generalsekretär zurücktreten, drei Tage später legt er die Ämter als Vorsitzender des Staatsrates sowie des Nationalen Verteidigungsrates nieder. Mit ihm demissioniert das gesamte Zentralkomitee sowie das Politbüro der einstigen DDR-Staatspartei. Ein Arbeitsausschuß unter Leitung des Berliner Rechtsanwaltes Gregor Gysi übernimmt die Geschäfte der Parteiführung. Auf einem mehrtägigen Sonderparteitag wird die SED am 16. Dezember in SED-PDS umbenannt. Gysi wird mit über 95 Prozent der Delegiertenstimmen zum neuen Parteivorsitzenden gewählt. Zum Nachfolger von Egon Krenz im Amt des Staatsratsvorsitzenden wählt die Volkskammer am 6. Dezember LDPD-Chef Manfred Gerlach. Zwei Tage zuvor war dessen Partei, die LDPD, gemeinsam mit der CDU aus dem Demokratischen Block ausgetreten und hatte damit eine weitere Stütze des DDR-Staates de facto beseitigt.[205] Gerlach amtiert unauffällig bis zur Konstituierung des ersten frei gewählten DDR-Parlaments im März 1990.

Erich Honecker erfährt von seinem Parteiausschluß sowie vom Rücktritt der gesamten Führungsriege aus erster Hand. Egon Krenz macht sich am späten Nachmittag des 3. Dezember gemeinsam mit

Heinz Keßler auf den Weg nach Wandlitz. Vielleicht beschleicht sie im Angesicht des eigenen Scheiterns ein schlechtes Gewissen. Doch Honecker ist in diesen Tagen kaum ansprechbar. Es ist schwer für ihn, alles zu begreifen. Fassungslos hört er seinem einstigen politischen Ziehsohn Krenz und seinem Freund Keßler zu. Was in seinem Inneren vorgeht, läßt er sie nicht spüren. Honecker und Krenz sehen sich an diesem 3. Dezember zum letzten Mal.

## Ermittlungen gegen Honecker

Durch täglich neue Presseverlautbarungen über Amtsmißbrauch und Korruption von ehemaligen SED-Führungskadern wird die Stimmung in der DDR angeheizt. Aufgebrachte Bürger fordern: »Den Kommunisten (darf man) nur soviel Spielraum ... lassen, wie zwischen Strick und Hals Luft ist.«[206] Die öffentliche Meinung ist einhellig: Es gibt noch viel zu tun. Die SED-Größen kämpfen nach wie vor um die Macht. Wolf Biermanns »Ballade von den verdorbenen Greisen« beschreibt das Zeitgefühl dieser Tage. Dem ehemaligen Stasi-Chef Mielke macht diese Atmosphäre Angst. »Bringen die uns jetzt um?«[207] fragt er Günter Schabowski am Telefon.

Es ist die siebenstündige Volkskammersitzung vom 1. Dezember 1989, welche den Stein strafrechtlicher Verfolgung gegen Honecker & Co. endgültig ins Rollen bringt. Der Vorsitzende des Ausschusses zur Untersuchung von Korruption und Amtsmißbrauch, Heinrich Toeplitz, selbst fortwährend mit seiner eigenen Reinwaschung beschäftigt, erstattet nach zweiwöchiger Recherche einen Bericht, der großes Aufsehen erregt. Er spricht von einem umfassenden Mißbrauch öffentlicher Ämter zu privaten Zwecken. Es geht um private Baumaßnahmen für Kinder von früheren Politbüromitgliedern, Honeckers Sonderjagdgebiete im Bezirk Neubrandenburg, Neckermann-Einfamilienhäuser für Familienangehörige von ehemaligen Politbüromitgliedern, Urlaubsflüge mit der Regierungsstaffel und die Sonderversorgung der Prominentensiedlung Wandlitz. Außerdem prangert Toeplitz das Vorgehen der Sicherheitskräfte in den Revolutionstagen des Oktober und Mißhandlungen von damals »zugeführten«[208] Personen an. Empörung löst die Mitteilung des Ausschußvorsitzenden aus, daß Honecker und Mittag seit 1978 Ehrenmitglieder der DDR-Bauakademie sind und als solche eine jährliche Zuwendung von rund 20 000 Mark erhalten haben. Die Westberliner »taz« bezeichnet dies zwar als »Fliegenschiß gegen das, was westdeutsche Politiker durch schlecht getarnte Korruption zu kassieren pflegen«[209], doch die meisten Ostdeutschen legen an das Verhalten der SED-Funktionäre mit Recht andere Maßstäbe an. Fünf Tage später hebt der Bauminister Honeckers Ehrenmitgliedschaft in der Akademie auf.[210]

Der neue Ministerpräsident Hans Modrow versichert, daß die Regierung die entsprechenden Konsequenzen aus den Überprüfungen des Untersuchungsausschusses ziehen werde. Und so geschieht es. Die Staatsanwaltschaft wird aktiv. Erich Honecker muß ansehen, wie am 3. Dezember seine Nachbarn Günter Mittag und Harry Tisch verhaftet werden. »In ihrem Fall lagen schlüssige Beweise für persönliche Bereicherung und Vergeudung von Volksvermögen sehr frühzeitig vor«,[211] berichtet der Pressesprecher der Generalstaatsanwaltschaft. Mehrere Jahre später sehen die damals handelnden Juristen die einstigen Vorwürfe gegen die SED-Politprominenz in einem versöhnlicheren Licht. »Aber Tisch und Mittag«, so erinnert sich der mit den Ermittlungen beauftragte Staatsanwalt, »die waren wirklich kriminell!«[212] Verhaftet werden an diesem Tag auch die ehemaligen SED-Bezirkschefs von Erfurt und Suhl, Gerhard Müller und Hans Albrecht. Die Ermittler notieren, wie die Häftlinge sich benehmen: »Mittag begreift nichts – grenzenlos überheblich, Albrecht zusammengefallen, Müller dumm/frech.«[213]

Rasch wird es auch für Honecker ernst. Seine ansehnliche Kollektion von Dienst- und Jagdwaffen – ihr Gesamtwert betrug 93 000 Mark – hat er bereits »ohne finanzielle Vergütung und zur weiteren Verwendung« abgeben müssen.[214] Auf eine schützende Hand aus den Reihen seiner ehemaligen Partei kann er nicht mehr bauen. Am 5. Dezember tritt Generalstaatsanwalt Günter Wendland zurück. Sein Nachfolger, Harri Harrland, will nach der Flucht von Alexander Schalck-Golodkowski seine Hausaufgaben besonders ordentlich machen. Er gibt bekannt, daß mehrere ehemalige Mitglieder des alten Politbüros in Wandlitz unter Hausarrest stehen. Gegen »Honecker, Erich, geb. am 25. 8. 1912, letzte Tätigkeit: Vorsitzender des Staatsrates und des Nationalen Verteidigungsrates der DDR«[215] wird ein Ermittlungsverfahren eingeleitet. Er sei »verdächtig, seine Funktion als Vorsitzender des Staatsrates der DDR und seine angemaßte politische und ökonomische Macht als Generalsekretär des ZK der SED mißbraucht zu haben, indem er ... ungerechtfertigte umfangreiche Privilegien für Mitglieder der ehemaligen Staats- und Parteiführung schuf ... Ferner ist er ver-

70

HONECKER, Erich

geb. am 25.8.1912

letzte Tätigkeit: Vorsitzender der Staatsrates und Nationalen
Verteidigungsrates der DDR

Ermittlungsverfahren eingeleitet am *1.12.1991* ohne Haft

wegen dringenden Verdacht *Vertrauensmißbrauch und Untreue zum Nachteil sozialistischen Eigentums (§§ 161a, 162, 165 StGB)*

Die bisherigen Ermittlungen bestätigen die dringenden Verdachts-
gründe, daß der Beschuldigte unter Mißbrauch seiner Befugnisse
als Vorsitzenden des Staatsrates sowie Nationalen Verteidigungsrates der DDR und auf der Grundlage angemaßter Befugnisse als
Generalsekretär des ZK der SED sich, weiteren Mitgliedern der
ehemaligen Partei- und Staatsführung, deren Angehörigen und
anderen ausgewählten Personen durch rechtswidrige Verfügungen
zur Verwendung von Valutamitteln und anderen Fonds zum Nachteil
der Volkswirtschaft Privilegien in Form

- der Sonderversorgung in der Waldsiedlung Wandlitz im Wertumfang vo
  mindestens 5 Millionen Valutamark *jährlich*
- der Errichtung, Unterhaltung und Ausbau *ausschließlich* privat genutzter
  "Freizeitobjekte"
- der privaten Nutzung von Flugzeugen der Regierungsstaffel
- der Einrichtung, Bewirtschaftung und Nutzung ßß von Sonderjagdgebieten
- der Verwendung von Parteigeldern für sogenannte Aufwandsentschädigungen (Götting)

*verschaffte und dadurch einen bedeutenden volkswirtschaftlichen Schaden
in noch bisher noch nicht konkret festgestellten Umfang verursachte.*


Darüber hinaus wurde festgestellt, daß auf Weisung des Beschuldigten
im Ausland ein Valutakonto eingerichtet wurde. Gegenwärtig wird geprü
in welchem Umfang aus diesem Konto neben Sonderimporten für die
Versorgung der Bevölkerung rechtswidrig Valutamittel für die
Finanzierung obengenannter Privilegien verwendet wurden.

*Ausgehend von der früheren Stellung des Beschuldigten und vom Umfang der
~~Die Begründung des hinreichenden Tatverdachts als notwendige~~ ihm zur Last gelegten Handlungen machen oder weitere umfangreiche Ermittlungen
~~Voraussetzung zur Anklage~~erhebung bedarf weiterer umfangreicher erforderlich.
~~Analysen zum Teil noch zu beschaffender Unterlagen aus dem~~
~~ehemaligen Zentralkommitee der SED und anderen Einrichtungen~~
~~sowie Zeugenvernehmungen verantwortlicher Personen.~~*

*Honeckers Stasi-Akte: Blatt 11 aus den Ermittlungsunterlagen des MfS
zum »Fall Honecker«.*

dächtig, seine Verfügungsbefugnisse als Generalsekretär des ZK der SED zum Vermögensvorteil für sich und andere mißbraucht zu haben.«[216] Auch der Vorsitzende des Rates des Kreises Waren (Bezirk Neubrandenburg) stellt Strafantrag gegen den ehemaligen Staats- und Parteichef: »Untreue zum Nachteil sozialistischen Eigentums in schwerem Fall«, heißt der Vorwurf. Honeckers Jagdhaus in Drewitz wird versiegelt.

Adolf Buske, Abteilungsleiter für Wirtschaftsstrafsachen beim Generalstaatsanwalt der DDR, leitet die Ermittlungen am 5. Dezember 1989 ein. Der »Fall Honecker« bleibt bis zur Wiedervereinigung offiziell in seiner Obhut. Erst am späten Nachmittag des 2. Oktober 1990 übergibt er die Akte der Generalbundesanwaltschaft.

Laut Buske lag die Verantwortlichkeit für die Strafsache Honecker ausschließlich bei der Generalstaatsanwaltschaft der DDR. Doch das entspricht nicht den Tatsachen. Die Aktenlage beweist das Gegenteil. Bis Januar 1990 hat das Amt für Nationale Sicherheit beim Verfahren die Federführung. Die Behörde, die sich aus der Stasi rekrutierte und es vorher in ihren Gefängnissen als opportun betrachtete, Häftlinge in Eis- und Wasserzellen zu sperren, ihnen Psychopharmaka zu verabreichen, sie mit Elektroschocks zu foltern, sie zu schlagen und zu demütigen, ist nun die Instanz, die gegen ihren obersten Befehlshaber deshalb ermittelt, weil dieser zuviel Schokolade in Wandlitz eingekauft hatte. Sie erarbeitet einen »Maßnahmeplan im Ermittlungsverfahren gegen Erich Honecker«[217]. Im Vordergrund stehen die Themen »Freizeitobjekte«, »ungesetzliche Devisenausgaben« und »Wandlitz-Versorgung«.[218] In dem Plan ist lediglich von der »Einbindung« der Staatsanwaltschaft die Rede. Am 8. Dezember schlägt Generalstaatsanwalt Harrland Hans Modrow »die sofortige Herauslösung des Untersuchungsorgans aus dem Amt für Nationale Sicherheit und direkte Unterstellung unter den Generalstaatsanwalt der DDR« vor.[219] Doch Modrow läßt sich damit noch Zeit.

Die Atmosphäre in Wandlitz ist für die verbliebenen Bewohner bedrückend. Ein ND-Journalist berichtet: »Die Wächter am Eingang grüßen zwar immer noch korrekt, aber nicht mehr mit der entsetzlich preußischen Steifheit, die bis dato ehernes Gesetz war. Wurde allen Fahrzeugen, die den Innenring verließen, ein militärischer Gruß zuteil – es mußte sich ja stets um eine erlauchte Person oder eine dieser nahestehend handeln –, so geschieht nun Unerhörtes: Wer zum Kreis jener gehört, gegen die ermittelt wird, muß sich zum Beispiel Pkw-

Durchsuchungen gefallen lassen.«[220] Vor die Häuser der ehemaligen Politbüromitglieder, gegen die ermittelt wird, hat man Posten gestellt. Die Telefonleitungen sind unterbrochen worden. Am Donnerstag, dem 7. Dezember, erfolgen weitere Verhaftungen. Erich Mielke, Willi Stoph, Günther Kleiber und Werner Krolikowski werden in Untersuchungshaft genommen. Hermann Axen soll gleichfalls ins Gefängnis, doch er befindet sich zu einer Augenoperation in Moskau.

## Hausdurchsuchung bei Honecker

Die Behandlung Honeckers läßt spüren, daß der Nimbus des Staatschefs nachwirkt. Noch akzeptiert die Staatsanwaltschaft, daß er »schwer erkrankt« und weder vernehmungs- noch haftfähig ist.[221] Dennoch – eine Hausdurchsuchung muß er erdulden. Als die damit beauftragte Staatsanwältin und ihre Kollegen an diesem Donnerstag klingeln, sind Margot und Erich Honecker gerade spazieren. Das Waldgelände ist weitläufig, und die Fahnder brauchen 20 Minuten, bis sie die beiden, Arm in Arm gehend, ausgemacht haben. Honecker erinnert sich: »Auf dem Rückweg (von unserem Spaziergang) sahen wir auf einmal in der Ferne einige Autos kreisen. Sie kamen auf uns zu, als wir den Hauptweg betraten. Man stieg aus und forderte uns auf, in das Auto zu steigen, das bei uns hielt.«[222]

Für den einstigen Staatschef kommt die Aktion völlig überraschend. »So, so«, entgegnet er hilflos und perplex. Margot Honecker hingegen ereifert sich: »Siehst du, Erich, genau wie 1935.«[223] Zu Hause angekommen, eröffnet die Staatsanwältin dem sichtlich betroffenen früheren Staats- und Parteichef den Grund des Besuches. Honecker stehe unter Verdacht, »seine Funktion als Vorsitzender des Staatsrates der DDR und seine politische und ökonomische Macht als Generalsekretär des ZK der SED mißbraucht zu haben«[224]. Deshalb werde gegen ihn ermittelt. Gleichzeitig wird Honecker die Anordnung der Hausdurchsuchung mitgeteilt. Von der Durchsuchung seiner Wohnung bekommt Erich Honecker jedoch nicht viel mit. Er muß sich setzen. Atemnot stellt sich ein: »Der ganze Vorgang hatte mich so erregt, daß ich einem Schlaganfall nahe war«, erinnert er sich und berichtet weiter: »Eine Krankenschwester wurde angerufen. Sie stellte einen hohen Blutdruck fest. Der Arzt kam, es wurden Medikamente verabreicht, so daß ich einen Teil der Haussuchung nicht mehr beobachten konnte. Das geschah dann durch meine Frau. Praktisch wurde das Haus von oben bis zum Keller durchsucht.«[225] Die Ausbeute der Ermittler ist gering. Bis auf ein paar Funkgeräte, die Honecker seinen Enkelkindern schenken wollte, nehmen sie nichts mit. Gegen 17 Uhr wird die Hausdurchsuchung beendet. Nachdem die Polizisten sein Haus verlassen haben, führt eine Krankenschwester den erschütterten Erich Honecker eine Stunde spazieren, damit sich sein Kreislauf regulieren kann. Die aus seiner Sicht Schuldigen für den entwürdigenden Umgang mit ihm hat Honecker rasch parat: Hans Modrow und Egon Krenz. Beide hätten Aufträge an die Staatsanwaltschaft gegeben, die alte Garde einzusperren. »Da hilft kein Wenn und Aber«, schreibt er, »die ersten Verhaftungen und damit die Kriminalisierung von SED-Funktionären fallen in deren Amtsperiode.«[226] Modrow sieht das anders. Er behauptet, niemanden zu Inhaftierungen aufgefordert zu haben. Die Staatsanwaltschaft hätte im »vorauseilenden Gehorsam« gehandelt.[227]

## »Kübel von Schmutz«

Mit immer neuen Anschuldigungen sieht sich Honecker konfrontiert. »Kübel von Schmutz (wurden) auf mich ... ausgeschüttet«,[228] behauptet er. In der Tat kursieren ständig neue Gerüchte. Erich Honecker habe auf Staatskosten Baumaßnahmen für persönliche Zwecke veranlaßt, er habe Schützengelder persönlich in Anspruch genommen, er habe Gewinn aus dem Verkauf von Geweihen erzielt, er habe 14 Autos besessen, er habe die Tafelbestecks der Hohenzollern benutzt, er habe ein Konto in der Schweiz mit über 350 Millionen Schweizer Franken, er kenne einen Fahrstuhl im Gebäude des Zentralkomitees, der zu Goldtresoren führen soll etc. Der öffentliche Klatsch über diese Dinge vermischt Wahrheiten, Halbwahrheiten, Lügen und Unbeweisbares miteinander. Am 5. Dezember wird auf Veranlassung des Generalstaatsanwaltes der DDR die Beschlagnahme von Honeckers Privatkonto verfügt. Erich Honeckers Konto bei der Stadtsparkasse Berlin weist einen Kontostand von 211 964 Mark aus. Auf dem Konto seiner Ehefrau liegen 77 502 Mark.

Keine Unterstützung erhalten die Honeckers von der SED-PDS. In einem »Zwischenbericht der Untersuchungskommission an den Außerordentlichen Parteitag« spürt man allen Ernstes lieber den Tankstellenbesuchen der Familie Honecker nach, beschreibt deren Fahrzeugpark und hält es dabei für angemessen, alle Schuld von der einstigen Staatspartei zu weisen und zu erklären, »daß (die SED) selbst nicht einen einzigen Volvo besaß«[229]. Überhaupt ist es der Fuhrpark des ehemaligen Generalsekretärs, der in der DDR, wo man auf ein Auto in der Regel länger als acht Jahre warten mußte, die Gemüter erregt. Aus Honeckers Sicht ist es Kleinkram, mit dem er sich als ehemaliges Staatsoberhaupt herumärgern muß. »Ich will mal sagen, mir ist es schietegal, in welchem Auto ich fahre. Ich wäre auch mit einem Trabi gefahren«[230], zürnt er.

Seine Frau muß sich am 20. Dezember vor dem Volkskammer-Ausschuß zur Untersuchung von Korruption und Amtsmißbrauch verantworten. Hier bekennt sie sich zwar zu Fehlern, die im Bildungswesen gemacht wurden, Vorwürfe der persönlichen Bereicherung oder des Amtsmißbrauchs weist sie aber von sich. Die Honeckers besäßen entgegen den Vorhaltungen weder 14 Autos, noch habe sie selbst Flugzeuge der Regierungsstaffel privat genutzt. Auch von der Wandlitzer Sonderversorgung habe Margot Honecker kaum partizipiert.

Die Korruptionsvorwürfe zwingen Honecker Ende 1989, einen Rechtsanwalt mit seiner Vertretung zu beauftragen. Seine Wahl fällt auf Wolfgang Vogel sowie auf Friedrich Wolff und dessen Partner Joachim Noack. Vogel war Honeckers einstiger Sonderbeauftragter für Häftlingsfreikäufe und schwierige Ausreisefälle aus der bzw. in die Bundesrepublik. Wolff hatte in der DDR einen Namen durch die Moderation der Fernsehserie »Alles was Recht ist«. Der Fernseh-Richter vertritt folgenden Standpunkt: »Erich Honecker war für mich kein Verbrecher. Er war – trotz des Ausschlusses aus der SED – mein Genosse.«[231]

# »Ich bitte darum, die Vernehmung zu beenden. Mein Blutdruck steigt.«

Nierenkrebs und Hochverrat – Ein kranker Honecker und
ein Staatsanwalt auf Jagd (Januar 1990)

## *Jahreswechsel*

Erich Honecker erlebt den schlimmsten Jahreswechsel seines Lebens.
Entmachtet, gedemütigt und kriminalisiert verfolgt er ohnmächtig die
politischen Ereignisse. In Rumänien wird am 25. Dezember 1989
Nicolae Ceauşescu erschossen, mit dem Honecker in den letzten Jahren
eine Altmännerfreundschaft verband – beide waren auf einer Linie,
wenn es darum ging, gegen Gorbatschows Perestroika-Kurs zu Felde
zu ziehen.

Am 19. Dezember 1989 bereiten Zehntausende Dresdner Bundeskanzler Helmut Kohl einen begeisterten Empfang. Erstmals scheint
nun die deutsche Wiedervereinigung mehr zu sein als eine ferne Vision.
Selbst der französische Präsident François Mitterand, den Erich Honecker 1988 noch zu einem DDR-Besuch eingeladen hatte, erklärt am
22. Dezember 1989 in Ostberlin, daß Frankreich unter bestimmten
Voraussetzungen nichts gegen die deutsche Einheit habe. Am gleichen
Tag wird unter dem brausenden Jubel von rund 100 000 Menschen
auch das Brandenburger Tor für den Personenverkehr geöffnet. Zu Sil-
vester herrscht dort bei einer Riesenparty Vereinigungsstimmung.

Die Modrow-Regierung hat dem immer dynamischer werdenden
Prozeß nichts entgegenzusetzen. Zwar sind Hans Modrow und Gregor
Gysi populärer, als Egon Krenz es war, aber sie vermögen nicht, das
sich abzeichnende Ende der DDR zu verhindern. Zudem scheint unklar, wem gegenüber Modrow verantwortlich ist: dem neuen »Runden
Tisch« oder der alten Volkskammer? Die ehemalige Regierungspartei
und der durch sie geschaffene Staat fallen auseinander. Die Menschen
stimmen mit den Füßen ab. Jede Woche siedeln 4 000 DDR-Bürger in
die Bundesrepublik über. Da nützt es nichts, wenn Hans Modrow stur

behauptet, die Wiedervereinigung stehe nicht auf der Tagesordnung. Seine Autorität sinkt von Tag zu Tag. Helmut Kohl hingegen handelt entschlossen. Er erkennt, daß die deutsche Nation vor einer historischen Chance steht, und er will sie ergreifen. Die wesentlichen Entscheidungen fallen fürderhin in Bonn, Moskau und Washington.

Von den aktuellen Entwicklungen in der DDR ist Honecker »tief erschüttert«[232]. Seiner Meinung nach hat die »Verleumdungskampagne gegen die ›SED-Spitzen‹ ... für den Systemwechsel günstigen Boden bereitet«[233]. Gegen 30 ehemalige DDR-Spitzenfunktionäre, unter ihnen zehn Politbüromitglieder, laufen Ermittlungen wegen Amtsmißbrauch. Die meisten von ihnen befinden sich in Haft. Auch die Haftfähigkeit von Honecker soll erneut überprüft werden. Der Volkskammer-Ausschuß zur Untersuchung von Korruption und Amtsmißbrauch drängt darauf. Am 5. Januar teilt die DDR-Presse mit, daß mit einer Entscheidung über Honeckers Haftfähigkeit, die von einer unabhängigen Ärztekommission getroffen werden soll, bald gerechnet wird.

Einen Tag später ist klar: Erich Honecker darf nicht inhaftiert werden. Doch die Begründung dieser Entscheidung trifft den ehemaligen Staats- und Parteichef wie ein Blitz aus heiterem Himmel. Charité-Professor Peter Althaus gehört der Kommission an, die Honeckers Gesundheitszustand beurteilen sollte. Der Arzt erinnert sich: »Erich Honecker mußte aus den Abendnachrichten der ›Aktuellen Kamera‹ erfahren, an welcher Krankheit er leidet: Nierenkrebs. Es müsse über eine sofortige Operation entschieden werden, hieß es in der offiziellen Verlautbarung. Nach erfolgtem medizinischem Eingriff werde die Haftfähigkeit erneut geprüft.«[234]

Der Schock sitzt dem 77jährigen in allen Gliedern. Die Diagnose, die der Nachrichtensprecher emotionslos mitteilt, kennt er nicht. Nachdem Honecker im August 1989 wegen des Verdachts auf eine Gallenkolik einen Rumänien-Besuch abbrechen mußte, wurde er im Regierungskrankenhaus Berlin-Buch operiert. »Die Diagnostik der dortigen Ärzte war miserabel«, berichtet Urologe Althaus, der als Berater für das Regierungskrankenhaus tätig war: »Honecker litt an Gallensteinen. Ihm wurde deshalb die Gallenblase entfernt. Ferner mußte ein Teil des Dickdarms wegen eines gedeckten Durchbruchs (Einbruch des Dickdarms in die Bauchhöhle; d. A.) mit entfernt werden, worauf man kaum vorbereitet war. Ich diagnostizierte bereits im August einen bösartigen Tumor an der rechten Niere.«[235] Doch die behandelnden Ärzte teilten Honecker den Befund nicht mit.

Ist es wirklich möglich, daß der erste Mann im Staate nicht über seine Krebserkrankung informiert wurde? Das klingt unwahrscheinlich, doch ehemalige hohe SED-Funktionäre erwägen diese Möglichkeit. »So etwas war die Regel, die Ärzte hatten keinen Mumm«,[236] erklärt Hans Modrow. Auch Roland Wötzel findet »es nicht seltsam, daß Honecker von nichts etwas wußte. Keiner wollte der Überbringer schlechter Botschaften sein.«[237] Günter Schabowski erklärt gegenüber dem Autor, daß Honeckers Krankheit in den Wochen, in denen Günter Mittag den SED-Chef vertrat,[238] kein Thema im Politbüro gewesen sei.

Unmittelbar nach Bekanntwerden der Nachricht nimmt Honeckers Anwalt Wolfgang Vogel Kontakt mit Althaus auf: »Können Sie ihn operieren?«[239] fragt er. Parallel dazu ruft Margot Honecker an und bittet den Arzt um Hilfe. Althaus erklärt sich bereit, den Eingriff vorzunehmen. Er informiert den Dekan der Klinik, daß Erich Honecker ins Krankenhaus aufgenommen wird. Das Problem, Honecker ohne Aufsehen in die Charité zu bringen, löst der Professor auf seine Weise: »Gerade an diesem Tag war mein ›Golf‹ kaputt«, erinnert er sich. »Deshalb bat ich einen Freund, mit mir gemeinsam Erich Honecker abzuholen. Mit dessen ›Lada‹, der nur auf drei Töpfen fuhr, kamen wir in der Waldsiedlung an und klingelten am Haus Nr. 11. Honecker öffnete die Tür. Er zitterte am ganzen Körper und war voller Angst. ›Herr Honecker, wir kriegen das schon hin!‹ beruhigte ich ihn. Dann fuhren wir mit ihm auf dem Rücksitz zurück nach Berlin. Margot Honecker setzten wir bei der Wohnung ihrer Tochter Sonja ab.«[240]

Erich Honecker kehrt nie wieder nach Wandlitz zurück. Ohnehin kann er nicht dort wohnen bleiben. Das Gesundheitsministerium will die Siedlung in ein Rehabilitations-Sanatorium umwandeln. Schon einige Tage zuvor hatte es informiert: »Angestrebt wird, bereits im Februar erste Patienten in Wandlitz aufzunehmen. Die bisherigen Bewohner werden die Waldsiedlung bis dahin verlassen haben.«[241] Margot und Erich Honecker wurde am 22. Dezember 1989 mitgeteilt, »daß ein kurzfristiger Auszug aus der Wohnung erforderlich sei«[242].

*In der Charité*

Am 10. Januar 1990 wird Erich Honecker ein pflaumengroßer Tumor aus der rechten Niere entfernt. Für die Zeit der Operation erhält der Patient einen Herzschrittmacher. Die Totalentfernung der Niere ist nicht möglich. Honecker, dessen zweite Niere aufgrund einer Mißbildung nicht funktionierte, wäre sonst zeitlebens Dialysepatient geblieben. Sein Arzt bestätigt, daß der ehemalige Staatschef für sein Alter in »guter körperlicher Verfassung« ist: »Wäre später nicht zusätzlich Leberkrebs diagnostiziert worden, hätte er noch eine Lebenserwartung von zehn Jahren gehabt.«[243]

Eigentlich wünscht Honecker nicht, daß die Presse über seinen Gesundheitszustand unterrichtet wird. Doch die Öffentlichkeit muß aufgeklärt werden. Althaus kann den Patienten umstimmen. Am darauffolgenden Tag berichten die Zeitungen von der erfolgreich verlaufenen Operation in der Urologischen Klinik der Charité. Es heißt, daß es dem Patienten den Umständen nach gut gehe.

Polizeiliche Sicherheitsvorkehrungen gibt es während Honeckers Charité-Aufenthalt nicht. Honecker verfügt über keinen Personenschutz mehr. Die Ärzte und Schwestern handeln in eigener Regie, um dem Patienten die Unmengen lauernder Journalisten vom Leibe zu halten. Die Station, auf der über 70 Patienten liegen, wird ständig verschlossen gehalten. Doch alle Vorsicht hilft nichts. Ein Arzt erliegt den verlockenden Angeboten einer bunten Illustrierten und fotografiert den kranken Honecker.

Erich Honecker verhält sich im Krankenhaus »unheimlich diszipliniert« und hat »einen enormen Respekt vor der Medizin. Seine Tabletten nahm er pünktlich auf die Minute ein.«[244] Langsam faßt er Vertrauen zu seinem Arzt. Ab dem dritten Tag nach der Operation unterhalten sich beide jeden Abend miteinander. Althaus: »Es ging um Honeckers Lieblingsthemen: das DDR-Wohnungsbauprogramm, die DDR-Friedenspolitik, die DDR-Sozialpolitik. Dieser Mann hat schwarz-weiß gedacht. Aber er war überzeugt von dem, was er tat.«[245] Honecker vertraut dem Chefarzt an, daß er gern wieder in seine saarländische Heimat ziehen und später an der Seite seiner Mutter beerdigt werden möchte. Der Gedanke an den Tod bewegt den frisch Operierten in jenen Tagen sehr. In dieser Gemütsverfassung erreicht ihn die Nachricht vom Tod seines langjährigen Weggefährten und Freundes Herbert Wehner, der am 19. Januar 1990 83jährig gestorben war. Erich Honecker kannte den früheren KPD-Spitzenfunktionär und späteren Fraktionschef der SPD im Deutschen Bundestag aus der kommunistischen Jugendarbeit im Saarland. »Ich kann mich heute noch entsinnen, daß wir zusammen 1934 die Straße hochfuhren zu uns nach Hause und daß meine Mutter einen Kuchen gebacken hatte, und ich habe mich mit Herbert Wehner über die Aussichten beim Abstimmungsergebnis über den Anschluß des Saarlandes an das Deutsche Reich unterhalten. Er war ja damals auch noch Kandidat des Politbüros beim ZK der KPD.«[246] Später, als Honecker gerade Generalsekretär geworden war, vermittelte Wolfgang Vogel einen Wehner-Besuch in der DDR. Erich Honecker bezeugt: »Ich weiß noch, wie (Herbert Wehner) in der Nacht-und-Nebel-Aktion ... nach Berlin kam ... Wir standen (seit Beginn der 70er Jahre) ständig in Kontakt.«[247]

Peter Althaus, der Honeckers unmittelbare Reaktion auf den Tod von Herbert Wehner miterlebt, ist erstaunt, wie sehr Honecker diese Nachricht trifft: »Er muß Wehner unheimlich geschätzt haben«,[248] sagt er. In der Tat belegen alle Aussagen, die Honecker nach seinem eigenen Sturz über Wehner macht, ein ausgesprochen gutes und vertrautes Verhältnis zu dem SPD-Mann mit der kommunistischen Vergangenheit.

Im Krankenhaus erhält Honecker – mit einer Ausnahme – nur aus seinem engsten Familienkreis Besuch. Seine Frau, seine Tochter Sonja sowie sein Enkelsohn Roberto kommen täglich in die Klinik, ein- oder zweimal schaut auch Erika Wildau, seine Tochter aus zweiter Ehe, vorbei. Von ungeahnter Bedeutung für Honeckers weiteres Leben ist jedoch ein Beistand von ganz anderer Seite. Althaus bestätigt erstmals einen Fakt, der immer wieder Stoff zu Spekulationen bot: Erich Honecker kann sich seit seinem Aufenthalt in der Charité der finanziellen Unterstützung durch die Palästinensische Befreiungsorganisation erfreuen. Jassir Arafat läßt seinen alten Kampfgefährten, der ihn früher oft genug unterstützt hat, nicht im Stich. Ein PLO-Vertreter überbringt Honecker in der Charité nicht nur Geld, sondern auch das Angebot weiterer Hilfeleistungen. Der heutige Leiter der Generaldirektion Palästinas in der Bundesrepublik, Abdallah Frangi, erklärt diplomatisch, daß »die menschlichen Kontakte zu Honecker auch nach der »Wende« nicht unterbrochen wurden ... Wir hatten in der DDR eine Botschaft, die hat sich immer um gute Beziehungen zu Honecker gekümmert«[249], sagt der Diplomat. Auch Hans Modrow dürfte über die PLO-Hilfe mehr wissen, als er sagen will. »No comment«, ist seine Antwort auf entsprechende Fragen des Autors. Sein Stellvertreter Lothar de Maizière könnte sich vorstellen, daß es eine »solidarische Hilfsaktion« seitens der Palästinenser gab. Sie wäre verständlich. Immerhin konnte sich Arafat immer auf eine Sache verlassen: »Wenn er etwas von Honecker wollte, wurde das gemacht.«[250] Palästinenser wurden in der DDR in vielen Bereichen ausgebildet: bei der Staatssicherheit, bei der NVA und im Hochschulwesen. Allerdings gibt es keine endgültige Gewißheit dafür, daß die PLO Honecker seit Januar 1990 finanzierte. Abdallah Hijazi, der ehemalige Kulturattaché bei der Botschaft Palästinas in der DDR, bestätigt nur, daß Jassir Arafat seinem Freund Honecker nach dessen Sturz Hilfe angeboten hat. Honecker hätte eine finanzielle Unterstützung jedoch mit der Bemerkung abgelehnt, daß er seine eigenen Ersparnisse hätte.[251] Doch diese waren im Januar 1990 bereits beschlagnahmt, so daß die Aussage mit einem Fragezeichen zu versehen ist.

Von der alten SED-Führung erhält Honecker keinen Krankenbesuch, »es gibt keine Grüße, keine Blumen, keine Nachfrage, wie es ihm geht«[252]. Das Verhalten der alten SED-Größen, die einst um Honeckers Gunst um die Wette buhlten, ist erbärmlich. Das ehemalige Politbüro-Mitglied Werner Krolikowski spricht von »Honecker und seine(n) Komplizen«, die ein großes Unglück für die Partei und das Land gewesen seien. Krolikowski selbst hätte sich seit langer Zeit im »tiefen inneren Widerspruch« zur »abenteuerlichen Politik« Honeckers und dessen »Handlanger(s) Schalck« befunden.[253] Die Frage, warum er diesen »tiefen Widerspruch« nicht frühzeitig durch seinen Rückzug aus der Politik beendet habe, scheint sich ihm nicht zu stellen.

Am 20. Januar 1990 schließt die SED-PDS 14 frühere Spitzenfunktionäre aus ihren Reihen aus.[254] Unter den Gemaßregelten befindet sich auch Egon Krenz, der beklagt, es sei nicht rechtens, ihn in eine Reihe mit Honecker zu stellen. Am 23. Januar läßt Gysi das Symbol der SED, die ineinandergreifenden Hände, vom Haus des Parteivorstandes demontieren. Die SED-PDS hofft, durch spektakuläre Parteiausschlüsse und eine formale Abkehr von der Vergangenheit ihre eigene Erosion aufhalten zu können. Doch die opportunistische Aktion schafft kein neues Vertrauen in die einstige Staatspartei. Es ist kaum zu vermitteln, daß Honecker & Co. allein die Schuld am Kollaps der DDR getragen haben sollen. Die SED-Nachfolgerin gibt in der Rolle des Richters über die ehemals eigene Führung ein eher schäbiges Bild ab.

## DDR-Justiz contra Honecker

Einen jämmerlichen Eindruck hinterläßt auch die DDR-Justiz. Man bleibt sich treu. Willfährig hatten Richter und Staatsanwälte noch vor Wochen Honecker gedient, und genauso ergeben stehen sie jetzt im Sold der neuen Herren, die selbst nichts anderes sind als Honeckers

Zöglinge. Nur Formalien geben dazu ein Kontrastprogramm ab. Seit dem 4. Januar dürfen Staatsanwälte im Dienst nicht mehr mit »Genosse Staatsanwalt«, sondern nur noch mir »Herr« (oder Frau) Staatsanwalt angesprochen werden. Die Allianz der Gewendeten beginnt nun mit dem Generalangriff auf den kranken Honecker. Die Justiz verfährt nach einem simplen Strickmuster. Durch Zugeständnisse an den »Volkszorn« und exemplarische Strafaktionen will sie sich selbst entlasten. Die Frage, mit welchem Recht da eigentlich welche Justiz zur Tat schreitet, rückt in diesen Tagen in den Hintergrund. Honecker und die SED hatten ja keine Rechtsordnung gebrochen, sondern ein Rechtswesen geschaffen, das als solches selbst vor Gericht gehört hätte.

Am 11. Januar bekommt die DDR mit Hans-Jürgen Joseph (SED-PDS) wieder einmal einen neuen Generalstaatsanwalt. Die Volkskammer fordert ein schärferes Vorgehen in bezug auf Honecker und die alte SED-Führung. Die »neue« SED spielt dieses Spiel mit. Joseph war voller Tatendrang. De Maizière erinnert sich, daß der Chefankläger manchmal noch um Mitternacht wegen diverser Nichtigkeiten mit seinem Motorrad bei ihm »vorbeigeknattert« kam. Joseph bläst zum großen Halali auf den kranken Ex-Staatschef. Zum stellvertretenden Generalstaatsanwalt und obersten Honecker-Jäger wird Lothar Reuter ernannt, der an der Jenaer Universität sozialistisches Strafrecht lehrte und bei dem auch Joseph studiert hatte. Der SED-Professor bekommt die Leitung der neu geschaffenen »Zentralen Untersuchungskommission zur Aufklärung von Straftaten der ehemaligen Staats- und Parteiführung« übertragen. Er betrachtet sich als »Forscher der Zeitgeschichte«[255]. Den Schwerpunkt der künftigen Arbeit stellt das strafrechtliche Vorgehen gegen Honecker, Mittag, Herrmann und Mielke dar, die im Polizeijargon als »Viererbande« bezeichnet werden.

Hektische Betriebsamkeit wird an den Tag gelegt. Das mit den Ermittlungen in Sachen Honecker betraute Amt für Nationale Sicherheit befindet sich in Auflösung. Am 15. Januar stürmen mehr als 2 000 Demonstranten die Stasi-Zentrale in Berlin und beschleunigen damit deren Abwicklung. Bei Reuter sollen nun alle Fäden zusammenlaufen. »Die Volkskammer verlangte immer wieder, Honecker anzuklagen«, entsinnt sich der neue Chefermittler im Gespräch mit dem Autor. Innerhalb weniger Tage arbeiten fast 200 Personen in der Untersuchungskommission. Aus der ganzen DDR werden Staatsanwälte und Kriminalisten zusammengezogen. Einmal wöchentlich kommt man zur großen Dienstberatung im Hauptgebäude der Staatssicherheit zusammen. Doch die Ermittlungsergebnisse in Sachen Amtsmißbrauch reichen noch nicht aus. Vielleicht sind manche Ermittler auch nicht mit der notwendigen Begeisterung bei der Sache. Inmitten der Honecker-Akten beim Amt für Nationale Sicherheit findet man beispielsweise einen Prospekt von der Großglockner-Hochalpenstraße.[256] Auch die Stasi-Beamten scheinen an freien Tagen von der neuen Reisefreiheit zu profitieren.

Reuter braucht neue Vorwürfe, wenn schon die Beweise fehlen. Anders kann er seine Aufgabe nicht erfüllen. Paragraph 96 des Strafgesetzbuches der DDR soll Abhilfe schaffen und Honecker zum Hochverräter stempeln. Von allen Verbrechen, die man Honecker hätte anlasten können, ist der Vorwurf des Hochverrates zweifellos der kurioseste. Selbst der ermittelnde Staatsanwalt Buske hat dazu ein »gestörtes Verhältnis«, wie er im Gespräch sagt. Schließlich setzt die Anschuldigung gemäß dem Strafgesetzbuch der DDR voraus, daß der Verdächtige die sozialistische Ordnung der DDR beseitigen, die DDR einem anderen Staat einverleiben, einen Angriff auf Leben und Gesundheit eines führenden Repräsentanten der DDR begehen oder selbst in verräterischer Weise die Macht ergreifen wollte.[257] Es bleibt Reuters Geheimnis, welchen Vorwurf er für stichhaltig betrachtete. Honeckers Verteidiger kontern ironisch: »Der Tatbestand (Hochverrat) verlangt, daß der Täter die sozialistische Staats- und Gesellschaftsordnung der Deutschen Demokratischen Republik beseitigen wollte. Dies ist angesichts der Person und des Lebenslaufes des Beschuldigten schlechthin undenkbar. Die Beseitigung der sozialistischen Staats- und Gesellschaftsordnung ist vielmehr erst nach dem Rücktritt des Beschuldigten in Angriff genommen worden, weil sie dem demokratischen Willen der Mehrheit der Bevölkerung, soweit dies bisher feststellbar ist, nicht entsprach. Auch die Alternative der verräterischen Machtergreifung ist logisch nur für einen Täter denkbar, der die Macht nicht besitzt. Ein solcher Täter war der Beschuldigte nicht.«[258] Ministerpräsident Modrow empfiehlt dem Generalstaatsanwalt, »den Quatsch zu lassen«[259].

Heute behauptet auch Reuter, er sei damals der Meinung gewesen, »Hochverrat geht so nicht«[260]. Doch nicht nur Honeckers Rechtsanwälte, sondern auch Kriminalbeamte erinnern sich anders. Reuter soll damals erklärt haben: »Wir ziehen das Ding durch. Der Hochverratsvorwurf ist für mich eine wissenschaftliche Herausforderung.«[261]

Selbstverständlich soll Honecker angesichts der neu aufgefahrenen schweren Geschütze nicht mehr länger auf freiem Fuß bleiben. Seine

Verhaftung ist beschlossene Sache. Vergebens teilt Charité-Professor Althaus der Staatsanwaltschaft mit, daß es aus ärztlicher Sicht nicht zu verantworten sei, den Frischoperierten zu inhaftieren. Reuter verfügt am Abend des 28. Januar die vorläufige Festnahme von Erich Honecker. In der Charité tauchen ein Staatsanwalt und Kriminalbeamte auf. Der diensthabende Arzt geht an das Bett des prominenten Patienten und weckt ihn. »Entschuldigen Sie, Herr Honecker, da sind zwei Leute von der Kriminalpolizei, die möchten Ihr Zimmer betreten.« Erich Honecker ist erstaunt: »Na, was wollen die denn überhaupt?«[262] Die Beamten drängen sich in den Raum. Honecker wird die vorläufige Festnahmeorder verkündet. Dann nehmen zwei Polizisten in seinem Zimmer Platz und schicken sich an, dort zu bleiben. Honecker ist aufgewühlt: »Ich habe sie ein paarmal gebeten, sich doch ins Vorzimmer zu setzen, ich wollte schlafen. Aber sie haben bei der Nachttischlampe Platz genommen … Daraufhin habe ich ihnen gesagt: ›Das ist ja schlimmer als bei der Gestapo.‹ … Ich habe dann sofort meine Frau angerufen und ihr mitgeteilt, was sich vollzogen hat … Ich bin dann natürlich nur eingeschlafen, nachdem ich eine ganze Reihe Schlaftabletten geschluckt hatte, damit ich, halb betäubt, wenigstens einige Stunden die Leute, die sich da in meinem Zimmer breitmachten, nicht wahrzunehmen brauchte.«[263] Reuter will von diesen Wildwest-Methoden angeblich nichts gewußt haben. Im Gegenteil, er hätte sogar Todesdrohungen erhalten, weil er »zu lasch« mit Honecker umgegangen sei, sagt er im Gespräch mit dem Autor. Doch sein Pressesprecher behauptet, die Aktion sei auf Order der Generalstaatsanwaltschaft durchgeführt worden. Man wollte sichergehen, daß sich Honecker »nicht noch zu nächtlicher Stunde aus dem unvergitterten Fenster des Hochhauses stürzte«[264].

Nachdem Honecker eine Nacht mit den Kripo-Beamten in einem Zimmer verbracht hat, treffen am Morgen gegen 6.30 Uhr seine Frau sowie Tochter Sonja auf der Krankenstation ein. Sie wissen bereits, daß das Familienoberhaupt in die Haftanstalt Rummelsburg gebracht werden soll. Sonja Yáñez reagiert jähzornig auf die Festnahme ihres Vaters und vergleicht die Polizisten mit »Gestapoleuten«. Selbst Professor Althaus, der Honecker gegenüber sehr verständnisvoll war, zeigt ihr gegenüber wenig Sympathie: »Sonja war ein hysterisches und verzogenes Funktionärskind. Wenn sie pfiff, sind normalerweise alle gesprungen. Jetzt ging es nicht nach ihrem Willen, und sie tobte herum.«[265]

Punkt 7 Uhr wird Erich Honecker abgeführt. Ihm steht ein schwerer Gang bevor. Der Ausgang der Charité wird von einem Journalisten-

*Auszug eines prominenten Patienten: Erich Honecker wird am*
*29. Januar 1990 direkt aus der Berliner Charité in die Haftanstalt*
*Rummelsburg gebracht.*

pulk belagert. »Fährt Honecker ein?«[266] fragt sich die »taz«. Sensationslüstern warten die Pressevertreter auf den Staats- und Parteichef a. D. Erich Honecker erscheint in Begleitung seiner Frau sowie von Mitarbeitern der Staatsanwaltschaft und der Polizei. In der linken Hand trägt er eine Tasche, am rechten Arm hat ihn Margot untergefaßt. Honeckers Gesichtsausdruck wirkt versteinert, im Angesicht der Kameras läßt er sich nicht aus der Fassung bringen. Die Journalisten spotten: »Na, Herr Honecker, noch mal lächeln für das letzte Foto!«[267] Es dauert nur wenige Minuten, dann hat der einstige Staatschef diesen Canossagang hinter sich gebracht.

## In Rummelsburg

Nach Meinung von Peter Althaus ist Honecker »auf Grund des schwer beeinträchtigten Gesundheitszustandes« haftunfähig. In einer Stellungnahme teilt der Arzt ferner mit, daß der Patient »sehr bedrückt« gewesen sei. Es falle ihm schwer, die gegenwärtigen Ereignisse zu verarbeiten. Honeckers geistiger Zustand sei aufgrund der Belastungen, die mit der Operation verbunden waren, angegriffen, wozu auch Durchblutungsstörungen beitragen, berichtet das »Neue Deutschland« am 30. Januar. Den stellvertretenden Generalstaatsanwalt beeindruckt dieses Gutachten wenig. Honecker wird in die Haftanstalt Berlin-Rummelsburg überführt. Eine Woche zuvor hatten auch Horst Sindermann, Joachim Herrmann und Ex-Bauminister Wolfgang Junker in eine Gefängniszelle umziehen müssen.

Es steht außer Zweifel, daß die Art und Weise, wie der kranke Honecker in diesen Tagen behandelt wird, entwürdigend ist. Doch auch die Selbstgerechtigkeit des ehemaligen Staats- und Parteichefs und dessen Unfähigkeit, in seinem Schicksal ein Stück politische Gerechtigkeit zu erkennen, wirken überzogen. Honecker läßt keine Gelegenheit aus, Parallelen zum Nationalsozialismus zu ziehen. »So wie ich ... 1935 von der Gestapo ... in die Mitte genommen wurde im Auto, so ging auch diese Fahrt von der Charité bis nach Rummelsburg ... Für mich war es natürlich erschütternd, daß ich zum ersten Mal nach der Verhaftung durch die Gestapo und der Fahrt zum Prinz-Albrecht-Palais – dieser Terrorzentrale – jetzt, wie man sagt, unter sozialistischen Bedingungen nach Rummelsburg gebracht wurde ...«[268] Nachvollziehbar ist hingegen Honeckers Zorn in bezug auf seine politischen Erben: »Alle dort ... waren ja Mitglieder der SED, und die haben es gewagt, den ehemaligen Generalsekretär und Vorsitzenden des Staatsrates und des Nationalen Verteidigungsrates in Haft zu nehmen! Ich fand das nicht nur einfach unerklärlich, sondern als den größten Skandal und das Schwerste, was man mir antun konnte ...«[269]

In Rummelsburg bereitet man sich auf die Ankunft und Vernehmung des namhaften Häftlings vor. Der 38jährige Ralf Romann, Oberstleutnant bei der Kriminalpolizei, befindet sich bereits seit 6 Uhr morgens dort und richtet in dem Gebäudekomplex neben dem Haupteingang das Vernehmungszimmer ein: »Mein Chef hatte mich am 26. Januar beauftragt, bei Honeckers Vernehmung dabeizusein. Und so hatte ich das Ding an der Backe.«[270] Bald darauf trifft Vize-Generalstaatsanwalt Reuter ein. Laut Romann hatte er drei Aktenordner bei sich, »einen mit Zeitungsartikeln, einen mit Anti-Honecker-Briefen aus der ganzen DDR und einen mit der Hochverratssache. Es war konfus.«[271] Anwesend sind ferner eine Sekretärin, zwei Gefängnisärzte sowie ein weiterer Staatsanwalt. Kurz vor 8 Uhr fahren drei Autos vor. Im mittleren Fahrzeug sitzt Erich Honecker. Die kleine Kolonne wird von einem riesigen Pressetroß verfolgt. Das Tor zur Haftanstalt öffnet sich, und Honecker steht seinen Anklägern gegenüber. Lothar Reuter stellt sich in seiner Eigenschaft als neuer stellvertretender Generalstaatsanwalt der DDR vor. Erich Honecker kontert sarkastisch:»Mit der Generalstaatsanwaltschaft habe ich immer schon gut zusammengearbeitet.«[272] Ähnlich schlagfertig reagiert Honecker, als er in Rummelsburg Peter Przybylski begegnet:»Ach, Sie kenne ich ja so lange schon aus dem Fernsehen«,[273] offenbart er dem verblüfften Pressesprecher der Generalstaatsanwaltschaft. Przybylski moderierte über 25 Jahre mit blitzendem Parteiabzeichen die Fernsehsendung»Der Staatsanwalt hat das Wort«. Zu Ralf Romahn sagt Honecker nur:»Ach, Sie könnten ja mein Sohn sein.«[274]

Erich Honeckers Vernehmung beginnt Punkt 8 Uhr und verläuft»in ruhigen Bahnen«[275]. Sie wird von Lothar Reuter geleitet, die Fragen stellt der Kriminalbeamte Romahn.[276] Honecker wird zu sieben Themenkomplexen verhört. Es geht um Hochverrat, die»systematische Vergeudung von Volkseigentum«, den»desolaten Zustand«der Volkswirtschaft, die mangelnden Kompetenzen der DDR-Regierung, die Beeinflussung der Medienpolitik, die Wahlfälschung im Mai 1989 sowie die»zahlreichen Zuführungen von Personen«im Zusammenhang mit dem 40. Jahrestag der DDR. Honeckers Vernehmung ergibt in der Sache nicht das Geringste. Die vom Vize-Generalstaatsanwalt unterbreiteten Vorhalte zeugen vom Opportunismus der Justizorgane. Artikel 1 der DDR-Verfassung legte eindeutig die Führungsrolle der SED fest. Über die Stellung eines Generalsekretärs in einer marxistisch-leninistischen Partei dürfte Professor Reuter als SED-Mitglied und sozialistischer Strafrechtsexperte ausreichend informiert gewesen sein. Nun aber wirft er Honecker allen Ernstes vor,»zusammen mit Herrn Herrmann durch Beeinflussung der Medienpolitik Hochverrat begangen zu haben«[277]. Honecker ist ein Politprofi. Er antwortet beherrscht, wobei es ihm gefällt, immer wieder all seine früheren Titel aufzuzählen:»In Wahrnahme meiner Verantwortung als Staatsratsvorsitzender, Generalsekretär und Vorsitzender des Nationalen Verteidigungsrates habe ich mich strikt an die damalige Verfassung gehalten und die Beschlüsse der Volkskammer sowie der SED umgesetzt ... Der Punkt 1 der Verfassung legte die Verantwortlichkeit eindeutig fest ... und man kann auch nur nach diesem damaligen Recht zur Verantwortung gezogen werden.«[278] Honecker leugnet, von Wahlmanipulationen etwas gewußt zu haben. Von den massenhaften Festnahmen am 7. Oktober 1989 habe er erst zwei Tage später erfahren. Und für den desolaten Zustand der Ökonomie seien seine Nachfolger verantwortlich. Vor seinem Sturz habe es eine »leistungsfähige Volkswirtschaft« gegeben. Er selbst sei jedoch »ein armer Mann«[279]. Als befände er sich auf einer Parteiveranstaltung, belehrt er seine Vernehmer:»Ich möchte darauf hinweisen, daß wir unser Volk immer ernähren konnten, dank der fleißigen Arbeit unserer Bauern, was ja in anderen sozialistischen Ländern, wie z. B. der Sowjetunion, nicht der Fall war.«[280] Der Vize-Generalstaatsanwalt, der Honecker immerhin wegen des Verdachts auf Hochverrat vernimmt, fragt an keiner Stelle nach. Am seltsamsten ist sein Einwurf, daß die Inhaftierung Honeckers auch aus Sorge um dessen Sicherheit erfolgt sei. Nach einer knappen Stunde scheint Honecker der Veranstaltung überdrüssig zu sein. Er bittet darum,»die Vernehmung zu beenden, da es (ihm) gesundheitlich schlechter geht und (sein) Blutdruck steigt«[281]. So geschieht es. Honecker wird auf die Krankenstation des Gefängnisses gebracht. Fünf Wochen später erscheint das Vernehmungsprotokoll durch eine Indiskretion im»Spiegel«. Nach seiner Vernehmung legt sich Honecker etwas hin,»weil (er) sehr erregt war und sehr hohen Blutdruck hatte und etwas ruhen wollte«[282]. Dann gibt es Mittagessen, und er darf im Hof spazierengehen. Anschließend redigiert er das fertig getippte Vernehmungsprotokoll. Jede Änderung quittiert er mit seinem berühmten EH – ein großes E, ein großes H – ohne Zwischenraum und Punkte. »Die Zeit verging«,[283] erinnert sich Honecker unbeeindruckt.

Seine Anwälte bleiben indes nicht untätig. Sie erwirken beim Stadtbezirksgericht Berlin-Mitte die Ablehnung des Haftbefehls gegen ihren Mandanten. Der Haftrichter stützt sich bei seiner Entscheidung auf zwei ärztliche Gutachten, denn neben Charité-Arzt Peter Althaus sind auch die Rummelsburger Gefängnisärzte zu der Auffassung gelangt, daß der Patient Honecker zum gegenwärtigen Zeitpunkt nicht haftfähig sei. Aus ihrer Sicht macht sich »eine psychische und physische Rehabilitation unter entsprechenden Bedingungen und ambulanter ärztlicher Betreuung für vorerst 4 Wochen erforderlich«[284]. Doch die Generalstaatsanwaltschaft ist vom Jagdfieber gepackt. Reuter legt Beschwerde ein. Ganz nach alter Schule beruft er sich in seinem Schriftsatz auf ein »übergreifendes gesellschaftliches Interesse«. Diese Formulierung bemühte die sozialistische Justiz immer dann, wenn es an Fakten mangelte. Die endgültige Entscheidung über das weitere Schicksal des prominenten Gefangenen liegt nun beim Berliner Stadtgericht. Bis dessen 5. Strafsenat zu einem Urteil gelangt ist, muß Honecker in Haft bleiben. Der ehemals erste Mann der DDR übernachtet im Gefängnis. Doch Honecker genießt eine bessere Behandlung, als sie unter seiner Herrschaft politischen und anderen Häftlingen gewährt wurde. Die Meldung, Honecker hätte in der gleichen Zelle schlafen müssen, in der er sich schon 1935 befand, gehört ins Reich der Legenden. Er schläft in einem Einzelzimmer auf der Krankenstation. Der Kontakt mit anderen Häftlingen bleibt ihm erspart. In seinem eigenen Rückblick verliert er darüber kein Wort:»Die Dinge waren so, daß wir seit 13.00 Uhr des nächsten Tages auf die Entscheidungen des Stadtgerichts von Berlin gewartet haben«, sagt Honecker.»Ich hatte schon tiefe Sorge, daß die nicht zum richtigen Ergebnis kamen, das heißt, der Ablehnung des Erlassens eines Haftbefehls gegenüber dem früheren Staatsoberhaupt der DDR. Aber durch den Kontakt mit den Ärzten dort, den Vertretern der Kriminalpolizei sowie den Anstaltsbeamten habe ich gefühlt, daß alle auf einen positiven Entscheid warteten.«[285]

Am Nachmittag des 30. Januar ist es endgültig – es gibt keinen Haftbefehl gegen Honecker. Die Richter des Stadtgerichts haben die Beschwerde des Generalstaatsanwaltes zurückgewiesen. Selbst unter Berücksichtigung der Schwere des gegen Erich Honecker erhobenen Schuldvorwurfes stehe dessen Gesundheitszustand einer Inhaftierung entgegen. Auch die Unterbringung in einem Haftkrankenhaus wird abgelehnt. Der Generalstaatsanwaltschaft bleibt nichts anderes übrig, als die Entscheidung zu akzeptieren. Pressesprecher Peter Przybylski teilt den sensationshungrigen Medien freilich mit, daß man weiter ermitteln werde. Während die Pressekonferenz läuft, treffen Margot Honecker und Wolfgang Vogel in Rummelsburg ein. Mittlerweile ist es dunkel geworden. Unbeobachtet von den durch die Pressekonferenz abgelenkten Journalisten, verlassen die Honeckers gemeinsam mit ihrem Rechtsanwalt das Gefängnis durch einen Nebenausgang.

# »Unsere sozialistische Gesellschaft bietet jedem Bürger, unabhängig von … religiösem Bekenntnis, Sicherheit und Geborgenheit.«

Kirchenasyl für einen Kommunisten – Der obdachlose Honecker und sein geistlicher Beistand (Februar – April 1990)

## *Ehemaliger SED-Chef unter dem Dach der Kirche*

In der DDR hatten es die Kirchen geschafft, sich ohne Preisgabe ihrer selbst so an die Bedingungen anzupassen, daß sich die SED trotz bestehender ideologischer Widersprüche nicht gezwungen sah, sie gleich- bzw. auszuschalten. Die katholische Kirche hatte sich weitestgehend aus der Gesellschaft zurückgezogen. Die evangelische Kirche prägte beinahe zeitgleich mit dem Machtantritt Honeckers als gesellschaftliche Ortsbestimmung den Begriff »Kirche im Sozialismus«. Er ging auf eine Entschließung ihrer Bundessynode im Jahre 1971 zurück und sollte »eine Absage an die Vereinnahmung durch den Staat, aber auch eine Absage an den Kampf gegen den Staat«[286] darstellen. Am 6. März 1978 wurde diese »Waffenruhe« bei der ersten und einzigen Begegnung Honeckers mit dem Gesamtvorstand des evangelischen Kirchenbundes de facto bestätigt. Der Burgfriede währte bis Anfang der 80er Jahre. Spätestens dann gerieten viele Kirchenfürsten in Konflikt mit den eigenen Gemeinden und mit sich selbst. Unter der Losung »Schwerter zu Pflugscharen« versammelten sich junge Leute unter dem Dach der Kirche. Sie richteten Rüstungskritik nicht nur an den »Westen«, sondern forderten ebenso dazu auf, »die eigenen Raketen zu zählen«[287]. Seit 1987 formierten sich Umwelt- und Friedensgruppen verstärkt unter dem Schutz der evangelischen Kirche. In der Endphase der DDR wandelten sie sich zur erklärten politischen Opposition. Honeckers Überzeugung, daß die »sozialistische Gesellschaft … jedem Bürger, unabhängig von … religiösem Bekenntnis, Sicherheit und Geborgenheit«[288] bietet, teilten sie nicht. Die friedliche Revolution, die im Herbst 1989 das kommunistische System kollabieren und Honecker stürzen ließ, war in der evangelischen Kirche verwurzelt.

Honecker muß ein seltsames Gefühl beschlichen haben, als er sich nach seiner Entlassung aus dem Gefängnis nun auf direktem Weg in den kirchlichen Heimkomplex »Hoffnungstal« in Lobetal befindet. Das Dorf liegt 20 km nordöstlich von Berlin bei Bernau. Die Einrichtung wurde im Jahre 1905 vom Pastor und Sozialreformer Friedrich von Bodelschwingh gegründet, um Arbeits- oder Obdachlosen wieder Beschäftigung und ein Dach über dem Kopf zu verschaffen. Jetzt leben in dem Ort ca. 500 Hilfsbedürftige – überwiegend handelt es sich um psychisch Kranke und pflegebedürftige Alte – sowie deren Pflegepersonal. Hier hat die evangelische Kirche dem Ehepaar Honecker Asyl angeboten. Erich und Margot Honecker sollen beim Leiter dieser Hoffnungstaler Anstalt, Pfarrer Uwe Holmer, der gleichzeitig CDU-Bürgermeister des Ortes ist, untergebracht werden. Die Lobetaler Anstalt ist keine Renommiereinrichtung der DDR. Ein »Spiegel«-Reporter schreibt mitleidig: »Das Kopfsteinpflaster ... stammt zum Teil noch aus der Kaiserzeit. Die Krankenwagen der Anstalt fahren sich auf diesem Belag seit Jahren die Achsen kaputt; Rollstuhlfahrer, von denen es in Lobetal viele gibt, müssen sich mühsam durch die zahllosen Schlaglöcher quälen. Die Häuser ... wirken auch bei Sonnenschein fahl und grau.«[289]

Laut Wolfgang Vogel sind die Honeckers faktisch obdachlos, nachdem ihnen ihr Haus in Wandlitz gekündigt worden ist. Außerhalb von Wandlitz, so der Rechtsanwalt, sei für das Ehepaar keine Wohnmöglichkeit zu finden gewesen.

Die DDR-Generalstaatsanwaltschaft widerspricht Vogels Vorwürfen. Es sei keineswegs so, daß das Ehepaar Honecker praktisch obdachlos war, erklärt Lothar Reuter. Vielmehr seien ihm verschiedene Wohnungen angeboten worden, die allerdings sämtlich abgelehnt wurden, weil von vornherein der Plan bestanden habe, nach Lobetal zu ziehen. Die Wahrheit liegt wie so oft in der Mitte. Die Wohnungsangebote, die die Honeckers erhielten, waren allesamt nicht geeignet, dem Sicherheitsbedürfnis der Familie Rechnung zu tragen. Jede nicht vollkommen abgeschirmte Wohnlage hätte den ehemaligen Staats- und Parteichef dem »Volkszorn« ausgesetzt.

Honecker und seiner Frau gefällt es in gewisser Weise aber auch, mit ihrer »Obdachlosigkeit« zu kokettieren. Erich Honecker klagt: »Ich hatte zwar keine Vorstellung von Lobetal, hatte aber das Angebot schon vorher angenommen, weil seitens meiner früheren Partei keinerlei Anstrengungen unternommen wurden, wie sich das gehört hätte, um uns

eine neue Wohnung in Berlin zu besorgen. In diesem Falle ist das bewußt unterlassen worden ... Das war nicht chaotisch organisiert, sondern das war eine bewußte Politik der damaligen Parteiführung der SED-
PDS unter Leitung des Herrn Gysi ... Seitens der Führung der SED-PDS
war ein Nichtinteresse vorhanden für eine Wohnungsvermittlung eines
Parteiarbeiters, der immerhin 60 Jahre Mitglied der Partei war.«[290]

Die Evangelischen Kirche Berlin-Brandenburg stellt in einer offiziellen Erklärung fest, daß die Kirche »Herrn Honecker nicht der irdischen
Gerechtigkeit« entziehen will. Es sei aber »kein gutes Zeichen für die
ehemals führende Partei und ihren Staat, daß die, die vor einigen Monaten diesem Mann zugejubelt haben, ihm heute den Lebensraum versa-
gen.«[291]

Wie kam es überhaupt zu dieser menschlich großzügigen Geste der
evangelischen Kirche?

Der Liedermacher Reinhold Andert, ein ehemaliges Mitglied des
»Oktoberklubs« sowie ein Freund und Nachbar von Sonja Yáñez-Ho-
necker, liefert eine Variante der Geschichte. Mitte Januar wäre er in der
Wohnung von Honeckers Tochter gewesen. Margot Honecker hätte
weinend in der Ecke gesessen. Sie wußte nicht, wohin sie mit ihrem
Mann nach dessen Entlassung aus der Klinik gehen sollte. Andert will
über Altbischof Albrecht Schönherr die Unterbringung in Lobetal ini-
tiiert haben. Honeckers Anwalt Wolff bezeichnet das im Gespräch aber
schlicht als »Unsinn«. Auch dem langjährigen Leiter des Sekretariats
des Bundes der Evangelischen Kirche, Martin Ziegler, ist jedoch nicht
bekannt, daß Andert in irgendeiner Weise an der Unterbringung Honeckers beteiligt gewesen war. Der Oberkirchenrat, der seit Dezember
1989 einer der drei Moderatoren am »Runden Tisch« ist, hat bei der
Quartiersuche mitgewirkt. Seiner Erinnerung nach hat sich Honeckers
Rechtsanwalt Vogel mit der Bitte um Unterstützung an den Berliner Bischof Gottfried Forck gewandt. Das sei auf die persönliche Bitte von
Erich Honecker hin geschehen, betont Anwalt Wolfgang Ziegler im
Interview des Autors. Auch Ministerpräsident Modrow hält sich zu-
gute, an der humanitären Aktion beteiligt gewesen zu sein. »Ich habe
mich über Forck gekümmert«,[292] sagt er. Modrows Stellvertreter Lothar de Maizière bestätigt lediglich, daß der Regierungschef ihn gefragt habe, ob die Kirche in der Angelegenheit Honecker nicht helfen
könne. De Maizière, der als langjähriger Vizepräses der evangelischen
Bundessynode der DDR über beste Kontakte verfügte, hat sich daraufhin mit Konsistorialpräsident Manfred Stolpe in Verbindung gesetzt,

*Ohne Gnade: Demonstranten in Leipzig protestieren gegen Honeckers Aufnahme in einem Pfarrhaus.*

der empfahl, den Weg über Gottfried Forck zu gehen. Forck vermittelte, laut de Maizière, schließlich die Unterkunft in Lobetal. Erich Honecker bestätigt das Zustandekommen seines Asyls auf diesem Weg: »Lobetal kam zustande ... durch das Angebot von Bischof Forck und Konsistorialpräsident Stolpe ... Die Entscheidung erfolgte dann durch den Pfarrer Holmer.«[293]

Der Pastor praktizierte damit gelebte christliche Nächstenliebe. Es ist ihm sicher nicht leichtgefallen. Die Holmers haben zehn Kinder. Trotz guter Zensuren durfte keines von ihnen das Abitur in einer Erweiterten Oberschule ablegen. Der Beruf ihres Vaters war im DDR-Bildungssystem Hinderungsgrund genug. »Wir haben jedoch darüber keine Bitterkeit im Herzen, da wir in der Nachfolge unseres Herrn wirklich vergeben haben«,[294] erklärt Holmer und nimmt die Ex-Volksbildungsministerin sowie ihren Mann im Pfarrhaus auf. Für Honecker ist es ein tiefer Fall. Als Mensch weiß er das Kirchenasyl zu schätzen. Als einstiger Staats- und Parteichef spricht er lieber von einem »Genesungsaufenthalt«. Nachdem öffentlich geworden ist, daß die Honeckers sich in der Obhut der evangelischen Kirche befinden, stehen dort die Telefone nicht mehr still. Die Diözese Berlin-Brandenburg erhält Hunderte von Briefen, in denen Rache statt Gnade angemahnt wird. Es kommt selbst zu einigen Kirchenaustritten. Für Pfarrer Holmer ist es erschreckend, wie haßerfüllt viele Menschen reagieren. »Wir halten das für keine gute Ausgangsbasis für einen Neuanfang in unserem Volk«,[295] sagt er. CDU-Vorsitzender Lothar de Maizière bekommt ungefähr 2 000 Briefe in dieser Sache. Ihr gemeinsamer Tenor lautet: »Wie konnten Sie nur dem Honecker helfen.«[296]

## Leben im Pfarrhaus

Pfarrer Uwe Holmer und seine Frau Sigrid quartieren die Honeckers bewußt als ihre persönlichen Gäste ein. Die Wartezeit für einen normalen Altenheimplatz beträgt in Lobetal zwei Jahre. Ausgerechnet Erich Honecker bevorzugen – das will man doch nicht. Das Ehepaar erhält zwei Dachstuben. Die zwei jüngsten Pfarrerskinder müssen ihre Zimmer räumen. »Die fanden das interessant«,[297] erzählt ihr Vater. Außer einer Couchgarnitur und einem Tisch bringen die Honeckers keine Möbel mit. Seine Frau habe bei dem Auszug aus Wandlitz sehr viel weggegeben, sagt Erich Honecker. In ihrem Asyl hängen jetzt kirchliche Bilder und ein Kruzifix. Die Möblierung ist schlicht. Erich Honecker berichtet auch, daß seine Frau und er von den Holmers »vollkommen« aufgenommen wurden, »denn wir hatten zuerst nicht die Möglichkeit, selbst zu kochen oder was anderes zu tun. Wir haben gemeinsam mit der Familie gefrühstückt, wir haben gemeinsam Mittag und Abendbrot gegessen, und wir haben uns unterhalten.«[298]

Es sind übrigens zwei ihm eigentlich fremde Männer, denen Honecker so detailliert über seinen Tagesablauf berichtet. Der eine ist Reinhold Andert, der Bekannte von Sonja Yáñez, der behauptet, die Unterkunft in Lobetal vermittelt zu haben. Der andere ist Wolfgang Herzberg, ein Freund von Andert. Herzberg machte sich als Texter der DDR-Rockband »Pankow« einen Namen. Andert und Herzberg führen von Februar bis Mai 1990 in mehreren Sitzungen ein langes Interview mit Honecker. Zweimal dürfen sie sogar eine Fotografin mitbringen: Christina Kurby vom einstigen FDJ-Zentralorgan »Junge Welt«, das sich jetzt »linke sozialistische Jugendzeitung« nennt. Das Blatt stand immer getreu an der Seite der SED und versuchte seine Zielgruppe in angestrengt patriotischer Jugendsprache auf Kurs zu halten. Vielleicht ist es die Erinnerung an diese guten Zeiten, welche die stets argwöhnischen Honeckers Vertrauen fassen läßt. Laut Reinhold Andert und Wolfgang Herzberg sei es für Honecker hilfreich gewesen, sich auszusprechen. Es wird kein Jahr vergehen, da werden sie sich in einem handfesten Rechtsstreit mit seinen Anwälten befinden und den Honeckers eine kalte Dusche verpassen. Doch bis dahin hat das Ehepaar noch eine Reihe anderer Fehlschläge zu verkraften.

In Lobetal benehmen sich die Honeckers anspruchslos und haben keine besonderen Wünsche. Nach fünf Tagen aber bitten sie darum, sich ab und zu selbst ein Essen zubereiten zu können. Daraufhin stellt der Pfarrer seinen Gästen eine Kochplatte in ein Zimmer, und »seitdem hat Margot Honecker oft auch selbst gekocht«[299]. Um die ärztliche Betreuung kümmert sich weiterhin Peter Althaus. Honeckers Schwiegersohn Leonardo Yáñez bringt ihn zweimal die Woche nach Lobetal. »Das war eine Pfeife, der war nie pünktlich!« erinnert sich der Professor.

Für den Moment ist das Ehepaar in Lobetal gut aufgehoben, obwohl sich der Ort in einer Art Belagerungszustand befindet. »Lobetal haben wir meist vom Zimmer aus erlebt, weil die gesamte Weltpresse Interesse an uns hatte«,[300] erinnert sich Honecker. Das Pfarrhaus selbst verlassen seine Frau und er nur in Begleitung von Uwe Holmer. Ein- bis zweimal täglich gehen sie ein paar Schritte durch den Garten. Auf Personen-

hutz muß Erich Honecker verzichten. Modrows Regierung betrach-
eine derartige Fürsorge als nicht erforderlich. Der Garten des Pfarr-
uses ist von einem Zaun umgeben, dessen Tor Holmer verschlossen
hält. Ansonsten soll er bei Zwischenfällen sofort die Polizei anrufen.

## Alte Freunde und altes Denken

Honecker hat in diesen Tagen nur noch wenige Freunde. Ein Hilfsange-
bot erreicht ihn aus Dänemark. Ingmar Wagner, jahrzehntelang Füh-
rungsmitglied der Dänischen Kommunistischen Partei, gibt in der Ko-
penhagener DDR-Botschaft eine Einladung ab. Er will Honecker in
seinem Haus aufnehmen, damit dieser nicht in der Dachkammer eines
Pastors leben müsse.

Honeckers Antwortbrief vom 23. Februar 1990 wird in der dänischen
KP-Zeitung »Land og Folk« veröffentlicht. »Gern würde ich mit meiner
Frau ... das Angebot annehmen, die nächste Zeit in dem so gastfreund-
lichen Dänemark zu verbringen«, schreibt er. »Das ist uns leider jetzt
(aufgrund der Ermittlungen) nicht möglich. Gehe bitte davon aus, daß
ich vor dem Gesetz nicht schuldig bin.«[301] Das Schreiben verdeutlicht,
daß Honecker unfähig ist, das Ende seines Traumes zu begreifen, der
zum Alptraum für Millionen DDR-Bürger geworden ist. »Die Verletzung meiner Würde als Kommunist und ehemaliges Staatsoberhaupt
der DDR erfolgt bewußt«, klagt er. »Sie ist zugleich eine Beleidigung
der internationalen Arbeiterbewegung, der untaugliche Versuch, die
Ideale des Sozialismus in den Herzen der Menschen zum Erlöschen zu
bringen.« Für den Machtverlust der SED ist seiner Meinung nach Egon
Krenz verantwortlich. Mehr noch: Indirekt bezichtigt er seinen Nachfolger, den Weg »zur Eingliederung in die kapitalistische BRD« freigemacht zu haben.[302] Aus seiner Sicht hat er recht. Doch Honecker
sagt nicht, was die logische Alternative für den SED-Machterhalt gewesen wäre: Sie hätte nur »chinesische Lösung« heißen können.

## Honeckers Familie

Eine der größten Veränderungen in Honeckers Leben ist die ständige
Anwesenheit seiner Frau Margot. Margot Honecker, geb. Feist, ist offiziell Erich Honeckers zweite, wahrscheinlich aber seine dritte Frau.

96

Die erste Ehe Honeckers mit Charlotte Grund wurde von ihm selbst niemals öffentlich bestätigt. Die Eheschließung muß im Frühjahr 1945 in Berlin stattgefunden haben. Unterlagen existieren nicht. Die junge Frau, eine Zeugin Jehovas, war Gefängnisaufseherin in der Zeit, als Honecker von den Nationalsozialisten inhaftiert worden war. Selbstverständlich paßte die Beziehung zu einer Zeugin Jehovas und Nicht-Kommunistin später nicht in die Biographie des kommunistischen Funktionärs. Erich Honecker erwähnt die »Liebe seines Lebens«[303] in seiner Autobiographie nur am Rande und ohne den Namen seiner Frau zu nennen. Nach Aussage von Wera Küchenmeister, einer früheren Nachbarin Honeckers, heirateten beide gleich nach dem Krieg. Charlotte Grund starb 1947 an einem Hirntumor.

Ein bislang übersehener Fakt läßt kaum Zweifel am Bestehen dieser Ehe aufkommen. 1991 erschien in Berlin unter dem Titel »Tatort Politbüro – Die Akte Honecker« ein Buch des ehemaligen »Fernseh-Anwalts« Peter Przybylski. Dieser ließ darin kein gutes Haar an seinem ehemaligen obersten Dienstherrn. Honecker konterte mit einer Gegendarstellung. Przybylskis Vermutung, er sei mit Charlotte Grund verheiratet gewesen, widersprach er jedoch mit keinem Wort.

Im Dezember 1949 heiratete Honecker dann Edith Baumann, seine Stellvertreterin im Zentralrat der FDJ. »Ich war damals sehr anlehnungsbedürftig«,[304] begründete er die Ehe mit der drei Jahre älteren Frau und fügte im gleichen Moment pflichtgemäß hinzu, was einen Kommunisten eigentlich an einer Frau zu interessieren hat: »Sie hat mir sehr stark geholfen in der politischen Arbeit, und wir haben oft zusammen auch bei ihr zu Hause gesessen und haben Entschließungen verfaßt ... Außerdem konnte sie flott Schreibmaschine schreiben.«[305] 1950 wurde Erich Honeckers erste Tochter, Erika, geboren.

Zu diesem Zeitpunkt war er zwar noch mit Edith Baumann verheiratet, doch hatte er bereits Margot Feist kennengelernt, mit der er 1952 Tochter Sonja bekam. 1953 wurde die Ehe mit Edith Baumann geschieden, und Honecker heiratete seine 15 Jahre jüngere Geliebte: »Ich war ... fasziniert, weil sie ein hübsches junges Mädchen war«, gibt er 1990 zu, nicht ohne auch hier, wie im Fall Edith Baumann, im Funktionärsdeutsch zu ergänzen: »Zweitens hat mich fasziniert ..., daß sie in unserer kommunistischen Bewegung, der Partei sowie der FDJ, tätig war ...«[306]

Das Verhältnis mit Erich Honecker hatte der gutaussehenden und ehrgeizigen Margot Feist 1948 die Ämter eines Sekretärs im FDJ-Zentralrat und der Vorsitzenden der DDR-Pionierorganisation eingebracht. 1950 wurde sie die jüngste Abgeordnete der DDR-Volkskammer. Bald machte Margot Honecker – von Haus aus kaufmännische Angestellte und Telefonistin – eine steile Karriere im DDR-Bildungswesen. Sie wurde zunächst Abteilungsleiterin im Volksbildungsministerium, 1958 stellvertretende Volksbildungsministerin, und 1963 nahm sie schließlich den Chefsessel in dem Ministerium ein. Unter ihrer Leitung entwickelte sich dieses Ministerium zur »letzten Hochburg des Spät-Stalinismus«[307]. 1963 wurde sie außerdem ins ZK der SED aufgenommen.

Bis Mitte der 60er Jahre galten Erich und Margot Honecker als »ideales Ehepaar«[308]. Danach mehrten sich Gerüchte über außereheliche Beziehungen: Margot Honecker und ein Schauspieler, Erich Honecker und eine Masseuse usw. Das mag der Grund dafür gewesen sein, daß sich beide nicht allzu oft gemeinsam in der Öffentlichkeit zeigten. Honecker räumte ein, daß seine Ehe mit Margot nicht nur harmonisch verlief: »In der Liebe gab es auch später Höhen und es gab Probleme, wo man sich nicht so verstand. Wir haben uns viel zusammengerauft.«[309] Seine Frau ergänzte, daß man privat auch Schweres erlebt habe. Allerdings wahrten sie nach außen hin immer den Schein.

Über alles liebt Honecker seine Enkel. Erika Wildau, seine Tochter aus zweiter Ehe, hat eine Tochter und einen Sohn. Auch seine Tochter Sonja hat eine Tochter und einen Sohn. Eine zweite Tochter war im Januar 1988 zweijährig an einer Virusinfektion verstorben.

Margot Honecker, die jetzt mit ihrem Mann zwei kleine Zimmer in der Pfarrwohnung teilt und für ihn kocht, wollte sich nie mit der Aufgabe der Ehefrau begnügen. Sie verfügte über Durchsetzungskraft, Intelligenz und Ehrgeiz. Politbüromitglied Eberlein erinnert sich: »Sie ging ganz in (ihrer) Funktion auf und hat ihren Mann auch in der ›Funktion‹ als Gattin des Staatsoberhauptes fast nie begleitet, sie wollte partout Frau oder Genossin Ministerin, nie aber First Lady sein.«[310] Oft wurden Berichte über eine maßgebliche politische Einflußnahme Margot Honeckers auf ihren Mann kolportiert. Jürgen Kuczynski, der Altvater der DDR-Geschichtswissenschaft, beschrieb Margot Honecker kurz und prägnant: »Sie war klüger als er, aber ein Biest.«[311] Im Vergleich zu Erich Honecker »war sie wohl die vielseitigere, die schillerndere Persönlichkeit«[312], urteilt auch Honeckers Referent Frank-Joachim Herrmann, aber er ergänzt: Man soll jedoch »Erich Honeckers Behauptungswillen nicht geringschätzen. Er besaß ja seine exklusiven Zugänge zu bestimmten Informationen, die sie nun nicht hatte. Und er ist durch den Umgang mit den Staatsmännern der Welt auch immer selbstbewußter geworden. Seine wortlose Art, sich zu verweigern, hat sicher auch im Familienkreis Wirkung erzielt.«[313]

## Neue Vorwürfe

Wortlose Verweigerung übt der frühere Staatschef in diesen Tagen nur noch im Umgang mit der Staatsanwaltschaft. Gleich zu Beginn seines Lobetal-Aufenthaltes versucht man noch einmal, ihn zu vernehmen. Doch Honecker will nicht mehr aussagen. Seine Verteidiger bereiten derweil gemeinsam mit den Anwälten der anderen beschuldigten ehemaligen DDR-Repräsentanten eine ungewöhnliche Aktion vor. Am 5. Februar wenden sich insgesamt 16 namhafte Rechtsanwälte in einem Schreiben an Volkskammer-Präsident Günther Maleuda. Sie fordern, das Parlament möge den Generalstaatsanwalt anweisen,»die laufenden Ermittlungsverfahren gegen ehemalige Partei- und Staatsfunktionäre zu unterbrechen. Ihre Wiederaufnahme solle erst nach der Konstituierung der aus freien Wahlen hervorgegangenen neuen Volkskammer ... angeordnet werden.«[314]

Der Wahltermin war mit Beschluß der Modrow-Regierung auf den 18. März vorverlegt worden. Dadurch geriet das sich eben erst bildende konservative Lager in der DDR unter enormen Zeitdruck, während sich die PDS und die SPD einen wahltaktischen Vorteil versprachen.

Volkskammerpräsident Günther Maleuda ist nicht bereit, die Initiative der Strafverteidiger zu unterstützen. Der Form nach hat er recht: »Eine solche Maßnahme würde ein unmittelbares Eingreifen der obersten Volksvertretung unseres Landes in Fragen der Rechtspflege bedeuten«,[315] antwortet er den Anwälten.

Die Generalstaatsanwaltschaft heizt unter dem Druck der Straße die Stimmung währenddessen weiter an. Am 7. Februar erklärt Lothar Reuter in Ostberlin, Honecker habe bis zu seinem Sturz über ein persönliches Konto verfügt, auf dem ständig mindestens 100 Millionen DM liegen mußten. Von diesem Geld kaufte er mal Computer für die von ihm mit großem Elan betriebene Mikrochip-Entwicklung, mal beglückte er das Volk zu Weihnachten mit Bananen. Der Hochverratsvorwurf gegen Honecker bleibt bestehen. Neben ihm sollen nach dem Willen Reuters auch Mielke, Mittag und Joachim Herrmann in diesem Sinne angeklagt werden.

Auch wird die erste Anklage gegen einen DDR-Spitzenpolitiker fertiggestellt: Harry Tisch soll sich u. a. dafür verantworten, im Jahre 1984 100 Millionen Mark aus dem FDGB-Solidaritätsfonds für das FDJ-Jugendfestival überwiesen zu haben. Die Anschuldigung verdeutlicht das Dilemma, in dem sich die Strafverfolger generell befinden. Im konkreten Fall handelte es sich um gängige Spielregeln in einem totalitär-zentralistischen System, an das man nur schwer rechtsstaatliche Haushaltsgrundsätze anlegen kann.

Ende Februar sorgt ein Bericht des »Spiegel« für Schlagzeilen. Honecker, so heißt es, habe allein im Jahre 1989 aus Häftlingsfreikäufen 75 Millionen DM abgezweigt und auf ein Privatkonto überweisen lassen. Die Generalstaatsanwaltschaft der DDR bestätigt den Vorwurf, zieht diesen aber wenige Tage später wieder zurück. Das genannte Konto sei im früheren Bereich »Kommerzielle Koordinierung« von DDR-Devisenbeschaffer Schalck-Golodkowski bei der Ostberliner Deutschen Handelsbank geführt worden. Honecker sei gar nicht zeichnungsbefugt gewesen.

In Lobetal gibt Erich Honecker am 1. März eine Erklärung ab, in der er noch einmal sämtliche gegen ihn erhobenen Vorwürfe zurückweist. Er habe sich nie bereichert, besäße keine geheimen Konten, habe nicht zum Schaden der Volkswirtschaft beigetragen und keine Vermögensvorteile für sich und andere in Anspruch genommen. Auch grundlegende politische Verfehlungen gesteht er nicht ein. Ganz Marxist, übt er nur dort Selbstkritik, wo es ungefährlich ist. So gelangt er im Kirchenasyl zur Erkenntnis, »daß die ideologische und propagandistische Arbeit unserer Medienpolitik nicht den Ansprüchen und Erfordernissen unserer Zeit entsprach«[316].

Mit den alten Genossen und der neuen PDS hat Honecker gebrochen. »Er betrachtet die Kriminalisierung der Politik des ehemaligen Staatsoberhauptes der DDR als absurd.«[317]

Die »eiserne Margot« reagiert ähnlich verdrossen, als sie von der PDS am 7. Februar 1990 aufgefordert wird, eine Stellungnahme »über ihre persönliche Verantwortung für die Krise in der Partei und in der Gesellschaft« abzugeben sowie sich vor der Zentralen Schiedskommission der PDS zu rechtfertigen. Sie teilt aus Lobetal mit, daß sie sich der SED-PDS nicht mehr zugehörig fühle und nicht beabsichtige, der PDS beizutreten. Am 4. Februar hatte die Partei endgültig ihren alten Namen abgelegt.

Nichts und niemand kann die Honeckers zur Einsicht in politische

Fehler veranlassen, auch nicht Rainer Eppelmann. Der Pfarrer und Mitbegründer der Oppositionsbewegung Demokratischer Aufbruch besucht Lobetal in seiner neuen Eigenschaft als Minister ohne Geschäftsbereich im Modrow-Kabinett. Modrow hat angesichts der schwindenden Akzeptanz seiner Regierung einigen Oppositionsparteien, die am »Runden Tisch« vertreten sind, Ministerposten angeboten und mit ihnen Anfang Februar eine »Regierung der Nationalen Verantwortung« gebildet. Eppelmann versucht Honecker zu bewegen, die Schuld an den Wahlfälschungen im Mai 1989 zu übernehmen. Umsonst. Honeckers Anwalt Friedrich Wolff erinnert sich sarkastisch an die Szene: »Eppelmann sprach fließend von Honeckers Alter, von seinem bevorstehenden Tod, erinnerte sich an seinen eigenen Vater, mahnte Honecker, an seine Eltern zu denken, streichelte dabei seine Hand und ging so weit zu erklären: ›Wir wollen doch beide dasselbe.‹«[318] Doch mehr als eine dürftige Erklärung darf Eppelmann trotz aller Bemühungen nicht mitnehmen. Honecker bekennt sich »entsprechend (seinen) früheren Erklärungen … erneut zur politischen Verantwortung … Das betrifft auch die Umstände, die letztlich zur Fälschung der Wahlergebnisse vom 7. 5. 89 führten«[319], das ist alles. Eppelmann verliest Honeckers Erklärung am Abend in der Aktuellen Kamera.

## Die Wahl am 18. März

Während Honecker über die Ungerechtigkeit seines Schicksals nachsinnt, verliert Hans Modrow zunehmend an Autorität. Er ist nicht bereit, rasche Privatisierungen durchzusetzen. Seine Bekundungen, die deutsche Einheit zu wollen, wirken halbherzig. Modrows politischer Wunsch, »DDR-Errungenschaften« zu retten, wird von der Mehrheit der Bevölkerung nicht mehr unterstützt. Am 12. Februar wird die traditionelle Leipziger Montagsdemonstration zu einem überzeugenden Bekenntnis für die Wiedervereinigung. Der Wahlkampf tritt in seine heiße Phase. Die »aufgemöbelten Kader«[320] der PDS haben einen schweren Stand und können gerade einmal in Ostberlin, wo die SED einst bedeutender Arbeitgeber war, auf eine Hausmacht setzen. Die neue ostdeutsche SPD hat einen mächtigen Partner im Westen, aber dieser ist auch ihr Handicap. Die DDR-Bürger nehmen zwar Willy Brandt dessen Willen zur deutschen Einheit ab, Oskar Lafontaine schon weniger. Das Neue Forum, das als »Bündnis 90« in den Wahlkampf zieht, leidet unter dem andauernden Nörgeln seiner Intellektuellen, die das Tempo des Vereinigungsprozesses drosseln wollen. Helmut Kohl, der die Vereinigung auf die Tagesordnung gesetzt hat, unternimmt einen geschickten Schachzug, indem er die Gründung einer »Allianz für Deutschland« fördert. Unter diesem Namen stellt sich die Ost-CDU gemeinsam mit der DSU und dem Demokratischen Aufbruch der Wahl. Damit können die konservativen Wahlkampfstrategen nicht nur auf die vorhandene Infrastruktur der Ost-CDU setzen, sondern gleichzeitig deren Image als ehemalige Blockpartei verbessern. Die Rechnung geht auf. Der Wahltag wird zur Volksabstimmung über die Wiedervereinigung. Über 48 Prozent der Wähler entscheiden sich für die »Allianz für Deutschland« und damit für den schnellstmöglichen Weg zur Wiedervereinigung. Die SPD landet mit knapp 22 Prozent abgeschlagen auf Platz 2. Die PDS erhält 16,3 Prozent. Gemessen an den eigenen Zielen, ist die Politik von Hans Modrow und Gregor Gysi damit restlos gescheitert. Die DDR als eigenständiger Staat befindet sich in Auflösung. Doch ein Verdienst bleibt ihnen: Sie haben die Fortführung der friedlichen Revolution gewährleistet und keine Gewalt angewendet, um den eigenen Machterhalt zu sichern.

Honecker verfolgt den Wahlkampf vor dem Fernsehgerät. Er selbst wählt am 18. März nicht. Nach dem Bekanntwerden der ersten Hochrechnung sagt er zu Pfarrer Holmer, der ja CDU-Mitglied ist: »Ich gratuliere Ihnen zum Sieg der CDU!«[321] Doch Honecker macht auch keinen Hehl aus seiner Überzeugung: »Das Volk weiß noch gar nicht, was es gewählt hat. Der Kapitalismus hat eine Raubtiernatur.«[322]


*»Honecker muß weg, wir wollen keinen Dreck!«*

Hans Modrow, so scheint es, will nach der Wahlniederlage sein Gewissen beruhigen und Erich Honecker von zwei Problemen befreien – dem Hochverratsvorwurf und dem Asyl im Pfarrhaus. Er wird nach seinem eigenen politischen Scheitern augenscheinlich von sentimentalen Erinnerungen heimgesucht. Schließlich ist er mit Honecker politisch groß geworden. Noch amtiert Modrow als Ministerpräsident, sein Nachfolger Lothar de Maizière soll erst Mitte April vereidigt werden.

Am 26. März 1990 fällt die Entscheidung der Generalstaatsanwaltschaft: Honecker wird nicht wegen Hochverrats angeklagt. Bei den Ermittlungen habe sich der entsprechende Verdacht nicht bestätigt. Allerdings ermittle man gegen ihn, Mielke und Mittag weiter wegen Untreue und Verfassungsmißbrauch im schweren Fall. Aber auch hier nimmt man zurück: Die permanenten Verfassungsverletzungen seien einer deformierten, stalinistisch geprägten Haltung zur führenden Rolle der Partei und dem gesamten System zuzuschreiben gewesen, heißt es. Das Verfahren gegen Joachim Herrmann wird ganz eingestellt. In Haft befinden sich nur noch Günter Mittag und Günther Kleiber.

Hans Modrow macht sich auch auf den Weg nach Lobetal. Das letzte Mal hat er Honecker bei der turbulenten ZK-Sitzung am 18. Oktober 1989 gesehen. Jetzt sucht der einstige Dresdner SED-Chef ein reinigendes Gespräch mit ihm und seiner Frau. Zunächst ist auch Wolfgang Vogel anwesend, dann sind Modrow und die Honeckers allein. Hans Modrow stellt das Gespräch in einem freundlichen Licht dar. Man hätte sich gegenseitig keine kleinkarierten Vorwürfe gemacht. Erich Honecker hingegen spricht eher sarkastisch vom »Besuch des Herrn Modrow, den wir aus der Vergangenheit ja sehr gut kannten ...«[323]

Modrow bietet seinem früheren Chef an, in ein Gästehaus der Regierung nach Lindow bei Neuruppin umzuziehen. Es diente einst Hitlers Reichsbankpräsidenten Hjalmar Schacht als Sommerresidenz. Modrow hat den Honeckers dort ein 100 Quadratmeter großes Appartement mit Diele, einem Wohn- und einem Schlafraum, zwei Bädern, einem Wintergarten und einem Balkon zugedacht. Die Ehefrauen der Rechtsanwälte Vogel und Wolff hatten es zuvor »besichtigt, um als Hausfrauen nach praktischen Gesichtspunkten zu ermitteln, ob es als Unterkunft geeignet wäre«[324]. Die beiden Hausfrauen kamen zu einem positiven Ergebnis.

Das Ehepaar Honecker verabschiedet sich von den Holmers und trifft am Freitag, dem 23. März 1990, in Lindow ein. Doch anstatt hauswirtschaftliche Gesichtspunkte zu prüfen, hätte man sich lieber Gedanken um die Stimmung im Ort machen sollen. Der Bürgermeister von Lindow sieht sich schon vor Honeckers Ankunft außerstande, für dessen Sicherheit zu bürgen. Der Gemeinderat lehnt die Aufnahme des früheren SED-Generalsekretärs und Staatsratsvorsitzenden ab.

Der Umzug gerät zur Katastrophe. Als die Honeckers am Gästehaus eintreffen, hat sich bereits Volk versammelt. Junge Leute schlagen mit den Fäusten auf das Dach des ankommenden Autos. »Verschwinde!« gellt es dem fassungslosen Ex-Staatschef entgegen. Es wird skandiert: »Honecker muß weg, wir wollen keinen Dreck!« Am Abend versammelt sich eine Topfdeckel schlagende Menge vor dem Tor. Ein Regierungssprecher muß die Zusage geben, daß die frisch Umgesiedelten am nächsten Tag den Ort wieder verlassen. Die Honeckers werden regelrecht verjagt. Unter »Mörder!«-Rufen treten sie nach einer durchwachten Nacht den Rückzug an. Die Tatsache, daß die Demonstrationen Hunderttausender im Oktober 1989 zu seinem Sturz geführt haben, verdrängt Honecker sowieso. Doch jetzt will er nicht einmal wahrhaben, daß es »seine« Bürger sind, die ihm das Lindower Fiasko bereiten. Für ihn ist das Ganze eine »gezielte Provokation«: »... man hat offensichtlich die Dinge dort sehr schlecht vorbereitet«.[325]

Pfarrer Holmer bietet erneut seine Gastfreundschaft an. Bei der Ankunft im Pfarrhaus zittert Honecker wie Espenlaub und muß sich sofort hinlegen. Nach dem gescheiterten Umzug erneuert Honeckers dänischer Freund Ingmar Wagner sein Angebot, den ehemaligen SED-Chef bei sich aufzunehmen. Aber die noch laufenden Ermittlungen stehen dem entgegen. Der amtierende Staatsratsvorsitzende Manfred Gerlach regt die Übersiedlung Honeckers in dessen saarländische Heimat an. Doch Wiebelskirchens Ortsvorsteher hat Angst vor dem dadurch entstehenden Wirbel. Auch Witzbolde werden aktiv. Autonome Hausbesetzer aus Weimar machen den Honeckers das Angebot, bei ihnen unterzukommen, Bedingung: anteilmäßige Beteiligung an der Finanzierung aller laufenden und entstehenden Kosten.

Es scheint fast so, als würde Gottfried Forck recht behalten. Der Bischof hat wenig Hoffnung auf eine schnelle Lösung des Problems. Honecker habe zu spüren bekommen, wie groß der Zorn der Bevölkerung sei. Er müsse vorerst in Lobetal bleiben, vermeldet die »taz« am 29. Mai 1990.

# »Wir stehen im Durchschnitt zwischen sieben und halb acht auf.«

Sowjetisches Militärasyl für einen Feind der Perestroika –
Der gejagte Honecker und seine alten Waffenbrüder
(April 1990 – März 1991)

## Die Sowjets greifen ein

Doch es kommt anders. Hans Modrow ist entschlossen, das Problem Honecker zu lösen, solange er noch als Ministerpräsident amtiert. Er nutzt seine langjährigen guten Kontakte zu Moskau und spricht in der sowjetischen Botschaft vor. Bisher wurde angenommen, daß sich Botschafter Wjatscheslaw Kotschemassow daraufhin von Michail Gorbatschow grünes Licht für die Aufnahme der Honeckers in eine militärische Einrichtung der sowjetischen Streitkräfte in der DDR hat geben lassen. Gorbatschows persönlicher Berater, Georgi Schachnasarow, stellt das richtig: »Ich glaube, die Militärs haben ad hoc und ohne Rückversicherung entschieden, Honecker zu helfen. Sie hätten eine Anfrage niemals abgelehnt.«[326] Der Kreml-Chef steht damit vor vollendeten Tatsachen. Vor sechs Monaten hatte Gorbatschow der Palastrevolution im SED-Politbüro zugestimmt, und jetzt ist deren prominentestes Opfer in seiner Obhut. Michail Gorbatschow steht unter dem Druck von altkommunistischen Hardlinern wie Verteidigungsminister Dimitri Jasow. Er akzeptiert das Asyl für den ehemaligen SED-Chef. Obwohl sich Honecker in den letzten Jahren seiner Amtszeit konsequent dem Perestroika-Kurs widersetzte und eindeutig der Anti-Gorbatschow-Fraktion im Ostblock angehörte, zollte der sowjetische Staats- und Parteichef seinem Ostberliner Kollegen schon immer mehr Respekt als beispielsweise einem Ceauşescu. Für ihn war die »Entwicklung (des Genossen Honecker) ein großes persönliches Drama«[327]. Mit der jetzigen Entscheidung übernimmt Gorbatschow die Verantwortung für das weitere Schicksal seines ehemaligen Statthalters in der DDR. Honecker selbst kommentiert das kühl: »Aufgrund der Vermittlung der Regierung der DDR und unserer Rechtsanwälte hat die sowjetische Seite ihre Bereitschaft erklärt, uns im Militärhospital Beelitz unterzubringen.«[328] Ein russischer Militärkonvoi bringt Margot und Erich Honecker am 3. April 1990 von Lobetal nach Beelitz bei Potsdam. Hier beruhigt sich zunächst die Aufregung um das Ehepaar, zumal es die Sowjets streng abschirmen und Journalisten den Zutritt zum Militärgelände verweigern. Die Presse vermeldet den erneuten Umzug der Honeckers entsprechend einsilbig.

Der Fall Honecker scheint für Ostberlin vorerst gelöst zu sein. Zumindest ist die DDR-Regierung nun weit weniger im Zugzwang als zuvor. CDU-Chef Lothar de Maizière, der Modrow am 12. April 1990 als Ministerpräsident ablöst und gemeinsam mit der SPD eine neue Regierung bildet, unterstützt die Initiative seines Vorgängers. Bei seiner ersten Unterredung mit Michail Gorbatschow bringt er dies deutlich zum Ausdruck und bemerkt:»Man kann ein Land nicht 40 Jahre wie eine Kolonie halten und den Statthalter dann fallenlassen.«[329]


## Lebensumstände in Beelitz

Das sowjetische Militärhospital Beelitz befindet sich auf dem Gelände eines ehemaligen Lungensanatoriums, das um die Jahrhundertwende entstand. Inmitten eines Fichtenwaldes stehen mehrere Bauten aus der Gründerzeit: Krankenhäuser, Arztvillen und Pavillons, alle umgeben von einer 1,80 m hohen Betonmauer aus DDR-Zeiten. An jedem Gebäude hängen heroische Lenin-Plakate. Kranke Soldaten gehen in seltsamen braunen Filzbademänteln im Park spazieren.

Margot und Erich Honecker beziehen drei Zimmer im Erdgeschoß einer Arztvilla unweit des Eingangstores. Diese Wohnung wurde für sie kurzfristig freigemacht. Mit dem komfortablen Appartement, das ihnen eigentlich im Regierungsgästehaus Lindow zur Verfügung gestellt werden sollte, hat die Unterkunft nichts gemein. Rechtsanwalt Wolff berichtet:»Das Haus stand unter alten Bäumen, und das Zimmer, in dem wir uns … trafen, war so dunkel, daß ständig eine Leuchtstoffröhre brannte, die über dem Fenster montiert war, aber nur wenig ausrichtete. Die Tapete, dem Muster nach vor Jahrzehnten angebracht, verstärkte den düsteren Eindruck.«[330]

Die Räume sind mit pompösen Möbeln aus früherer DDR-Produktion ausgestattet. In der Mitte des Wohnzimmers steht ein ovaler Tisch mit fünf Stühlen, ein Glasschrank ist mit russischen Büchern vollgestopft, und

*Zuflucht bei früheren Freunden: Gründerzeitvilla im sowjetischen Militärhospital Beelitz im April 1990.*

in der Ecke sind zwei riesige Sessel auf einen Fernseher ausgerichtet. In einem zweiten Zimmer befindet sich auch eine Untersuchungsliege. Russische Ärzte übernehmen die Behandlung des früheren Staatschefs. Sie kommen täglich zur Visite. Die Verständigung mit ihnen und dem sonstigen Personal findet auf Russisch statt »und zwar in erster Linie über Margot Honecker, die … die Sprache besser beherrschte als ihr Mann«[331]. Bei Bedarf wird ein Dolmetscher hinzugezogen. Das Essen bekommen die Honeckers aus der Küche des Hospitals geliefert. Erich Honecker beschreibt die Lebensumstände wie immer in einem wunderlichen Nominalstil: »Wir stehen im Durchschnitt zwischen sieben und halb acht auf, gegen neun ist Frühstück. Anschließend gehen wir im Wald spazieren. Dann erfolgt die medizinische Behandlung und die tägliche Untersuchung durch den Arzt … Der Tagesablauf ist weiterhin eingeteilt durch das Lesen von Zeitungen und Büchern … Das letztere ist sozusagen eine Hauptbeschäftigung von Margot, während ich mich nach dem Zeitunglesen sehr stark mit dem Fernsehen beschäftige. Nach dem Mittagessen gehen wir wieder 30 bis 40 Minuten spazieren und nach dem Abendbrot ebenfalls.«[332]

Kein Wort verliert Honecker in diesen Tagen über den Tod von zwei ehemaligen Spitzengenossen, obwohl ihn die Nachrichten nicht unbeeindruckt gelassen haben. Der frühere Bauminister Wolfgang Junker, dem Untreue vorgeworfen wurde, hat sich am 9. April 1990 in seinem Haus in Berlin erhängt. Wenige Tage später stirbt Horst Sindermann.

An Margot Honecker sind die Anspannungen der letzten Monate nicht spurlos vorübergegangen. Am 19. April 1990 erleidet sie »einen leichten Herzinfarkt«[333]. Erich Honecker läßt sich gerade von einer Masseuse behandeln, da bricht seine Frau plötzlich zusammen. Die Masseuse beginnt sofort mit Erste-Hilfe-Maßnahmen. Sie stellt kaltes Wasser bereit und legt Kompressen auf. Erich Honecker steht bleich und zitternd daneben: Margot Honecker wird von den eilig herbeigerufenen Ärzten auf die Intensivstation gebracht. Ihr Mann ist erschüttert: »Es war eine sehr furchtbare Situation. Ich hätte ihren Tod nicht überstanden.«[334]

*Ein Wiedersehen der besonderen Art*

Wie geht es nun mit dem Ermittlungsverfahren weiter? Bedeutet der Schutz der Roten Armee auch das Ende der staatsanwaltschaftlichen Untersuchung? Ohne Hoffnung sind Honecker und seine drei Anwälte nicht. Schließlich hat der Generalstaatsanwalt den Hochverratsvorwurf bereits aufgegeben und entsprechende Untersuchungen einstellen müssen. Übrig geblieben sind nur die Vorwürfe der Bereicherung an Vermögenswerten des Staates sowie des Vertrauensmißbrauchs, die DDR-deutsche Umschreibung für Untreue und Korruption.

Die Honecker-Verteidiger unternehmen alles, um die vollkommene Einstellung der Ermittlungen gegen das frühere Staatsoberhaupt zu erreichen. Am 19. April 1990 stellen sie einen entsprechenden Antrag. Die Staatsanwaltschaft ihrerseits will zunächst noch einmal die Verhandlungs- und Haftfähigkeit von Honecker und anderen ehemaligen Spitzenpolitikern überprüfen lassen. Eine Ärztekommission soll die Beschuldigten im Krankenhaus der Volkspolizei untersuchen. Aber Erich Honecker weigert sich, Beelitz zu verlassen. Sowohl seine Verteidiger als auch die sowjetischen Gastgeber geben ihm den Rat, sich kooperativ zu verhalten. Charité-Arzt Peter Althaus kommt ins sowjetische Militärhospital. Hier sieht er seinen Patienten Honecker übrigens das letzte Mal. Er überzeugt ihn, sich der gerichtsmedizinischen Untersuchung zu unterziehen.»Ärzte sind keine Juristen«, sagt der Professor.»Sie wollen Ihnen nichts Schlechtes antun.«[335] Honecker hat Althaus viel zu verdanken, und er vertraut ihm. Schweren Herzens stimmt er der Untersuchung zu. Die sowjetische Seite tut ihr übriges. Um zu unterstreichen, daß Honecker unter ihrem Schutz steht, wird er von sowjetischen Militärs ins Krankenhaus der Volkspolizei begleitet.

Hier teilt er sich mit seiner Frau Margot vom 28. Mai bis 8. Juni 1990 ein Zweibettzimmer. Margot Honecker bestand darauf, ihn nicht allein zu lassen. Im Polizeikrankenhaus kommt es zu einem Wiedersehen der besonderen Art. Honeckers ehemalige Genossen Günter Mittag, Erich Mielke, Willi Stoph, Harry Tisch und Werner Krolikowski müssen die für sie entwürdigende Prozedur der medizinischen Begutachtung gleichfalls über sich ergehen lassen. Auch der ehemalige CDU-»Blockfreund« Gerald Götting befindet sich zur Überprüfung seiner Vernehmungsfähigkeit im Krankenhaus.»Man wollte vor den Vernehmungen wissen, wie hoch der Puls ist und wer noch welche Tassen im Schrank hat«, schreibt Reinhold Andert und erklärt:»Einige von ihnen wurden im Lada von ihren Angehörigen gebracht, andere mit der grünen Minna. Erich kam mit Blaulicht und einer großen Fahrzeugkolonne ... Der blanke Neid brach aus.«[336]

Friedrich Wolff besucht seinen Mandanten am 29. Mai 1990. Der

kurze Aufenthalt im Krankenhaus hinterläßt bei ihm »einen unbe-
schreiblichen Eindruck«: »Die ehemals wichtigsten Männer der DDR
waren mit Schlafanzügen bekleidet, lagen oder saßen auf Betten und ver-
suchten offenbar gemeinsam, sich die Zeit des Wartens zu verkürzen,
indem sie über ihr zukünftiges Schicksal spekulierten.«[337] So hatte man
sich im Oktober 1989 die Folgen des Honecker-Sturzes nicht vorgestellt!
Erich Honecker selbst vermeidet den Kontakt zu seinen einstigen Genossen.[338]

## Aufkeimende Hoffnungen

Die Abteilung Presse und Information des Ministeriums des Innern
teilt der Öffentlichkeit mit, daß es sich beim Aufenthalt der ehemaligen
Staatsfunktionäre im VP-Krankenhaus um eine befristete Aktion handelt: »Er dient ausschließlich der auf Beschluß der Generalstaatsanwaltschaft vorzunehmenden Untersuchung und Begutachtung dieses
Personenkreises.«[339] Mitte Juni – Honecker ist bereits wieder in Beelitz – sind die Gutachten fertiggestellt, aber noch nicht veröffentlicht.
Nach Aussagen von Dieter Plath, dem Nachfolger Peter Przybylskis
im Amt des Pressesprechers der Generalstaatsanwaltschaft, seien sie
jedoch »sehr aussagekräftig«[340].

Honeckers Anwälte sind siegesgewiß. Sie können sich nicht vorstellen, daß Honecker nach seinen beiden schweren Operationen und in
Anbetracht seines Alters für verhandlungsfähig erklärt wird. Doch die
Ärzte gelangen zu einer anderen Auffassung. Sie halten den ehemaligen Staatschef für »eingeschränkt verhandlungsfähig«. Die Haftfähigkeit allerdings wird verneint. Eine neue Begutachtung empfehlen sie
nach drei Monaten. Die Einstellung des Ermittlungsverfahrens gegen
Honecker wird daraufhin vom neuen Generalstaatsanwalt, Günter Seidel, abgelehnt.

Günter Seidel hat das PDS-Mitglied Hans-Jürgen Joseph nach dem
Regierungswechsel in Ostberlin als Chefankläger abgelöst. Auch Lothar
Reuter amtiert nicht mehr. Die neue Regierung trennte sich von alten
Kadern. Angesichts der sich abzeichnenden Wiedervereinigung ver-
läßt sich die DDR-Justiz mehr und mehr auf westdeutsche Berater. Der
Vereinigungsprozeß der beiden deutschen Staaten vollzieht sich in ra-
sender Geschwindigkeit. Mit dem Staatsvertrag über die Währungs-,
Wirtschafts- und Sozialunion, der am 18. Mai 1990 in Bonn unter-

zeichnet wurde, brachten die DDR und die Bundesrepublik in aller Form zum Ausdruck, daß beide Länder sich zu einem Staat zusammenschließen wollen. Seit dem 1. Juli 1990 ist die D-Mark das offizielle Zahlungsmittel der DDR.

Honeckers Anwälte sind optimistisch.»Wir erhofften damals mehr Rechtsstaatlichkeit von den Westjuristen«, schreibt Friedrich Wolff schlitzohrig.»Die DDR würde über kurz oder lang der BRD beitreten, vorher wäre ein Gerichtsverfahren zeitlich nicht möglich und nachher rechtlich nicht zu erwarten.«[341]

Fast scheint es, als würde Honecker mit einem blauen Auge davonkommen. Ende Juni streicht die Volkskammer ersatzlos den Tatbestand des»Vertrauensmißbrauchs« (§ 165) aus dem DDR-Strafgesetzbuch. Ein entsprechendes 6. Strafänderungsgesetz legt in § 10 zwar fest, daß der Paragraph weiterhin für Straftaten anwendbar ist, bei denen Strafverfahren bereits eingeleitet worden sind, aber eine solche»Lex Honecker« widerspricht sowohl DDR- als auch bundesdeutschem Recht. Der § 81 des DDR-Strafgesetzbuches bestimmt unmißverständlich, daß Gesetze,»welche die strafrechtliche Verantwortlichkeit nachträglich aufheben oder mildern, ... auch für Handlungen (gelten), die vor ihrem Inkrafttreten begangen wurden«. Honeckers Verteidiger gehen deshalb davon aus, daß»die Voraussetzungen der Strafverfolgung gegen Erich Honecker entfallen sind«[342]. Hier sind sich Vogel, Wolff und Noack ausnahmsweise mit der Strafverfolgungsbehörde einig. Generalstaatsanwalt Seidel schreibt an das amtierende DDR-Staatsoberhaupt, Volkskammerpräsidentin Sabine Bergmann-Pohl:»In dem Ermittlungsverfahren gegen Erich Honecker wegen Verdachts des Vertrauensmißbrauchs gemäß § 165 StGB (alt) u. a. haben die Verteidiger des Beschuldigten ... Anträge gestellt ... Während ich in Kenntnis des vorliegenden ärztlichen Gutachtens nicht bereit bin, das Ermittlungsverfahren entsprechend dem Antrag der Verteidiger einzustellen, ist der Beweisantrag hinsichtlich des § 165 StGB beachtlich ... Paragraph 10 des 6. Strafrechtsänderungsgesetzes ist mit den Grundätzen einer freiheitlich-demokratischen Rechtsordnung nach meiner Auffassung nicht vereinbar.«[343]

Honeckers Tochter Sonja scheint der Meinung zu sein, daß ihre Eltern ihre Unterstützung vorerst nicht mehr benötigen. Sie ist zu ihrem Mann nach Chile ausgereist.

Zuspruch erhält Honecker nun sogar seitens der neuen DDR-Regierung. Mitte Juli meldet die Presse:»DDR-Vizepremier Diestel bei Honecker«. Der DSU-Politiker und Innenminister Peter-Michael Diestel besucht den ehemaligen Staats- und Parteichef am 14. Juli 1990 in Beelitz. Offiziell bespricht er »die Bedingungen der Unterbringung Erich Honeckers«[344]. Der konservative Politiker gilt als tolerant und als »Hansdampf in allen Gassen«. Seinen Chef, Lothar de Maizière, hat er von seinem Alleingang nicht informiert. Eigentlich schätzt de Maizière den unkonventionellen Politikstil seines Vize, doch jetzt ist er sehr verärgert. De Maizière:»Das war ich nicht nur, weil Peter-Michael Diestel nach Beelitz fuhr, sondern weil er das nicht mit mir besprochen hatte und es zudem nicht in sein Ressort fiel. Ich bemühte mich, in der Honecker-Angelegenheit seit Wochen zu entpolitisieren, zumal noch ein Ermittlungsverfahren lief.«[345]

Diestel sieht das gelassener. Wolfgang Vogel hatte ihn um den Besuch gebeten, und für Diestel war es »selbstverständlich«, daß er der Bitte nachkam:»Honecker vagabundierte vom Volkshaß getragen hilflos herum. Ich wollte jegliche Art von Lynchjustiz vermeiden.«[346] Der Innenminister trifft einen »verbitterten und furchtbar enttäuschten« Honecker an:»Er trug einen ›Präsent-20‹-Anzug und einen alten Hut.« Für Diestel ist Honecker kein Verbrecher, sondern lediglich »Ausdruck der schlimmen Wirkung, die unterformatige Menschen auf die Politik haben können. Die Kommunisten haben sich den Luxus schlimmer Durchschnittlichkeit geleistet.«[347]

Der ehemalige Staatschef freut sich sichtbar, daß man sich nun für ihn interessiert. Es kommt zu einer sehr menschlichen Begegnung. Honecker spricht sein Gegenüber respektvoll mit »Herr Minister« an. Zunächst ist auch Margot Honecker anwesend. Diestel erinnert sich, daß sie sehr unzufrieden mit der Umgebung war, in der sie sich zur Zeit befand. Nachdem sie den Raum verlassen hat, unterhalten sich Diestel und Honecker über vier Stunden allein miteinander. Dabei geht es nicht nur um Honeckers Renten- und Wohnungsprobleme, sondern auch um die Vergangenheit. Honecker will vom Innenminister wissen, was er denn gegen die DDR gehabt hätte. Peter-Michael Diestel erwidert:»Ich hatte nichts gegen den Staat, aber er hatte etwas gegen mich.« Honecker:»Ja, ja. Die Arbeit mit den Kadern war immer schon unser Problem.« Hier gibt ihm Diestel recht und erwidert:»Das sehen Sie ja auch heute, niemand von Ihren ehemaligen Freunden steht noch zu Ihnen.« Nach diesen Worten kann Erich Honecker nicht mehr an sich halten und beginnt zu weinen. Diestel:»Das Gespräch hat alles Haßgefühl bei mir zerstört. Honecker war ein alter, gebrochener Mann. Ich hatte Mitleid mit ihm. Als Objekt für politischen Haß war er völlig ungeeignet.«[348] Beim Abschied verspricht der Innenminister, daß er sich um die ausstehenden Rentenzahlungen für Honecker sowie eine Wohnung kümmern werde. »Hätten sich die Verhältnisse normalisiert, hätte Honecker eine Wohnung in der Leipziger Straße bekommen«,[349] erinnert sich Diestel. Ein paar Tage später fährt er ein zweites Mal nach Beelitz, um Honecker notwendige Unterlagen für seinen Rentenantrag zu übergeben. Erich Honecker hat nach der Währungsunion Anspruch auf eine Grundrente von 510 DM sowie eine Zusatzrente als antifaschistischer Widerstandskämpfer in Höhe von 1 700 DM. Es geht ihm finanziell gut, zumal sich der Gesandte von PLO-Chef Arafat auch in Beelitz um Erich Honecker kümmert. Bis zu seinem Lebensende habe Honecker ein »Taschengeld« bekommen, sagt Peter Althaus.[350] Auch Reinhold Andert erinnert sich im Gespräch mit dem Autor an den Araber mit dem Namen »Ali«.

Alles in allem scheint es damit Mitte 1990 gar nicht so schlecht für Honecker zu stehen. Unter russischer Obhut ist er vorerst dem Rampenlicht der Öffentlichkeit entzogen, dem Vorwurf des Vertrauensmißbrauchs ist die Grundlage entzogen, und bei den Ermittlungen zur Privilegienwirtschaft der Politbürokratie tritt die Staatsanwaltschaft auf der Stelle. Zudem scheint die Regierung de Maizière nicht bereit zu sein, die Hetzjagd auf Honecker fortsetzen, die dessen eigene Genossen Ende 1989 einläuteten.

## Die RAF und die DDR

Es kommt Honecker mehr als ungelegen, daß gerade in dieser Situation ein neues Stück unliebsame Vergangenheit publik wird. Bereits im Juni waren acht ehemalige Mitglieder der terroristischen RAF in der DDR verhaftet worden.[351] Ihnen wird die Beteiligung an verschiedenen Terrorakten zur Last gelegt, darunter die Entführung des Berliner CDU-Vorsitzenden Peter Lorenz (1972), die Ermordung von Generalbundesanwalt Siegfried Buback, von Bankier Jürgen Ponto und von Arbeitgeberpräsident Hans-Martin Schleyer (alles 1977) sowie die versuchte Ermordung eines französischen Polizeibeamten (1981). Die DDR-Staatssicherheit hat den Terroristen später Unterschlupf gewährt, sie mit neuen Identitäten ausgestattet und ihnen eine neue Existenz in der DDR ermöglicht. Zwei von ihnen, Susanne Albrecht und Inge Viett, vertritt Honecker-Anwalt Vogel nun in dem Auslieferungsverfahren.

Zu Recht verlangt CSU-Generalsekretär Erwin Huber Rechenschaft darüber, ob die Stasi nur Mitwisser oder auch Mittäter gewesen sei. DDR-Generalstaatsanwalt Seidel erweitert am 19. Juli 1990 das Ermittlungsverfahren gegen Erich Mielke wegen Begünstigung gemäß § 233 des DDR-Strafgesetzbuches. Verständlicherweise gerät auch Honecker ins Kreuzfeuer neuer Anschuldigungen. Entrüstet antwortet er in einer Erklärung:»Ich verwahre mich entschieden gegen die in der Öffentlichkeit erhobene Unterstellung der Unterstützung des Terrorismus. Nichts von diesen Anschuldigungen entspricht der Wahrheit. Wie jeder andere Bürger habe ich von der Festnahme der ›mutmaßlichen Terroristen‹ und ihrem ›Unterschlupf‹ in der DDR erst aus Presse, Rundfunk und Fernsehen erfahren.«[352] Die Deutschen in Ost und West sind schokkiert. Nicht nur, daß die DDR steckbrieflich gesuchte Terroristen eingebürgert, abgesichert und versteckt hat. Der einstige erste Mann dieses Staates behauptet nun allen Ernstes, selbst nur ein einfacher Bürger gewesen zu sein und von alledem nichts gewußt zu haben. Diese Dreistigkeit läßt sogar die Unverfrorenheit des langjährigen Mielke-Stellvertreters Markus Wolf in den Hintergrund treten, der schamlos behauptet, Verbindungen zur RAF»hätten unserer Grundeinstellung und den praktizierten Arbeitsmethoden widersprochen«[353]. Ein Jahr später teilt das Bundesamt für Verfassungsschutz mit, nach Aussagen von RAF-Aussteigern hätten RAF-Aktive in der DDR»eine Ausbildung in Waffen- und Sprengstofftechnik in Anspruch genommen, finanzielle Zuwendungen erhalten und regelmäßig die vom MfS kontrollierten und abgedeckten Ein- und Ausreisemöglichkeiten genutzt ...«[354]

## Der Schießbefehl

Lange Zeit hat sich die DDR-Staatsanwaltschaft im Verfahren Honecker mit Unsinnigkeiten wie dem Hochverratsvorwurf oder Nebensächlichkeiten wie dem Zählen seiner Autos, seiner Datschen und seines Geschirrs befaßt. Jetzt, kurz vor der Wiedervereinigung, wendet man sich den eigentlichen Staatsverbrechen wie der Unterbringung von international gesuchten Top-Terroristen zu.

Mehr und mehr rücken nun auch die Mauertoten in den Vordergrund. Im Militärarchiv Strausberg wird der Schießbefehl gefunden, durch den in den Jahren 1961 bis 1989 fast 200 Menschen bei Fluchtversuchen ums Leben kamen.[355] Bei Betrachtung der diversen Mißwirtschafts- und Korruptionsverfahren gegen führende DDR-Politiker hatte der bundesdeutsche Staatsrechtler Rupert Scholz schon im Januar 1990 erklärt, daß »die wahren Vergehen Unterdrückung, Terror (und) Schießbefehl« waren.[356] Doch die Justiz der Modrow-Zeit betrachtete das frühere Grenzsystem als sakrosankt. Es wurden keinerlei Verfahren eingeleitet. Die SED-PDS hätte sich damit selbst in Erklärungsnotstand gebracht. Honeckers Grenzregime war das Grenzregime der SED. Es garantierte der Partei über Jahrzehnte hinweg die Macht.

Der Schießbefehl verpflichtete »die Wachen, Posten und Streifen der Grenztruppen der Nationalen Volksarmee an der Staatsgrenze West und Küste ..., die Schußwaffe ... anzuwenden ... zur Festnahme von Personen, die sich den Anordnungen der Grenzposten nicht fügen, indem sie auf Anruf ›Halt – stehenbleiben – Grenzposten‹ oder nach Abgabe eines Warnschusses nicht stehenbleiben, sondern offensichtlich versuchen, die Staatsgrenze der Deutschen Demokratischen Republik zu verletzen ...«[357]

Honecker koordinierte im Jahre 1961 den Bau der Mauer. Als ZK-Sekretär für Sicherheitsfragen und Sekretär des Nationalen Verteidigungsrates wies er Verteidigungsminister Heinz Hoffmann an, diesen Schießbefehl zu erlassen. Der Schießbefehl von 1961 galt drei Jahre und wurde dann durch eine Dienstvorschrift über die Anwendung der Schußwaffe im Grenzdienst abgelöst. Später wurden noch Selbstschußanlagen montiert. Am 3. Mai 1974 erklärte Honecker auf einer Sitzung des Nationalen Verteidigungsrates, daß bei Fluchtversuchen »nach wie vor ... von der Schußwaffe rücksichtslos Gebrauch gemacht werden« muß.[358]

Man kann einwenden, daß aus völkerrechtlicher Sicht jeder Staat das Recht hat, seine Grenzen zu verteidigen. Ulbricht und Honecker sicherten damit die Existenz der DDR. Ohne striktes Grenzregime wäre das Land innerhalb kurzer Zeit ausgeblutet. Doch aus der Unfähigkeit eines Staates, seine Bürger zu halten, eine Berechtigung abzuleiten, auf diese schießen zu dürfen, ist mörderisch und menschenverachtend. Honecker findet zeitlebens kein Wort aufrichtigen Bedauerns für die Opfer. Auf

Zum Tagesordnungspunkt 4

"Bericht über die Lage an der Staatsgrenze der DDR zur BRD, zu
WESTBERLIN und an der Seegrenze"

Zu Beginn gab Genosse Generaloberst K e ß l e r einen Bericht von 15 Minuten.

In der Aussprache zu diesem Tagesordnungspunkt legte Genosse Erich H o n e c k e r
folgende Gesichtspunkte dar:

- die Unverletzlichkeit der Grenzen der DDR bleibt nach wie vor eine wichtige
  politische Frage
- es müssen nach Möglichkeit alle Provokationen an der Staatsgrenze verhindert
  werden
- es muß angestrebt werden, daß Grenzdurchbrüche überhaupt nicht zugelassen
  werden
- jeder Grenzdurchbruch bringt politischen Schaden für die DDR
- die Grenzsicherungsanlagen müssen so angelegt werden, daß sie dem Ansehen
  der DDR nicht schaden;
  dies trifft insbesondere für einige Abschnitte der Mauer in BERLIN zu.
- der pioniermäßige Ausbau der Staatsgrenze muß weiter fortgesetzt werden
- in BERLIN sollte man die alte Mauer stehen lassen und dort wo notwendig,
  dahinter eine neue bauen;
  erst wenn der Neubau fertig ist, sollte man die alte Mauer abreißen
- überall muß ein einwandfreies Schußfeld gewährleistet werden
- die Unantastbarkeit der Grenze ist durch ein gemeinsames Zusammenwirken
  der Sicherheitsorgane zu gewährleisten
- man muß alle Mittel und Methoden nutzen, um keinen Grenzdurchbruch zu-
  zulassen und die Provokationen von WESTBERLIN aus zu verhindern
- nach wie vor muß bei Grenzdurchbruchsversuchen von der Schußwaffe rücksichtslos Gebrauch gemacht werden, und es sind die Genossen, die die
  Schußwaffe erfolgreich angewandt haben, zu belobigen
- an den jetzigen Bestimmungen wird sich diesbezüglich weder heute noch
  in Zukunft etwas ändern

*Protokollierter Schießbefehl: Auszug aus der »Niederschrift über die am
13. 05. 1974 durchgeführte Sitzung des Nationalen Verteidigungsrates«.*

die Frage, ob ihm die Mauertoten nicht leid täten, antwortet er:»Mir tun unsere 25 Genossen leid, die meuchlings an der Grenze ermordet wurden.«[359]

## Die Erweiterung des Ermittlungsverfahrens

Eigentlich plant Honecker, sobald wie möglich gemeinsam mit seiner Frau nach Chile zu reisen. Offiziell will er seine Tochter Sonja nur besuchen, aber es sollte wohl ein Abschied für immer werden. Doch die Strafverfolgungsbehörde macht ihm einen Strich durch die Rechnung. Am 8. August 1990 erweitert der DDR-Generalstaatsanwalt nach Konsultation mit bundesdeutschen Kollegen das Ermittlungsverfahren gegen Honecker um den Verdacht des mehrfachen Mordes und mehrfacher vorsätzlicher Körperverletzung.

Zwei Tage darauf erscheinen vormittags zwei Staatsanwälte und ein Kriminalbeamter in Beelitz. Sie stören die Honeckers beim Frühstück und eröffnen ihnen, daß die Justiz nun auch wegen Mordes ermittelt. Es bestehe der Verdacht, daß Erich Honecker»für die Aufrechterhaltung des 1961 errichteten Grenzregimes und damit für die Regelungen der Anwendung der Schußwaffe sowie den pioniertechnischen Ausbau mit Minensperren an der Staatsgrenze ... verantwortlich« sei.[360]

Der einstige Staatschef ist schockiert. Er muß unterschreiben, daß ihm der neue Vorhalt bekanntgegeben wurde. Darüber hinaus verweigert er jegliche Aussage. Als seine Besucher Beelitz verlassen haben, setzt er sich an den Schreibtisch. In großer Erregung verfaßt er gemeinsam mit seiner Frau einen Brief an seine Anwälte. Er kämpfe»seit frühester Jugend ... gegen Mord, gegen Massenmord durch Krieg und Faschismus«, rechtfertigt er sich. Und zu diesem Kampf gehörten auch»sichere Grenzen«. Außerdem sei»auch von seiten der BRD ... die sogenannte innerdeutsche Grenze gesichert« worden. Honecker ahnt, daß ihm der Schießbefehl im vereinigten Deutschland juristische Probleme bereiten kann. Deshalb zieht er sich auf eine Position eigener Unbeflecktheit zurück:»Das Grenzregime ... entsprach den Festlegungen des Warschauer Vertrages ... Das Grenzregime der DDR zur BRD wurde nicht allein von der DDR verantwortet. Es wurde nicht unter meiner Leitung beschlossen ... Einen generellen Schießbefehl gab es nicht ... Es ist absurd, ein Staatsoberhaupt für einzelne Vorkommnisse verantwortlich zu machen.« Honecker bittet seine Verteidiger,»gegen den ungeheuerlichen Verdacht ›des mehrfachen Mordes und mehrfacher vorsätzlicher Körper-verletzung‹ schärfsten Protest einzulegen«[361].

Die Anwälte befreien Honeckers Ausführungen von unsinnigen Recht-fertigungsversuchen und beantragen am 14. August 1990 die Einstellung dieses Verfahrens.»Der Vorwurf verkenn(e) offensichtlich die Grenzen zwischen politischer und juristischer, insbesondere strafrechtlicher Verantwortlichkeit.«[362] Der Einstellungsantrag findet keine Resonanz. Die Staatsanwaltschaft unternimmt noch fünf Versuche, Honecker in Beelitz zu einer Aussage zu bewegen. Doch Honecker schweigt.

Der Auflösungsprozeß des DDR-Staates ist mittlerweile in seine letzte Phase getreten. Bei der Justiz hat sich Chaos breitgemacht. Der Aktenhandel blüht. Peter Przybylski, der ehemalige Pressesprecher des Generalstaatsanwaltes, nutzt seinen Zugang zu den Dossiers aus. Man sackt haufenweise Ermittlungsunterlagen über Honecker und Genos-sen ein. Zeitschriften aus Ost und West veröffentlichen Akteninhalte aus den laufenden Verfahren. Honecker schreibt daraufhin:»Hiermit erkläre ich, daß ich jede weitere Einlassung in dem gegen mich lau-fenden Ermittlungsverfahren so lange ablehne, wie es unter Führung des Generalstaatsanwalts der DDR betrieben wird. Ich habe in dem Verfahren mehrfach festgestellt, daß der Presse, so insbesondere dem ›Spiegel‹, Informationen aus dem Akteninhalt zugingen, die bis zu die-sem Zeitpunkt mir selbst völlig unbekannt waren … Darüber hinaus sind Ergebnisse dieser Ermittlungen … z. B. der ›Super-Illu‹ zugäng-lich gemacht worden.«[363] Doch auch diese Erklärung gelangt an die Öffentlichkeit. Peter Przybylski publiziert sie in seinem Buch»Tatort Politbüro. Die Akte Honecker«.

## Wiedervereinigung mit Folgen

Am 31. August 1990 wird der Einigungsvertrag zwischen der DDR und der Bundesrepublik Deutschland unterzeichnet. Als am 3. Oktober, 0.00 Uhr, vor dem Berliner Reichstagsgebäude die Sektkorken knal-len und Zehntausende Deutsche aus Ost und West das Deutschland-lied singen, sitzt Honecker in seinem Fernsehsessel in Beelitz. Noch vor einem Jahr hat die Vorstellung, die DDR könne eines Tages im Konkurs enden, die Phantasie des Generalsekretärs überfordert. Jetzt existiert dieser Staat nicht mehr, und Honecker selbst steht unter Mord-verdacht. In seinen bitteren Resümees findet er die Gründe für den Untergang seines Staates mal im Westen und mal im Osten.»Es besteht kein Zweifel, die DDR (wurde) Opfer des amerikanischen und deutschen Imperialismus.«[364]»Eingebettet in den Strom der Perestroika ist sie untergegangen. Das war wohl von der Führungsgruppe der Perestroika, eingeschlossen ›Glasnost‹ einkalkuliert, jedoch von mir und vielen anderen nicht rechtzeitig klar erkannt worden.«[365]

Erich Honecker hatte ursprünglich die Hoffnung, daß sich die Sowjets im Verlaufe der 2+4-Verhandlungen[366] für ihn verwenden würden. Ihm ist es wichtig, daß der Mordvorwurf gegen ihn vom Tisch kommt. Seine Anwälte übergeben dem sowjetischen Botschafter in der DDR einen Brief folgenden Inhalts:»Wir bitten Sie, der Regierung der UdSSR die Bitte Erich Honeckers zu übermitteln, daß sie im Rahmen der Zwei-plus-Vier-Verhandlungen wie aber auch im Rahmen ihrer sonstigen diplomatischen Beziehungen zur BRD die Vertreter der Bundesrepublik Deutschland darauf hinweist, daß es sich bei den genannten Vorkommnissen (Schüsse an der Mauer und der innerdeutschen Grenze, d. A.) um Ereignisse gehandelt hat, die unmittelbar aus den völkerrechtlichen Verpflichtungen der DDR folgten und aus denen daher keine strafrechtliche Verantwortung einzelner Personen abgeleitet werden kann.«[367] Nach Angaben von Gorbatschows Deutschland-Berater Anatoli Tschernajew im Gespräch mit dem Autor wurde das Thema Honecker während der 2+4-Verhandlungen jedoch nicht besprochen. Auf Honeckers Schreiben erfolgte keine Reaktion.

Gorbatschow hätte die Straffreiheit für Honecker und andere ehemalige Spitzenfunktionäre der DDR ohne weiteres zu einer Prämisse für seine Zustimmung zur deutschen Einheit machen können und dabei sowohl bei Lothar de Maizière wie auch bei Helmut Kohl Unterstützung erreichen können. De Maizière setzte bei der Lösung des Falls Honecker ohnehin»weniger auf juristische als auf göttliche Hilfe«, wie er dem Autor gegenüber äußert. Und Helmut Kohl hätte diese Forderung»in den historischen Zusammenhang eingeordnet und bewertet«[368]. Aber der Kreml-Chef steht seinen alten Genossen nur bedingt zur Seite.

Am 15. Juli 1990 sprechen Kohl und Gorbatschow während ihres gemeinsamen Fluges in den Kaukasus über das weitere Schicksal Honeckers. Gorbatschow fragt den Kanzler:»Was meinen Sie, was soll mit Honecker und der ehemaligen DDR-Führung passieren?«[369] Kohl läßt mit seiner Antwort Platz für eine Forderung des Kreml-Chefs. Er beschreibt sein Hin- und Hergerissensein in dieser Sache:»Einerseits bin ich nicht sicher, ob eine Strafverfolgung Erfolg hat, andererseits bin ich an den Rechtsstaat gebunden und denke an diejenigen, die unter dem Regime gelitten haben«,[370] erwidert er diplomatisch. Gorbatschow-Berater Georgi Schachnasarow behauptet im Gespräch mit dem Autor zwar, Kohl hätte versprochen, daß gegen die ehemalige DDR-Führung keinerlei Repressalien erfolgen werden, gesteht aber gleichzeitig ein, daß nichts schriftlich fixiert wurde. Der Kreml-Chef verzichtete anscheinend auf eine ultimative Forderung und gab sich mit der vorsichtigen Zusage des Bundeskanzlers zufrieden, sich bei Notwendigkeit der Sache persönlich anzunehmen.

## Strafverfolgung unter neuem Vorzeichen

Das weitere Schicksal Honeckers nimmt seinen Lauf. Er ist im Rechtsstaat angekommen. Bereits vor der Wiedervereinigung haben bundesdeutsche Juristen kaum einen Zweifel daran gelassen, daß der frühere SED-Chef strafrechtlich verfolgt werden soll. Der Sprecher der Zentralen Erfassungsstelle für DDR-Gewaltakte in Salzgitter, Staatsanwalt Hans-Jürgen Grasemann, erklärte Ende Juli 1990, »die Angehörigen des obersten Führungskreises der DDR« kämen als »Beschuldigte« für jeweilige Todesschüsse in Betracht. Honeckers Rechtsanwalt Wolff übte sich zu diesem Zeitpunkt noch in optimistischen Vorhersagen und meinte: »Sobald die Verhältnisse im Land wieder eine gewisse Stabilität erreicht haben, dürfte das politisch bedingte Verfahren gegen unseren Mandanten eingestellt werden.«[371]

Am späten Nachmittag des 2. Oktober übergibt DDR-Generalstaatsanwalt Günter Seidel an Generalbundesanwalt Alexander von Stahl in Ostberlin offiziell die Ermittlungsakten, die über die ehemaligen DDR-Spitzenpolitiker angelegt worden sind. Allein der Fall Honecker umfaßt 400 Aktenordner. Doch Honecker scheint noch Freunde bei der DDR-Justiz zu haben. Der Westberliner Justiz-Staatssekretär Wolfgang Schomburg bemängelt »erhebliche Lücken« in den Unterlagen. »Da war der Reißwolf kräftig tätig gewesen«,[372] sagt er.

Wegen des im Einigungsvertrag festgelegten Tatortprinzips müssen die Berliner Justizbehörden die weiteren Ermittlungen übernehmen. Unter Leitung von Christoph Schaefgen, Oberstaatsanwalt beim Kammergericht Berlin, wird eine Arbeitsgruppe zur Bekämpfung der Regierungskriminalität der ehemaligen DDR ins Leben gerufen. Die Liste

120

derjenigen, die hier als Beschuldigte geführt werden, liest sich wie das »Who is Who« des früheren SED-Staates. Die Arbeitsgruppe befaßt sich mit mehreren Komplexen: den Todesschüssen an der ehemaligen deutsch-deutschen Grenze, den Machenschaften des früheren Ministeriums für Staatssicherheit, der Vergeudung von Staatsmitteln sowie den dubiosen Geschäften des ehemaligen Bereichs »Kommerzielle Koordinierung« von Alexander Schalck-Golodkowski. Nachdem sich Schalck jedoch willig dem BND anvertraut hat und dort auch sein Wissen über die Verstrickungen bundesdeutscher Prominenz in diverse Geschäfte seines Imperiums preisgegeben haben dürfte, darf er weitestgehend ungestört auf seinem neuen Anwesen in Rottach-Egern leben. »Er hat alles Interessante in Pullach gelassen«,[373] sagt Lothar de Maizière, der nach der Wiedervereinigung stellvertretender Chef der Gesamt-CDU sowie Bundesminister ohne Geschäftsbereich wird. Schalcks einstigem Chef, Erich Mielke, ergeht es schlechter. Er findet in einer Einzelzelle der Westberliner Justizvollzugsanstalt Moabit eine neue Bleibe. Gegen ihn wird unter anderem wegen des »dringenden Tatverdachts« ermittelt, er habe den Post- und Fernmeldeverkehr der DDR illegal überwacht, eine Anschuldigung, die einer gewissen Komik nicht entbehrt.

Die Akten der Arbeitsgruppe »Regierungskriminalität DDR« füllen die Stahlregale zweier großer Räume, und die bundesdeutschen Ermittler sind hoffnungslos überlastet. Ihnen fehlt nicht nur notwendiges internes Wissen über das Funktionieren des DDR-Staates, ihnen fehlt zunächst auch Personal.

In der Sache Honecker unternimmt die Arbeitsgruppe zwar zunächst keine spektakulären Aktionen, es kommt aber dennoch Bewegung in den Fall. Berlins Justizsenatorin Jutta Limbach (SPD) erklärt am 16. Oktober 1990, daß die Staatsanwaltschaft beim Kammergericht Berlin bis dato noch keine Entscheidung über einen Haftbefehl gegen Honecker getroffen habe. Man sei noch mit der Prüfung der Akten beschäftigt, da »viel mehr Unrat auszuräumen sei als anfangs vermutet«[374]. Eines wird deutlich: die Justiz plant einen Prozeß gegen den Ex-SED-Chef.

Honecker erhält nun sogar Unterstützung von ehemaligen DDR-Bürgerrechtlern. Bärbel Bohley, die Mitbegründerin des Neuen Forum, betrachtet einen Prozeß gegen den ehemaligen DDR-Staatschef als »absurd«. Bonn habe jederzeit über die Zustände in Honeckers Regime Bescheid gewußt und dennoch am Status quo festgehalten, begründet sie ihre Meinung. Auch Jürgen Fischbeck von der Bewegung »Demokratie Jetzt« steht Honecker zur Seite. Für ihn ist der frühere

SED-Generalsekretär zu alt für eine Haftstrafe und ohnehin »genug ge-
straft«[375].

In Anbetracht der schwindenden Chancen auf Verfahrenseinstellung
rüsten Honeckers ostdeutsche Anwälte auf. Da neben altem DDR-Recht
nun auch bundesdeutsches Strafprozeßrecht den weiteren Verlauf des
Verfahrens bestimmen wird, halten sie nach westdeutschem Beistand
Ausschau. Gerhard Mauz, Gerichtsreporter des »Spiegel«, ist ihnen bei
der Suche behilflich. Er empfiehlt schließlich den Westberliner Rechtsanwalt Wolfgang Ziegler, der gemeinsam mit seinem Kollegen Nicolas
Becker in die neu konstituierte Verteidigung von Honecker eintritt. Dafür scheiden Joachim Noack und Wolfgang Vogel aus der Crew aus.
Vogel muß sich in diesen Tagen um sich selbst kümmern. Er soll in der
Vergangenheit Mandanten erpreßt haben. Für ihn ist daher ein Verschwinden aus der Öffentlichkeit erstrebenswert. Die neu hinzugekom-
menen Anwälte haben früher RAF-Aktivisten verteidigt. Nicolas Becker,
der in der Kanzlei von Otto Schily arbeitet, erklärt, wie er Honeckers
Anwalt wurde: »Dr. Wolff und Dr. Vogel ... haben mich gefragt und
wer schlägt schon ein Angebot für einen ›Jahrhundertprozeß‹ aus.«[376]

Becker und Ziegler fahren gemeinsam mit Friedrich Wolff nach Beelitz. Sie wollen sich bei ihrem neuen Mandanten vorstellen. Becker
erinnert sich: »Näherte man sich der Einfahrt (zum Militärhospital), so
sah man entlang der Straße alte sowjetische Militärwagen, in denen sowjetische Kinder herumturnten, Soldatenfrauen, die irgend etwas feilbo-
ten, auf jeden Fall ein anschauliches Bild der sich schon leicht in Auflösung befindlichen sowjetischen Armee ...«[377] Nachdem sich Wolff
mit den Worten »Honecker-Advokat« bei der Torwache angemeldet
hatte, durften sie auf das Militärgelände. Nicolas Becker: »Honecker
wirkte damals auf mich überhaupt nicht hinfällig und überraschend gei-
stesgegenwärtig ... Irgendwie strahlte er auch von Zeit zu Zeit so ein Gefühl von Begeisterungsfähigkeit aus, wie es häufig bei Führern von Ju-
gendorganisationen auch im fortgeschrittenen Alter zu beobachten ist.«[378]

Mit der Begeisterung ist es schnell zu Ende. Als die Anwälte noch
am gleichen Tag eine Unterredung bei der Arbeitsgruppe »Regierungskriminalität« haben, geben ihnen die Staatsanwälte deutlich zu
verstehen, daß sie im Fall Honecker persönliche Bereicherung für
nachweisbar und die Schüsse an der Mauer für strafbar halten. Es »hatte
den Anschein, als braute sich da etwas zusammen«, erzählt Becker,
»... eigentlich (war) logisch, daß nur Mord oder Totschlag in irgendeiner Beteiligungsform in Betracht kam.«[379]

*Der Haftbefehl*

Am 30. November 1990 erläßt die gesamtdeutsche Justiz, vertreten durch das Amtsgericht Tiergarten, Haftbefehl gegen den früheren Staatsratsvorsitzenden der Deutschen Demokratischen Republik. Ihm wird vorgeworfen, für Mauertote verantwortlich zu sein. Am 25. Dezember 1983, am 1. Dezember 1984, am 24. November 1986 und am 5. Februar 1989 habe er »als mittelbarer Täter durch vier selbständige Handlungen vorsätzlich einen Menschen getötet ..., ohne Mörder zu sein«[380]. Als Begründung für diesen Vorwurf übernimmt der Haftrichter faktisch die Ermittlungsergebnisse der DDR-Generalstaatsanwaltschaft.

Noch ehe die Verteidiger über den Haftbefehl informiert sind, wissen die Medien Bescheid. In Beelitz geht nichts mehr. Der Eingang zum Militärhospital wird von Reportern belagert. Von Respekt oder gar Angst gegenüber der Roten Armee ist nichts zu spüren. Die sowjetischen Soldaten haben sich hinter dem geschlossenen Eingangstor verschanzt. Journalisten versuchen, die Mauern zu erklimmen, um in Richtung der Honeckerschen Villa zu fotografieren. Gleißendes Scheinwerferlicht erleuchtet das Gelände. Es »tobte eine regelrechte Pogromhetze«,[381] behauptet Margot Honecker.

Die Rechtsanwälte Ziegler und Becker haben Mühe, vorgelassen zu werden. Sie treffen auf einen bleichen, aber gefaßten Honecker. Um eine politische Interpretation ist er nicht verlegen. Der Haftbefehl sei eine politische Aktion vor der Bundestagswahl. Hier stimmt Honecker mit der Westberliner »taz« überein. Das Blatt kommentiert: »Vor allem die Berliner Sozialdemokraten sind von dem Verdacht nicht frei, daß sie die juristische Aufarbeitung der DDR-Geschichte in den letzten Wochen zu Wahlkampfzwecken mißbraucht haben.«[382] Der Regierende Bürgermeister Walter Momper wetterte noch beim Erlaß des Haftbefehls gegen Honecker, die UdSSR könne keinen deutschen Staatsbürger mehr der Strafverfolgung entziehen. Ein reichliches Jahr vorher hingegen, am 19. Juni 1989, brachte Momper gegenüber Honecker zum Ausdruck, er befürchte, daß ein Prozeß in Gang komme, in dem das Positive in der DDR negativer bewertet werde, als dies gerechtfertigt sei.[383]

Am Tag nach der ersten gesamtdeutschen Wahl, die am 2. Dezember 1990 stattfand, legen Honeckers Anwälte Beschwerde ein. Sie behaupten: »Bei dem Verfahren gegen Herrn Honecker handelt es sich – ob man will oder nicht – um ein politisches Strafverfahren. Der

Rechtsstaat zeichnet sich gegenüber anderen politischen Systemen dadurch aus, daß nicht jeder bestraft werden kann, den man gerne bestrafen will oder dessen Bestrafung eine Vielzahl von Menschen fordern.«[384] Der 78jährige Honecker befindet sich mittlerweile in der Herzklinik des Spitals. Nach den Aufregungen der letzten Tage hat man bei ihm »erhöhten Blutdruck« festgestellt.

Ohnehin kann der Haftbefehl ohne Zustimmung der Sowjets nicht vollzogen werden. Berliner Polizeibeamte, die am Militärhospital erscheinen, müssen unverrichteterdinge wieder zurückkehren. Boris Snetkow, der Oberkommandierende der sowjetischen Streitkräfte in Deutschland, will über eine Auslieferung Honeckers nur in Absprache mit der Moskauer Führung entscheiden.

## Honeckers antifaschistische Vergangenheit auf dem Prüfstand

Noch befindet sich Erich Honecker hinter der Betonmauer des Hospitals in relativer Sicherheit. Aber die Luft wird dünn. In dieser Situation wird zu allem Überfluß eine Geschichte aus Honeckers Vergangenheit publik. Dr. Monika Kaiser, Historikerin am Ostberliner Institut für die Geschichte der Arbeiterbewegung, war noch von der DDR-Generalstaatsanwaltschaft mit biographischen Forschungen zu Honecker beauftragt worden. Sie stellt die Umstände eines politischen Prozesses dar, bei dem sich Honecker 1937 vor dem Volksgerichtshof verantworten mußte. Sie stützt sich dabei auf Dossiers, die Staatssicherheitsminister Mielke unter Verschluß gehalten hatte, um damit einen Faustpfand gegen den SED-Chef zu besitzen. Vor dem Volksgerichtshof, so Kaiser, hätte Honecker seinen KP-Gruppenchef Bruno Baum sowie eine tschechische Kurierin namens Sarah Fodorová an die Nazis verraten. Dafür habe er ein mit zehn Jahren Zuchthaus vergleichsweise mildes Urteil erhalten. Außerdem sei der Dachdecker Honecker als Häftling zeitweise einem Außenkommando zugeteilt worden, habe Dienst in einem Frauengefängnis geschoben. Die beiden letztgenannten Fakten sind bewiesen, unklar bleibt, ob sich Honecker die Milde wirklich erkauft hatte. Dem steht ein Schreiben der einstigen tschechischen Kurierin gegenüber. Die mittlerweile in Israel lebende Frau bekundet 1992: »Ich bin vom Gericht freigesprochen worden aus Mangel an Beweisen. Dies geschah dank der Aussagen und des Verhaltens von

124

Honecker ...«[385] Endgültige Klarheit besteht in dieser Sache nicht, aber die kritische Analyse Monika Kaisers geht durch die Medien. Der »Stern« titelt:»Die Lebenslüge des Erich Honecker«.[386] Die ostdeutsche Illustrierte »Super-Illu« will wissen:»Er biederte sich bei Hitler an – da durfte er ins Frauengefängnis.«[387] Honecker sieht sich in seiner Ehre als Antifaschist verletzt. Er tobt: »Diese Verleumdungen ... werden seit Herbst 1989 von den rechten Kräften mit der ungeheuerlichen Gleichsetzung von Faschismus und Sozialismus und der Behauptung begleitet, die DDR sei kein antifaschistischer Staat gewesen! Da bleibt zu fragen: Was war denn der Staat Globkes?«[388] Doch gegen die Macht der Presse kann Honecker im neuen Deutschland nichts ausrichten. Er muß akzeptieren, daß sein Ruf als antifaschistischer Widerstandskämpfer aufgrund der »erbärmlich(en) und gewissenlos(en) Anschuldigungen der Kaiser«[389] einen Kratzer abbekommt.

## Das große Interview

Honecker hat in den Monaten Februar bis Mai 1990 mehrere Interviewgespräche mit dem Liedermacher Reinhold Andert und dem Publizisten Wolfgang Herzberg geführt. Der Ex-Staatschef präsentierte seine orthodox-marxistische Weltsicht und pries die Errungenschaften der DDR. Die Gespräche zeigen, wie weit weg von der Realität er lebte oder leben wollte. Bei kritischen Fragen stellte sich Honecker unwissend, verwies auf die »kollektive Verantwortung« des Politbüros oder zog sich auf altruistische Positionen zurück.

Das Motiv für das Interview war weniger uneigennützig. Laut Andert brauchten die Honeckers Geld für ihre Tochter Sonja, die sich in Chile ein neues Anwesen kaufen wollte. Sie hätten 50 000 US-Dollar für das Interview verlangt. Davon ist allerdings weder Honeckers Anwälten noch dem Verlag, in dem das Interview erscheint, etwas bekannt.

Honeckers Anwälte warnen nachdrücklich vor der Publikation der Gespräche. Für sie ist das Material brisant. Nicht etwa, weil Honecker mit Enthüllungen aufwartet, sondern weil er im Gegenteil keinerlei Einsicht an den Tag legt. Dem ohnehin ramponierten öffentlichen Ansehen ihres Mandanten, so vermuten sie, dürfte ein solches Buch weiteren Schaden zufügen. Honecker, Wolff, Ziegler und Becker versuchen gemeinsam, den Initiator davon abzuhalten, das Interview zu veröffentlichen. Man könne dem zum gegenwärtigen Zeitpunkt keinesfalls zustimmen. Doch Reinhold Andert lehnt ab. Erich Honecker ist am Rande seiner Fassung. Friedrich Wolff schildert die Situation:»Nie habe ich ihn davor oder danach wieder so gesehen. Er brachte nur heraus: ›Das kannst Du doch nicht machen.‹ Aber Andert ›machte es‹ und ging.«[390] Ein Rechtsstreit entbrennt. Honecker erklärt am 15. November 1990 eidesstattlich – aber wider besseren Wissens –, daß er niemals Vollmacht erteilt habe,»einen Verlagsvertrag über ein Buch abzuschließen, das ganz oder zu wesentlichen Teilen aus Interviews besteht/bestehen (soll)«[391]. Andert und Herzberg jedoch verfügen über Honeckers Autorisierung. Dieser bestätigte ihnen am 1. Mai 1990: »Herr Reinhold Andert und Herr Wolfgang Herzberg, der am Interview mitarbeitete, verfügen über alle Rechte der Veröffentlichung.«[392] Im November 1990 veröffentlicht die»Wochenpost« auszugsweise einen Vorabdruck. Honeckers Anwälte erwirken eine einstweilige Verfügung, welche das Erscheinen des Buches zunächst verhindert. Im Dezember gestattet das Hamburger Landgericht dann aber dessen Auslieferung.

Das gesamte Interview erscheint unter dem reißerischen Titel:»Der Sturz. Honecker im Kreuzverhör« im Aufbau-Verlag. Ein Kreuzverhör ist es weniger. Das Interview staubt vor Langeweile. Ab und zu erlangen Honeckers Antworten unfreiwillige Komik. Beispielsweise, wenn er über eines seiner Lieblingsbücher, den»Spatz« von Hermynia zur Mühlen, spricht:»Das Buch schildert das Leben eines armen Spatzen und ist deshalb so beeindruckend, weil in der Vogelwelt der Spatz der Proletarier ist.«[393]

Aus kaufmännischer Sicht jedoch wird das Buch zum Erfolg. Der Aufbau-Verlag verkauft es 149 000mal. Nun wird auch klar, warum Reinhold Andert und Wolfgang Herzberg es letztlich gegen Honeckers Willen veröffentlichten. Sie sind mit 18 Prozent an jedem verkauften Buch beteiligt. Auch wenn zum Schluß die Reste verramscht wurden, dürfte etwa eine halbe Million Mark Honorar bezahlt worden sein.

Die endlosen selbstzufriedenen Monologe des früheren Machthabers erregen die Öffentlichkeit. Die DDR-Gewerkschaftszeitung»Tribüne« schreibt:»In seiner Scheinwelt hinter Wandlitzer Stacheldraht, gepanzerten Citroen-Scheiben und endlosen Wiederholungen der gleichen Worthülsen von Sozialismus und Geborgenheit schuf er sich ein Volk nach seinem Bilde, suggerierte er sich ein Vertrauen zwischen

*Ein Ende im Rechtsstreit: Interviewer Reinhold Andert und die Honeckers am 22. März 1990.*

Partei und Volk, bis er wohl selbst daran glaubte.«[394] In Leserzuschriften ist von »kommunistischem Hochmut«, einem »deformierten Geist«, einer »anmaßenden Ignoranz« und »dürren Gedanken in hölzerner Sprache« die Rede.[395] Selbst Egon Krenz meldet sich zu Wort. In einem offenen Brief schreibt er seinem ehemaligen Generalsekretär: »Ich glaube, Deinem Ansehen schadet es am meisten, daß Du Dich unwissend stellst. Für jemanden, der wie ich an Deiner Seite gearbeitet hat, ist es einfach nicht hinnehmbar, daß Du so tust, als hättest Du von allem, was unsere politische Führung auch im Detail ausmachte, nichts gewußt.«[396]

Erich Honecker hat sich mit dem Interview einen Bärendienst erwiesen. Menschen, die ihm bisher zumindest noch mitleidig gegenüberstanden, wenden sich von ihm ab. Eine Frau aus Techern bringt es in einem Leserbrief auf den Punkt: »Ich gehöre zu denjenigen, die sagten: Erich ist ein alter Mann, seien wir großzügig, lassen wir ihn in Ruhe, es ist ja eh alles zu spät und wir haben ja alle mehr oder weniger mitgemacht. Aber jetzt bin ich dafür, daß er vor ein ordentliches Gericht kommt, denn er erklärt uns immer noch für dumm. Das akzeptiere ich nicht.«[397]

*Flucht nach Moskau*

Die Berliner Justiz sieht das genauso. Am 6. März 1991 verwirft das Kammergericht die Haftbeschwerde Honeckers. Jetzt wird für ihn der Boden heiß, zumal sich die sowjetischen Militärstützpunkte auf ostdeutschem Boden in Auflösung befinden. Doch russische Generäle sowie frühere kommunistische Kampfgefährten mit Sitz im Obersten Sowjet lassen ihren Genossen nicht im Stich. Für sie wäre es »unerträglich, ihren Waffenbruder auf der Anklagebank des ehemaligen Klassenfeindes zu sehen«[398]. Der sowjetische Verteidigungsminister Dimitri Jasow betreibt Honeckers Ausreise aus Deutschland. Auch Altkommunist Gennadi Janajew, seit Dezember 1990 Vizepräsident der UdSSR, steht auf Honeckers Seite. Erich Honecker soll aus seiner mißlichen Lage befreit und nach Moskau gebracht werden. Noch ist der 2+4-Vertrag durch das sowjetische Parlament nicht ratifiziert. Damit haben die Sowjets ein entscheidendes Druckmittel in der Hand.

Honeckers Anwälte bauen vor. Der ehemalige Staats- und Parteichef befände sich in einem »äußerst schlechten Gesundheitszustand«, erklärt Wolfgang Ziegler am 8. März 1991 gegenüber der Presse. Seine Verfassung sei durch »ständiges Auf und Ab« gekennzeichnet«.[399]

Der Fall Honecker ist »Chefsache«, in Moskau wie in Bonn. Deshalb wird der Bundeskanzler informiert, daß Honecker nach Moskau ausgeflogen werden soll. Offiziell setzt der sowjetische Botschafter, Wladislaw Petrowitsch Terechow, das Kanzleramt am 13. März 1991, gegen 10.30 Uhr, davon in Kenntnis. Helmut Kohl bestätigt mit einem kleinen Lächeln: »Ich habe vorher von der Ausreise Honeckers gehört, aber in der Sache nichts unternommen.«[400] Damit löst er die Gorbatschow auf dem Flug in den Kaukasus gegebene Zusage ein, sich der Angelegenheit Honecker bei Notwendigkeit persönlich anzunehmen.

Am späten Vormittag des 13. März 1991, während einer Haushaltsdebatte im Bundestag, unterläuft dem Kanzler eine Freudsche Fehlleistung. Kohl ist in Gedanken ganz woanders und spricht SPD-Partei- und Fraktionschef Hans-Jochen Vogel versehentlich mit »Herr Honecker« an.

Der echte Herr Honecker und seine Frau werden gerade mit einem Hubschrauber von Beelitz zum sowjetischen Militärflughafen gebracht. Helmut Kohl spricht mit Kabinettskollegen, und die Bundesregierung unternimmt nichts, um die Ausreise dieser beiden zu verhindern. Margot und Erich Honecker werden unter ärztlicher Aufsicht in einer sowjetischen Militärmaschine nach Moskau gebracht. Bis zur polnischen Grenze begleitet sie ein Jet der Bundesluftwaffe. Die Berliner Justiz ist nach eigenen Angaben nicht über die Ausreise Honeckers informiert. Wenige Tage davor hatte Justizsenatorin Limbach die Bundesregierung noch gebeten, bei der sowjetischen Seite auf eine Vollstreckung des vom Berliner Kammergericht bestätigten Haftbefehls zu drängen.

Mit ihrer Aktion verstoßen die Sowjets de facto gegen den sogenannten Vertrag über die Bedingungen des befristeten Aufenthaltes und die Modalitäten des planmäßigen Abzuges der sowjetischen Truppen aus dem Gebiet der Bundesrepublik Deutschland und gegen das Völkerrecht. Pflichtgemäß legt die Bundesregierung deshalb Protest ein, allerdings erst einen Tag später. Botschafter Terechow wird ins Kanzleramt einbestellt. Die Bonner Reaktion ist Theaterdonner, und die Moskauer Diplomatie bemüht sich zeitgleich darum, die Karte »Gesundheit« zu spielen. Igor Maximytschew, sowjetischer Gesandter in Berlin, appelliert eindringlich an die deutsche Seite, die Flucht als »humanitäre Hilfeleistung« zu verstehen: »Dieser Vorgang sollte nicht politisch befrachtet werden.«[401] In vorsichtigen Gesprächen ist auch schon mal die Rede vom ungeschriebenen Völkerrecht, wonach entsprechend jahrtausendealter Tradition ein abziehender Besatzer seinen einheimischen Statthalter mitnehmen dürfe. Am 15. März überreicht der sowjetische Botschafter in Deutschland, Wladislaw Petrowitsch Terechow, Bundesaußenminister Genscher die Ratifikationsurkunde des vom Obersten Sowjet gebilligten 2+4-Vertrages. Ein letzter Dienst für den Genossen von einst: Souveränität für Deutschland – Freiheit für Honecker.

# »Ich war im Land meiner Träume.«

Zuflucht ins Moskauer Chaos – Der ungeliebte Gast
und das Ende der Sowjetunion (März 1991 – Juli 1992)

## Gespielte Empörung und ehrliche Wut

Nach dem Verschwinden Honeckers gibt es quer durch die politischen Lager zwiespältige Reaktionen. Während Helmut Kohl nach Honeckers Abreise eher gelassen wirkt und seinen Protest auf das Notwendigste beschränkt, fordert der innenpolitische Sprecher der CDU/CSU-Bundestagsfraktion, Johannes Gerster, wirtschaftlichen Druck auf die UdSSR auszuüben und auf der Rückführung Honeckers zu bestehen. Auch CDU-Präsidiumsmitglied und Arbeitsminister Norbert Blüm ist der Meinung: »Der Honecker gehört vor Gericht.«[402] FDP-Außenminister Genscher entgegnet, die Deutschen seien in der Vergangenheit gut damit gefahren, die wirtschaftliche Zusammenarbeit nicht zum Mittel des Drucks zu machen. Auf diese Weise habe auch die deutsche Einheit erreicht werden können. Vom Wahrheitsgehalt her überzeugt seine Aussage zwar nicht, aber sie macht zumindest deutlich, daß er auf der Seite des Kanzlers steht.

Bärbel Bohley hat mit Honeckers Flucht keine Probleme. Sie erklärt, Rache sei nicht ihre Sache. Andere Bürgerrechtler wie Wolfgang Ullmann oder Werner Schulz sind kritischer. Für sie wird ein »zweites Mal ... ein mißliches Stück deutscher Geschichte verdrängt«[403]. »Denen ist mit Honecker ihr wichtigstes Feindbild davongelaufen«,[404] erinnert sich Lothar de Maizière.

Auch in der SPD gibt es unterschiedliche Positionen. Die Berliner Justizsenatorin Jutta Limbach besteht unbeirrt auf weiterer Strafverfolgung Honeckers. Ihr Parteichef Vogel hingegen äußert sich skeptisch über den Sinn eines Gerichtsverfahrens gegen den ehemaligen SED-Generalsekretär. Begrüßt wird Honeckers Ausreise von der PDS. Das parteinahe »Neue Deutschland« berichtet emotionslos: »Erich Honecker befindet sich nicht mehr in Deutschland, sondern in Moskau.

(Er sei) auf ärztliches Anraten zur Behandlung in die sowjetische Hauptstadt geflogen ... Der Fall Honecker wird wohl endgültig zur Sache der Historiker. Und die haben damit mehr als genug zu tun.«[405] Diese Meinung teilt auch Rudolf Augsteins »Spiegel«. »Er wird nicht wiederkommen«,[406] glaubt das Blatt und beschreibt damit die mehrheitliche Überzeugung aller Deutschen. Daß Moskau seinen alten Verbündeten noch einmal fallenlassen wird, kann sich zum gegenwärtigen Zeitpunkt kaum jemand vorstellen. Unterm Strich gewinnt man den Eindruck, daß sich bei der nun gefundenen »Lösung« im Fall Honecker – von einigen Ausnahmen abgesehen – die unterschiedlichsten Interessen getroffen haben. Lothar de Maizière bringt es auf den Punkt: »Wir waren heilfroh, daß Honecker weg war.«[407] Wenig später ist allerdings auch de Maizière weg. Aufgrund immer lauter werdender Vorwürfe, er habe mit der Staatssicherheit kooperiert, hat er bereits im Dezember 1990 sein Ministeramt niedergelegt sowie den Posten des stellvertretenden CDU-Vorsitzenden zunächst ruhen lassen. Im September 1991 gibt er sein Bundestagsmandat zurück und scheidet endgültig aus der Politik aus.

## Ankunft in Moskau

»Als Jungkommunist hatte mich das Land des Roten Oktober schon immer brennend interessiert. Ich kannte es aus Erzählungen von Genossen, aus den Berichten unserer Presse, auch aus Büchern und begeisternden sowjetischen Filmen ... Am liebsten hätte ich (die Rotarmisten) umarmt und nach russischer Sitte geküßt, weil sie das Land der Arbeiter und Bauern vertraten, weil sie an ihren Budjonny-Mützen den roten Stern trugen ... Dieser Stern war mir schon als Kind lieb und teuer. Er leuchtete in die Zukunft. Ja, in dieses Land zu reisen ..., das war schon eine große Sache.«[408] 1930, vor genau 50 Jahren, war Honecker zum ersten Mal in die Sowjetunion gefahren. »Ich war im Land meiner Träume«,[409] erinnert er sich an diese Reise. Als Honecker am späten Abend des 13. März 1991 gemeinsam mit seiner Frau in Moskau landet, ist dieses Land seiner kindlichen Träume Vergangenheit. Er kommt in eine Sowjetunion, die in der tiefsten Krise seit Beginn ihres Bestehens steckt. Gorbatschows Perestroika-Kurs ist dabei, sich gegen seinen »Erfinder« zu wenden. Der sowjetische Präsident kann die Union nur noch mühsam zusammenhalten. Die drei baltischen Sowjetrepubliken haben ihre Unabhängigkeit erklärt. Unter dem Druck seiner Generäle läßt Gorbatschow im März 1991 strategisch wichtige Gebäude in der litauischen Hauptstadt Vilnius von Soldaten besetzen. Panzer rollen durch die Straßen. Es folgen Drohungen, die baltischen Staaten wirtschaftlich zu isolieren. Der außenpolitisch zum Liebling des Westens gewordene Kreml-Chef wird innenpolitisch immer schwächer. Autonomieforderungen kommen aus alles Teilen seines Reiches. Im Mai 1991 verkündet Boris Jelzin, der Vorsitzende des Obersten Sowjets der Russischen Sowjetrepublik und einer der einflußreichsten Gegenspieler Gorbatschows, daß Rußland innerhalb von 100 Tagen die Souveränität erlangen will. Diese politische Unsicherheit läßt Honeckers Aufenthalt im »Lande Lenins« von Beginn an unter keinem guten Stern stehen. Der Status, den Erich Honecker in der Sowjetunion genießt, ist unklar. Gorbatschows Pressesprecher erklärt ausdrücklich, das frühere DDR-Staatsoberhaupt sei kein Gast des Präsidenten. Honecker erhält offiziell auch kein politisches Asyl in der Sowjetunion. Doch er ist Meister im Verdrängen von Tatsachen geblieben und gesteht sich diesen Fakt nicht ein: »Ich habe dieses politische Asyl hier bekommen und bin den sowjetischen Genossen dafür sehr dankbar«, behauptet er und doziert weiter: »Man kann sagen, gerade jetzt, am Vorabend des 50. Jahrestages des Überfalls auf die Sowjetunion, daß die Sowjetunion sich immer wieder als ein guter Freund der progressiven Menschen in der Welt bewährt.«[410] Seinen Lebensabend möchte der »Asylant« aber nicht im einstigen Bruderland verbringen. Er will am liebsten zu seinen Kindern und Enkelkindern nach Chile.

Honecker steht in Moskau unter dem Schutz einer seltsamen Koalition. Der sowjetische Vizepräsident Janajew, der als Gegenspieler von Gorbatschow gilt, gehört ebenso dazu wie Verteidigungsminister Dimitri Jasow. Margot Honecker berichtet diplomatisch: »In der ersten Zeit besuchten uns befreundete hochrangige sowjetische Offiziere.«[411] Ob auch der mächtige KGB-Chef Wladimir Krjutschkow dabei war, sagt sie nicht, aber es ist zu vermuten. Hilfe bekommt Honecker außerdem von der nationalistisch orientierten Sojus-Fraktion im Obersten Sowjet. Oberst Viktor Alksnis, Vertreter von »Sojus« und einer der »Falken« unter den Militärs, äußert: »Ob wir es wollen oder nicht, diese Leute waren unsere Verbündeten. Sie verfolgten unsere Politik und handelten im Rahmen der Gesetze, die zur Zeit ihres Regierens gültig waren. Ich persönlich meine, (die Aufnahme Honeckers) war ein richtiger Schritt. Als die Amerikaner 1975 Vietnam verließen, haben sie alle ihre Anhänger mitgenommen.«[412]

In Deutschland kämpft Anwalt Wolff gegen die Einstellung der Rentenzahlungen für die Honeckers. Die zuständige Renten-Überleitungsanstalt erklärt, nach augenblicklich geltendem Recht könne für Bürger der neuen Bundesländer keine Rente in osteuropäische Staaten überwiesen werden. Mit Wirkung vom 1. April 1991 erhält das Ehepaar weder eine Altersrente noch Honeckers Ehrenpension als Kämpfer gegen den Faschismus. Finanzielle Sorgen dürften sie aber nicht gehabt haben. Zwar gibt es keine Zeugenaussagen dafür, ob Arafat seinen Geldboten auch nach Moskau geschickt hat, aber in der russischen Hauptstadt mangelt es ihnen zumindest materiell an nichts.

Erich und Margot Honecker beziehen zunächst das Appartement Nr. 603 im Moskauer General-Mandryka-Prominentenkrankenhaus. Von ihrem Balkon aus schauen sie über den Sokolniki-Park. In den nächsten Monaten wird Honecker von den Ärzten im wahrsten Sinne des Wortes auf Herz und Nieren untersucht. Außerdem werden seine Kreislaufprobleme behandelt. Margot Honecker berichtet:»Die medizinische Behandlung war intensiv, und die Menschen um uns herum waren sehr herzlich, wie vordem schon im Militärhospital Beelitz.«[413]

## »Es ist mir egal, ob Honecker in Feuerland oder in Moskau ist!«

Eine Woche nach Honeckers Übersiedlung trifft Hans-Dietrich Genscher in Moskau seinen Amtskollegen Alexander Bessmertnych und auch Gorbatschow. Genschers Besuch war seit längerem geplant. Wegen der Ausreise des ehemaligen DDR-Staatsoberhauptes trägt der deutsche Außenminister öffentlich diplomatische Verstimmung zur Schau. Aber aus Delegationskreisen verlautet, daß man eigentlich keine Lust habe, den eigenartigen Fall immer wieder auf die Tagesordnung zu heben.

Ganz anders sehen das einige frühere Spitzengenossen der SED. Sie befürchten, daß ein Honecker, der sich im Exil befindet, nicht mehr zum Sündenbock taugt. Insgesamt laufen bei der Berliner Justiz 27 Ermittlungsverfahren gegen Angehörige der früheren DDR-Führung. Anklage hat die Staatsanwaltschaft bereits gegen Harry Tisch, Hermann Axen, Werner Krolikowski, Gerald Götting sowie drei Ex-Genossen aus der zweiten Reihe erhoben.[414] Ihnen wird u. a. Untreue vorgeworfen. Tischs Anwalt will den ehemaligen SED-Chef als Zeugen vorladen und fordert dessen Rückkehr:»Es ist mir egal, ob Honecker in Feuerland oder in Moskau ist.«[415] Der ehemalige FDGB-Vorsitzende will nicht zum Lückenbüßer und Prügelknaben werden.

Diese Gefahr indes besteht. DDR-Geschichte wird in diesen Tagen zum gesamtdeutschen Medienereignis. Es scheint, der zweite deutsche Staat habe nur aus Verbrechern und Verbrechen bestanden. Mit großem Werbeaufwand kündigt der Privatsender RTL im Mai 1991 in seiner Sendung»Der heiße Stuhl« den Auftritt von Alexander Schalck-Golodkowski an. Doch die Fragen der Interviewer zeugen von wenig Sachverstand und bleiben an der Oberfläche. Es geht um verschenkte Autos und zu billig an Frau Honecker weitergegebene Blusen. Kompetenter geht Peter Przybylski ans Werk. Er macht sich das massive öffentliche Interesse an neuen, skandalträchtigen Enthüllungen über die ehemaligen SED-Größen zunutze. Im April 1991 erscheint der erste Band seines Buches»Tatort Politbüro«. Er trägt den Untertitel»Die Akte Honecker«. Przybylski»enthüllt« Honeckers manipulierten Lebenslauf, den Verrat an die Gestapo, den bereits die Historikerin Monika Kaiser beschrieben hatte, Honeckers Machenschaften im»Privatstaat KoKo« und die»Privilegien der Politbürokratie«. Hans Modrow, mittlerweile Ehrenvorsitzender der PDS, versucht durch eine richterliche Verfügung, die Auslieferung des Buches zu verhindern. Es sei ohne Genehmigung aus dem Parteiarchiv der PDS zitiert worden. Doch das Buch darf erscheinen. Es fesselt an den Stellen, wo sich der Ex-Staatsanwalt auf Aktenmaterial stützt. Ansonsten, so ein Kritiker,»stochert PP in Sphären, die zwar den Lesewert des Buches zu erhöhen versprechen, seine Seriosität dagegen nicht eben proportional steigern«[416]. Immerhin – das Buch des frischgewendeten Juristen wird zum Bestseller. Ein Jahr später läßt Przybylski deshalb einen zweiten Band folgen.

Erich Honecker liest»Tatort Politbüro« im Moskauer Krankenhaus. Die Wut über die»dümmlichen Entstellungen«[417] ist so groß, daß er in einer Erwiderung selbst seinen über Jahrzehnte hinweg gepflegten hölzern-staatsmännischen Sprachstil vergißt:»Warum lügt dieser ›Tatort- Przybylski‹?« zetert Honecker.»Er lügt, um sich nach 25jähriger Tätigkeit in der Generalstaatsanwaltschaft vom ›sinkenden‹ Schiff zu retten ... Und alles des lieben Geldes wegen. Er hatte sich ja schon zu DDR-Zeiten als Honorarjäger hervorgetan.«[418]

## Honecker in deutschen Wohnstuben

Honecker weiß, daß er nicht straffrei in seine Heimat zurückkehren kann. Ein Indiz dafür ist die Berichterstattung der Medien. Ein weiteres Indiz sind die Ermittlungen gegen ehemalige DDR-Grenzsoldaten, die im Sommer 1991 zum ersten »Mauernschützenprozeß« führen. Über den Sinn oder Unsinn solcher Gerichtsverfahren wird später noch viel gestritten werden. Immer wieder steht dem berechtigten Sühnebedürfnis von Angehörigen der Opfer der Befehlsnotstand gegenüber, auf den sich die Soldaten berufen. Da sich die Justiz aber auf diese Prozesse einläßt, ist von vornherein klar, daß die Befehlsgeber nicht ungeschoren bleiben können. Der Schießbefehl rückt wieder in den Mittelpunkt des Geschehens. Im Mai 1991 werden in Berlin der frühere Ministerratsvorsitzende Willi Stoph, Ex-Verteidigungsminister Heinz Keßler, der frühere Generalstabschef der NVA und stellvertretende DDR-Verteidigungsminister, Fritz Streletz, sowie der ehemalige SED-Bezirkschef von Suhl, Hans Albrecht, verhaftet. Als einstige Mitglieder des Nationalen Verteidigungsrates sollen sie sich für die Todesschüsse an der Mauer verantworten. Laut Staatsanwaltschaft seien sie mitverantwortlich für Honeckers Anordnung, bei Fluchtversuchen »rücksichtslos von der Schußwaffe Gebrauch zu machen«. Bei Keßler habe zudem Fluchtgefahr bestanden.

Vor allem die Verhaftung seines Freundes Keßler, der sich wohl auch nach Moskau absetzen wollte, trifft Honecker hart. Er meldet sich aus dem Mandryka-Krankenhaus zu Wort und protestiert gegen die »Hexenjagd« und die Verhaftung seiner ehemaligen Genossen. Diese hätten lediglich »in Ausübung ihrer durch die Volkskammer der DDR übertragenen Ämter im Interesse der Wahrung des Friedens und der Souveränität der DDR die Grenzsicherungsmaßnahmen, die dem Völkerrecht entsprachen, mitgetragen«. Ein Wort des Bedauerns für die Maueropfer findet er abermals nicht. Vielmehr empört ihn der Haftbefehl, der nach wie vor auch gegen ihn vorliegt: »Ich protestiere erneut gegen den gegen mich erlassenen Haftbefehl ..., gegen die Kriminalisierung der Politik der DDR.« Honecker ist geschickt genug, Salz in eine offene Wunde zu streuen. Er kennt die Achillesferse der westdeutschen Gerichtsbarkeit: »Die deutsche Justiz, die Justiz von Berlin-West, die nicht einen Nazirichter, keinen einzigen Richter des Volksgerichtshofes verurteilte und die sich ihrer politischen Unabhängigkeit rühmt, begeht schlimmes Unrecht, wenn ihr jetzt nicht Ein-

halt geboten wird.«[419] In Honecker erwacht alter Kampfgeist. Ange-
trieben von seiner Frau, gibt er dem ADN-Journalisten Wolfgang
Szusgien am 25. Mai 1991 ein Interview, dessen Video-Mitschnitt
kurz darauf von Spiegel-TV ausgestrahlt wird. Zunächst verliest Honecker, der einen rüstigen Eindruck macht, im gewohnten Politbüro-
Stil und mit leicht überschlagender Stimme seine Protestresolution gegen die jüngsten Festnahmen in Berlin. Margot Honecker sitzt mit
strengem Blick daneben und schreibt mit. Es folgt das eigentliche Gespräch. Hier kann sich die ehemalige Volksbildungsministerin
zunächst nicht entscheiden, ob sie stenographieren oder ihren Mann
korrigieren soll. Sie entscheidet sich schließlich für die zweite Variante.»*Frage:* Sehen Sie aus heutiger Sicht grundlegende Entscheidungen, die Sie als Generalsekretär und Staatsratsvorsitzender getroffen haben, die Sie heute vielleicht anders treffen würden? *Margot
Honecker:* Das würde ich jetzt nicht machen, Erich. *Erich Honecker:*
Nun also ... *Margot Honecker:* Also umfassender würde ich das jetzt
nicht machen ... *Erich Honecker:* Aber ich würde doch sagen, daß ich
natürlich nach wie vor interessiert bin an einer breiten Entwicklung der
Beziehungen zwischen der Sowjetunion und Deutschland ...«[420]
Das Interview flimmert fast eine halbe Stunde durch die deutschen
Wohnstuben.

## Ein Putsch mit Folgen

Margot und Erich Honecker bleiben bis Ende Mai 1991 im Moskauer
Mandryka-Krankenhaus. Danach werden sie in einer Funktionärssiedlung untergebracht, in der schon Chruschtschow eine Datsche be-
wohnte. Die Anlage befindet sich in einem waldreichen Gebiet bei
Gorki, ungefähr 40 km außerhalb von Moskau. Die Honeckers beziehen ein großzügiges zweistöckiges Haus mit beigefarbenen Klinkern.
Es gibt einen Küchentrakt, ein Aufenthaltszimmer für die Personen-
schützer, Schlaf-, Wohn- und Eßzimmer sowie einen Kinosaal, in dem
ein bombastischer Billardtisch steht. Die Möblierung »entsprach dem
Geschmack des Landes«[421]. Margot und Erich Honecker werden mit
protokollarischer Aufmerksamkeit behandelt. Ihr Postverkehr mit
Deutschland wird über die sowjetische Botschaft in Berlin abgewik-
kelt. Honeckers Anwälte halten ihren Mandanten vor allem über die
Mauerschützenprozesse auf dem laufenden.

Honecker befindet sich in einer ungünstigen Lage. Der Status, über den er in der UdSSR verfügt, ist unklar. In Deutschland mehren sich angesichts der Prozesse gegen ehemalige Grenzsoldaten sowie im Hinblick auf die Festnahmen von Stoph, Keßler, Streletz & Co. die Rufe, daß der ehemalige oberste Befehlshaber zurückkommen soll.

Am 5. August 1991 reist Bundestagsabgeordneter Hans Modrow nach Moskau. Er besucht seinen Freund Markus Wolf, der in Deutschland per Haftbefehl gesucht wird.[422] Modrow spricht mit dem sowjetischen Vizepräsidenten Janajew und mit KGB-Chef Krjutschkow über eine weitergehende Unterstützung für den Ex-SED-Chef. Honeckers deutsche Rechtsanwälte, so bittet er, sollen einen Ansprechpartner in Moskau erhalten. Gorbatschow wird von diesem Wunsch in Kenntnis gesetzt. Dessen Berater, Georgi Schachnasarow, gibt »grünes Licht«. Erich Honecker soll zusätzlichen juristischen Beistand durch einen Moskauer Rechtsanwalt erhalten. Doch dazu kommt es nicht mehr.

Am 19. August hält die Welt den Atem an. Orthodox-kommunistische Kräfte putschen in Moskau gegen Michail Gorbatschow, der auf der Krim festgehalten wird. Zu ihnen gehören mindestens zwei Personen, mit denen sich Modrow soeben noch über Honeckers Zukunft beraten hat: Gennadij Janajew und Wladimir Krjutschkow. Der dritte hochrangige Verschwörer ist Verteidigungsminister Dimitri Jasow.[423] Der Einsatz des russischen Präsidenten Jelzin läßt den Putsch schon am 21. August scheitern. Die Putschisten werden verhaftet. Es sind die Leute, die bislang ihre schützende Hand über Erich Honecker gehalten haben.

Die Honeckers machen am Schwarzmeerkurort Batumi gerade Urlaub vom Exil. Nachdem sie nach Moskau zurückgekehrt sind, ändert sich ihre Lage schlagartig. Ihre Gönner, die Konservativen in der Armee, dem Innenministerium und dem KGB, müssen nun um ihre eigene Haut bangen.

Gorbatschow ist ein politisch stark angeschlagener Präsident. Als KPdSU-Generalsekretär tritt er Ende August 1991 zurück. Die KPdSU wird unter dem Verdacht, in den Staatsstreich verwickelt gewesen zu sein, für das gesamte Gebiet der Sowjetunion verboten. Der neue starke Mann im Staat heißt Boris Jelzin, der für Honecker schon immer ein »Verräter« war.[424]

Die Honeckers sind nach diesem Putsch »restlos von der Außenwelt abgeschlossen«[425]. Das Klima um sie herum wird immer frostiger. Der Moskauer Oberbürgermeister Gawril Popow, ein populärer Reformer, denkt öffentlich darüber nach, daß die Überstellung Honeckers an das finanzkräftige Deutschland als »Good-Will«-Signal verstanden werden könne. Rußlands Präsident Jelzin spricht den Deutschen das Recht zu, die Auslieferung zu verlangen, und meint, die Sowjetunion solle einem solchen Wunsch nachkommen.

Helmut Kohl sind die Hände gebunden. Der deutsche Kanzler würde gern auf die Rückkehr des früheren SED-Chefs verzichten. Aber was soll er tun, wenn Honecker nun durch die russische Seite beinahe auf dem Tablett serviert wird. Jelzin kennt er zu diesem Zeitpunkt kaum. »Wir waren noch ›per Sie‹«, erinnert sich Kohl, »zwei Jahre später hätte ich ihm meine Sichtweise dargelegt.«[426] In Bonn beginnt nun die Disziplinkette zu reißen. Bislang hielten sich die Proteste gegen Honeckers Flucht im diplomatischen Rahmen. Ein offizielles Auslieferungsersuchen an die Sowjetunion wurde nie gestellt. Jetzt meldet sich erneut der innenpolitische Sprecher der CDU/CSU-Bundestagsfraktion, Johannes Gerster, zu Wort. Er spreche nicht für die Bundesregierung, sagt er. Aber seine Fraktion will, »daß (Honecker) ausgeliefert wird«. Gerster fordert, dem ehemaligen ersten Mann der DDR den Prozeß zu machen: Es »ist eine Frage der politischen Hygiene, daß wir die Obersten nicht laufenlassen, während die zweite Garnitur möglicherweise zur Verantwortung stehen muß.«[427] Bundesfinanzminister Theo Waigel verlangt bei einem Moskaubesuch von Gorbatschow Honeckers Rückkehr. Man wolle dem ehemaligen Staatsratsvorsitzenden eine »gerechte Behandlung« zukommen lassen.[428]

Auch in der SPD wird über Honeckers Auslieferung nachgedacht. Der Bundestagsabgeordnete Hans Büchler sagt:»Ich glaube, daß Honecker nach der Niederlage der Stalinisten von der Sowjetunion ausgeliefert wird, sobald sich die Lage in Moskau etwas beruhigt hat.«[429] Die Berliner Justiz will Honecker bei seiner Rückkehr »sofort verhaften«[430].

## Asylland Chile?

Bei den Honeckers läuten die Alarmglocken. Margot Honecker fliegt am 7. Oktober 1991 zu ihrer Tochter nach Chile. Zu Gerüchten, daß sie sich von ihrem Mann getrennt habe, bemerkt sie: »Das ist alles Quatsch. Dummes Journalistengequatsche.«[431] Margot Honecker besitzt einen gültigen deutschen Reisepaß. Die Deutsche Botschaft in Mos-

*Aus dem Erinnerungsalbum: Erich Honecker beim Staatsbesuch 1987 in der Bundesrepublik als offizieller Gast von Helmut Kohl.*

kau weigert sich, auch ihrem Mann einen solchen auszustellen. Schließlich liegt gegen Erich Honecker ein Haftbefehl vor.

Der frühere DDR-Staats- und Parteichef hat immer wieder durchblicken lassen, daß Chile für ihn als Exil in Frage käme. Nachdem 1973 die chilenische Volksfront-Regierung (Unidad Popular) unter Präsident Salvador Allende durch einen blutigen Militärputsch gestürzt worden war, stellte sich die DDR mit großem Propagandaaufwand an die Spitze der Länder, die entschieden Front gegen die Diktatur Pinochets machten. Annähernd 5 000 Chilenen, die unter Augusto Pinochet verfolgt waren, fanden Schutz in der DDR. Einer von ihnen war Leonardo Yáñez, der jetzige Schwiegersohn von Erich und Margot Honecker. 1991 bekleiden manche Flüchtlinge von damals hohe Regierungsämter in Santiago. Dort ist eine Koalition aus Christdemokraten (DC), Sozialdemokraten (PPD) und Sozialisten (PS) an der Macht. Von den sechs Ministern, welche die Sozialdemokratische und die Sozialistische Partei stellen, waren vier im DDR-Exil. Frau Honecker hofft auf Dankbarkeit. Die oppositionelle Kommunistische Partei Chiles hat sich bereits dafür eingesetzt, den ehemaligen DDR-Staatschef aufzunehmen.

Erich Honecker gibt indes dem Hessischen Rundfunk ein Interview. Die ARD strahlt es am 10. Oktober 1991 bundesweit aus. Honecker erklärt, er »habe nicht die Absicht, (sich) den Racheengeln ... zur Verfügung zu stellen«. Nach Deutschland will er nur zurückkehren, wenn »dieser ungesetzliche Haftbefehl aufgehoben wird«. Jahrzehntelang verweigerte sein Regime grundlegende Menschenrechte und war für unzählige tragische Familienschicksale verantwortlich, nun aber erklärt Honecker: »(Ich habe) selbstverständlich auch bei Gelegenheit mal die Absicht ..., unsere Kinder zu besuchen in Chile. Ich betrachte das als selbstverständlich und normal.«[432] Honecker präsentiert sich zur besten Sendezeit ganz als der Alte. Die »Wende« erfüllt für ihn nach wie vor den Tatbestand einer Konterrevolution. Da er in seiner jetzigen mißlichen Situation noch auf Gorbatschows Hilfe hofft, greift er diesen im Interview nicht direkt an, sondern begnügt sich damit, dessen ehemaligen Außenminister »Herrn Schewardnadse, der ja inzwischen Sozialdemokrat ist« als »Verräter« darzustellen.

Nach Honeckers Interview bringt die deutsche Öffentlichkeit immer weniger Verständnis für den alten Mann auf. Die F. D. P. profiliert sich dadurch, daß ihre Minister im Kabinett Kohl nun verstärkt auf eine Auslieferung Honeckers drängen. Justizminister Klaus Kinkel fordert am

22. Oktober 1991 in Moskau offiziell die Auslieferung Honeckers nach Deutschland. Außenminister Genscher hakt wenige Tage später nach: Einer »Drittland-Lösung« will er unter keinen Umständen zustimmen.

## Honeckers letzte Rettungsversuche

Die Gerüchteküche brodelt. »Will Honecker nach Kuba?« Gibt es »eine Hintertür nach China«? Oder will der alte Mann gar »seinem Leben ein Ende setzten«[433]? Die Medien vermuten allerlei, aber sie wissen nichts Konkretes. Erich Honecker weiß, daß seine Chancen, in ein drittes Land auszureisen, zur Zeit minimal sind. Er kämpft verbissen um sein Aufenthaltsrecht in der Sowjetunion. Michail Gorbatschow erhält von seinem ehemaligen Statthalter in der DDR einen verbitterten Brief: »Die mir (in Deutschland) gemachten Vorwürfe stellen ihrem Wesen nach eine politische Verfolgung dar. Die Beendigung des Kalten Krieges kann nicht dazu führen, daß die Handlungen der einen Seite in dem Kalten Krieg kriminalisiert werden und die Handlungen der anderen Seite legalisiert werden. Unter Berücksichtigung dieser Tatsachen bitte ich Sie, mir Schutz vor strafrechtlicher Verfolgung zu gewähren. Ich bitte Sie um politisches Asyl für meine Frau und mich.«[434] Außerdem bittet Honecker seine deutschen Anwälte, nach Moskau zu kommen. Sie sollen die Sowjets darauf aufmerksam machen, daß es die völkerrechtliche Pflicht der sowjetischen Seite sei, Honecker Asyl zu gewähren.

Wolff, Becker und Ziegler machen sich am 6. November auf den Weg und erleben ein Land im Chaos: Rechtsanwalt Becker erinnert sich: »Unsere Reise bot ein beachtliches Panorama der sich ändernden Sowjetunion. Beim Einchecken in Tegel waren wir mehrfach von aggressiven Russen, die große Elektronik-Kartons vor sich her wuchteten, aus der Warteschlange gedrängt worden. Der Moskauer Flughafen wirkte wie Klein-Mahagonny: Geschäftemacher, Diebe, Bettler, jegliche Form von Dienstleistungen.«[435] Margot Honecker holt die Rechtsanwälte vom Flughafen ab. Ihr Fahrer ist vom Personenschutz. Er kennt seine Rechte. Mit rasender Geschwindigkeit fährt er los. Doch plötzlich bleibt der Wagen mit einem ohrenbetäubenden Knall stehen. »Ich hatte einen Moment an ein Attentat auf ... Frau Honecker gedacht«, sagt Becker. Doch der »Wolga« ist in einer riesigen Wasserlache, unter der sich ein Schlagloch verbarg, zum Halten gekommen. Der Fahrer holte ein großes Handtuch aus dem Kofferraum, öffnete die Motorhaube und trocknete den Motor ab. Anscheinend mit Erfolg, denn bald sprang das Auto wieder an. Der westdeutsche Anwalt Nicolas Becker ist nicht nur entsetzt über diese Umstände seiner Reise, ihn erschreckt auch die Lage, in der sich die Honeckers in ihrem Domizil befinden:»Sie lebten dort zwar mit Essen und Medizin gut versorgt, aber zumindest er praktisch unter Hausarrest ... und von allen Informationen außer denen der Deutschen Welle abgeschnitten. Ihre Situation war trostlos.«[436] Nicht weniger düster geht die Visite der drei Anwälte zu Ende. Sie hofften auf Gespräche mit sowjetischen oder russischen Politikern. Friedrich Wolff resümiert:»Diese Hoffnung war eitel. Kein verantwortlicher ... Politiker ließ sich blicken. Wir blieben ganz unter uns.«[437]

## Die Ausweisung

Honecker ist zum Spielball im Machtkampf zwischen den sowjetischen und russischen Behörden geworden. Gorbatschow steht nach außen hin noch zu Honecker. Für ihn hat die»Sache Honecker ... vor allem mit Humanität zu tun«, sagt er und ergänzt:»Wenn wir die Geschichte der letzten Jahrzehnte betrachten und dieselbe Elle wie bei Honecker anlegen, müßten wir wahrscheinlich alle Staatsmänner und Regierungschefs nicht in Rente, sondern ins Gefängnis schicken.«[438] Allerdings hat er keinen Einfluß mehr auf das Geschehen. Er und seine Berater waren im Prinzip schon aus der Politik weg, sagt Schachnasarow.

Der russische Präsident Boris Jelzin will die Sache Honecker so schnell wie möglich lösen. Er läßt seinen Justizminister Nikolai Fjodorow behaupten, Honecker sei nicht legal eingereist. Ob man legaler nach Rußland einreisen kann als mit einer sowjetischen Regierungsmaschine, will er nicht diskutieren. Honecker soll ausgewiesen werden.

Gorbatschow versucht, ein letztes Mal zu vermitteln, und schickt den sowjetischen Vize-Außenminister Deriabin in die Waldsiedlung. Er soll sondieren, ob Erich Honecker unter bestimmten Bedingungen zu einer freiwilligen Ausreise bereit wäre. Doch Honecker erklärt definitiv, daß er jetzt nicht nach Deutschland zurückgehe. Deriabin beeilt sich daraufhin zu versichern, daß es ohne Honeckers Zustimmung keine Ausreise-Entscheidung der sowjetischen Führung geben werde.

Doch eine solche ist nicht mehr notwendig. Am 8. Dezember 1991 begründet Rußlands Präsident Jelzin gemeinsam mit seinen Amtskollegen aus der Ukraine und Weißrußland die »Gemeinschaft Slawischer Staaten«, die sich am 21. Dezember zur »Gemeinschaft Unabhängiger Staaten« erweitert. Das Amt eines sowjetischen Präsidenten ist überflüssig geworden, und Gorbatschows politische Karriere am Ende. Der Kreml, einst der Regierungssitz der UdSSR, wird zum russischen Regierungssitz.

Am Abend des 10. Dezember 1991 überbringt der russische Justizminister dem ehemaligen Staats- und Parteichef der DDR die Ausweisungsverfügung der russischen Regierung. Der »Bürger der BRD Erich Honecker« wurde davon in Kenntnis gesetzt, »daß er nicht später als bis zum 13. Dezember 1991 das Territorium der RSFSR verlassen muß, es wurde ihm erklärt, daß er im Falle der Nichtbefolgung dieser Mitteilung gewaltsam nach (der) BRD ausgeliefert wird.«[439] Bis dahin steht Honecker unter Hausarrest. Margot Honecker empört sich, daß Fjodorow »penetrant unhöflich«[440] gewesen sei.

## Der letzte Botschaftsflüchtling aus der DDR

Erich Honecker hat Angst. Er erinnert sich noch allzu gut an das Spießrutenlaufen, dem er in Deutschland ausgesetzt war. Zuerst die nicht enden wollenden Demütigungen in Wandlitz, dann die Journalistenmeute vor der Charité und später die entwürdigende Vernehmung in Rummelsburg. Von dem aufgebrachten Mob in Lindow ganz zu schweigen! Nein, in dieses Deutschland will er unter keinen Umständen zurück! Seine Frau Margot hat vorgesorgt. Nicht umsonst war sie im Oktober in Chile, und nicht umsonst hält sie in Moskau engen Kontakt zur chilenischen Botschaft. Ein Glücksfall hilft den Honeckers aus der augenblicklichen Misere. Der chilenische Botschafter in Moskau, Clodomiro Almeyda, ist ein Bekannter aus alten Zeiten. Unter dem 1973 ermordeten Unidad-Popular-Präsidenten Allende war er seit Ende 1970 Außenminister. Die Herstellung diplomatischer Beziehungen zur DDR gehörte zu seinen ersten Amtshandlungen. Im Juni 1971 wurde Almeyda mit großem Pomp in Ostberlin empfangen. Honecker amtierte zu diesem Zeitpunkt gerade einen Monat als Erster Sekretär des ZK der SED. Zwischen Clodomiro Almeyda und Erich Honecker entwickelte sich eine Freundschaft. In den Jahren 1976 bis 1987 lebte Almeyda als politischer Flüchtling in der DDR.

Für ihn ist es eine Frage der Ehre, Honecker zu helfen. Schon seit

Tagen wird die Notaufnahme Honeckers in der Residenz des chileni-schen Botschafters geplant. Da Almeyda um die völkerrechtliche Bri-sanz eines solchen Schrittes weiß, ist er nach Chile geflogen. Er ist eine legendäre Figur in seiner Sozialistischen Partei (PS). Während er ver-sucht, innenpolitische Unterstützung für seinen Alleingang zu finden, kümmert sich seine Frau um die Honeckers. Erich Honecker steht zwar unter Hausarrest, aber in der sich auflösenden Sowjetunion funktioniert nichts mehr. Irina Cáceres de Almeyda holt das Ehepaar am 11. Dezem-ber mit einem Diplomatenwagen ab und bringt es in ihre Residenz in der Junosti-Straße. Es ist erst reichlich zwei Jahre her, da trieb Honecker Tausende seiner Bürger dazu, Schutz in fremden Botschaften zu su-chen. Ironie der Geschichte: Nun ist Erich Honecker der letzte Bot-schaftsflüchtling aus der DDR.

In Bonn dürfte ein letztes Mal klammheimliche Hoffnung aufge-keimt sein, das Problem Honecker doch noch auf eine elegante Art und Weise loszuwerden. Aber in Chile entbrennt ein innenpolitischer Streit darüber, ob man Honecker politisches Asyl gewähren will. Der christ-demokratische Präsident Aylwin stellt sich dabei auf den Standpunkt, daß es in der Bundesrepublik Deutschland keine politisch Verfolgten gibt. Der Aufnahme Honeckers will er nur zustimmen, wenn auch die deutsche und russische Seite ihr Einverständnis geben. Doch für einen Deal, der jetzt zudem öffentlich ausgehandelt werden müßte, ist es zu spät. Kein Bundespolitiker kann es sich leisten, dem mit Haftbefehl ge-suchten Honecker Fluchthilfe zu gewähren. Und wie könnte man schon der Auffassung des chilenischen Präsidenten widersprechen, in Deutschland existiere keine politische Verfolgung? Außerdem gibt es quer durch alle Parteien genügend Politiker, die aus Überzeugung auf der Auslieferung Honeckers nach Deutschland bestehen. Die Bundes-regierung fordert die Regierungen in Moskau und Santiago deshalb pflichtgemäß auf, Honecker nach Deutschland auszuliefern. Bundes-justizminister Kinkel schreibt an seinen russischen Amtskollegen Fjo-dorow: »(Ich bitte Sie) dafür zu sorgen, daß Herr Honecker in die Bun-desrepublik zurückgebracht wird, damit hier unabhängige Richter darüber entscheiden können, wie aufgrund des vorliegenden Haftbe-fehls weiter zu verfahren ist ... Ich sichere Herrn Honecker in der Bun-desrepublik erneut ein rechtstaatliches und faires Verfahren zu ...«[441] Die russische Regierung stellt Honecker daraufhin ein neues Ausreise-ultimatum. Er soll das Land nun bis spätestens 16. Dezember, 24.00 Uhr, verlassen. Mittlerweile hat sich Nordkorea in den Konflikt einge-

*Über Monate eingeschlossen: Margot und Erich Honecker beim Spaziergang auf dem Gelände der chilenischen Botschaft im Juni 1992 in Moskau.*

schaltet. Staatschef Kim Il Sung erklärt sich bereit, seinen kommunistischen Freund aufzunehmen.[442] Auch aus Syrien ist eine Einladung gekommen. Der offiziell noch amtierende sowjetische Präsident Gorbatschow unterstützt eine solche Drittland-Variante und übt sich in Optimismus: »Ich denke, Herr Honecker wird nach Nordkorea ausreisen.«[443] Eine nordkoreanische Sondermaschine steht auf dem Moskauer Flughafen Scheremetjewo bereit. Doch Rußland will den ehemaligen Kreml-Verbündeten nicht ohne Bonner Zustimmung ziehen lassen. Eine solche Einwilligung ist undenkbar. Honecker darf nicht nach Nordkorea ausreisen. Er läßt auch das zweite Ultimatum, Rußland zu verlassen, wortlos verstreichen.

Für die chilenische Regierung ist es unvorstellbar, den populären Gast von Botschafter Almeyda zum Verlassen der Botschaftsresidenz zu zwingen. Dem Andenland stehen in wenigen Monaten Kommunalwahlen ins Haus. Und so läuft alles auf einen stillen Kompromiß zwischen Deutschland, Rußland und Chile hinaus: Honecker bleibt vorerst, wo er ist. Verzwickter war die Situation noch nie. Die Weihnachtstage des Jahres 1991 verbringt er mit seiner Frau in der Diplomatenresidenz. Es gibt Putenbraten zum Fest. Die Honeckers bewohnen ein geräumiges Zimmer im ersten Stock des Gebäudes. Koffer müssen den fehlenden Kleiderschrank ersetzen. Für Dauergäste ist die Unterkunft nicht gedacht. In den nächsten Wochen zeichnet sich keinerlei Bewegung in ihrem Fall ab. Die Honeckers sind gefangen.

## KPD mit Honecker-Profil

In Deutschland erscheint im Frühjahr 1992 ein dünnes Büchlein. Es trägt den pathetischen Titel »Erich Honecker zu dramatischen Ereignissen«. Nach Angaben des Hamburger W.-Runge-Verlages hat Honecker »das Manuskript unter schwierigen Bedingungen Ende 1991 erstellt«[444].

Honecker präsentiert sich in alter Form: »Ich bin fest entschlossen, soweit meine Kräfte reichen, mich von den heutigen Siegern ebensowenig mundtot machen zu lassen wie einst von der faschistischen Gestapo.«[445] Mit alten Parolen rüstet er zum Kampf: »Es hilft kein Leugnen: Unter der Flagge des Kampfes gegen den Stalinismus wurde der Kampf gegen den Sozialismus geführt ... So neu ist das Ganze nicht. Da hilft keine Beschönigung: Die Zerschlagung der sozialistischen DDR hat eine Misere heraufbeschworen! Die Angst der Familien der über 4 Millionen Arbeitslosen ist Grund genug zum Nachdenken.«[446]

In Ostdeutschland, wo der Übergang von einer zentralistischen Kommando- zur freien Marktwirtschaft erwartungsgemäß zu wirtschaftlichen Schwierigkeiten, Arbeitslosigkeit und sozialen Verwerfungen führt, stoßen solche kernigen Sätze bei so manchem »Einheitsverlierer« wieder auf offene Ohren, denn die Erwartungshaltung der Ostdeutschen in die Wiedervereinigung war übergroß. Die Politik der Bundesregierung wird an Helmut Kohls Erklärung vom Sommer 1990 gemessen: Nach der Vereinigung werde es »niemandem schlechter ... dafür vielen besser« gehen.[447] Viele ehemalige DDR-Bürger erwarten nun Wunder, und die wenigsten nehmen sich die Zeit für einen Blick in die einstigen »Bruderländer«. Diese sind nach 1989 mit einer ähnlich bankrotten Ausgangsposition aufgebrochen. Die Armut ist dort mit Händen greifbar, der Gegensatz zu Ostdeutschland enorm. Durch die vollzogene Wirtschafts-, Währungs- und Sozialunion und durch die Wiedervereinigung haben die neuen Bundesländer einen Entwicklungsvorsprung von vielen Jahren gewonnen.

*»Honecker, wir sind mit Ihnen!«: Sympathisanten vor der chilenischen Botschaft im Dezember 1991 in Moskau.*

Unzufrieden mit der Entwicklung sind in erster Linie diejenigen, die in der DDR einen führenden sozialen Status innehatten, der ihnen nun genommen ist. Erich Honecker spricht aus seinem Moskauer Exil genau diese Gruppe an: »Die Hexenjagd auf ehemalige Mitglieder der SED in allen Bereichen des gesellschaftlichen Lebens, der Versuch, die SED als verbrecherische Organisation abzustempeln, die Ausgrenzung von Lehrern, Wissenschaftlern, Richtern und Staatsanwälten, die Abwälzung aller Lasten der Vereinigung auf die Schultern der

Arbeiter, Bauern, der Rentner, der Frauen und der Jugend, hat Ausmaße angenommen, die alle ehrlichen Menschen in der Welt beunruhigen müssen.«[448] Seine Botschaft ist simpel: »Die Wolfsgesetze des Manchester-Kapitalismus, die heute in der ehemaligen DDR herrschen, stellen doch wohl keinesfalls eine Alternative zu einer sozial gerechten Gesellschaft dar.«[449]

Honecker trifft sich sowohl in seinem Haß auf das bundesdeutsche System als auch in seiner DDR-Verklärung mit der neuen Kommunistischen Partei Deutschlands. Die KPD wurde 1990 in der ehemaligen DDR gegründet und fiel damit nicht unter das bundesdeutsche KPD-Verbot von 1956. DDR-Chefkommentator Karl-Eduard von Schnitzler zählte zu den ersten Mitgliedern. Nach Angaben des Verfassungsschutzes rekrutiert die KPD ihre Mitglieder überwiegend aus den Reihen der ehemaligen SED. Enge Beziehungen unterhält sie unter anderem zur DKP und zur »Kommunistischen Plattform« der PDS.

In ihrem Programm wendet sich die Partei gegen »die Herrschaft des deutschen Imperialismus, die er mittels der Diktatur der Bourgeoisie in Form der bürgerlich-parlamentarischen Demokratie abschirmt … Die DDR (hingegen) war das beste, was die Arbeiterklasse und ihre Verbündeten bis heute in Deutschland erkämpft haben.«[450] Die politischen Ziele sind der »Sturz des Kapitalismus und Errichtung der Diktatur des Proletariats …; Zerschlagung der kapitalistischen Staatsmaschinerie …; Überführung des Privateigentums an Produktionsmitteln in Volkseigentum; Schaffung einer Arbeiterkontrolle.«[451] Die Partei sieht sich »fest in der Tradition des politischen Kampfes von … Erich Honecker und anderen hervorragenden politischen Führern«[452].

Es sind unbelehrbare Alt-Stalinisten, die sich in dieser KPD zusammenfinden. Ihr Vorsitzender, Michael Koth, wechselt 1994 die Fronten und entwickelt sich im rechten »Kampfbund Deutscher Sozialisten« zum Propheten des 1991 verstorbenen Neo-Nationalsozialisten Michael Kühnen. Der stellvertretende KPD-Chef, Hans Wauer, hat bis heute zwei große Vorbilder. Einmal ist er ein glühender Bewunderer von Kim Il Sung, den er persönlich kennt. Zum anderen verehrt er Stalin. Der Generalissimus ist für ihn nicht nur »ein würdiger Nachfolger Lenins« gewesen, sondern vor allem ein »höflicher, korrekter, fairer, geradliniger, entschlußfreudiger und willensstarker Mann mit hoher Bildung«. An den stalinschen Holocaust glaubt Wauer nicht. Dies sei lediglich eine »heimtückische Lüge Chruschtschows« gewesen.[453] Hans Wauer unterhält enge Verbindungen zu Leuten, die Ende 1991 noch Zugang zum ehemaligen SED-Chef haben. Das sind Margot Honeckers Bruder Manfred Feist, einst Mitglied des ZK der SED und Vertreter der DDR im Weltfriedensrat, sowie Margot Honeckers ehemaliger Stellvertreter im Volksbildungsministerium, Werner Engst. KPD-Vizechef Hans Wauer fliegt Anfang 1992 nach Moskau. Er versucht, durch seine Verbindungen zu Nordkorea die Ausreise Honeckers in dieses Land zu befördern. Vergebens! Allerdings gewinnt Wauer für seine Partei ein neues Mitglied. Erich Honecker gehört seit dem 1. Januar 1992 der KPD an, wobei Wauer hervorhebt, daß Honecker der Partei nicht beigetreten sei, sondern seine Mitgliedschaft aus dem Jahre 1946 weitergeführt habe.»Erich Honecker wollte als aufrechter Kommunist wieder organisiert sein. Ich habe ihm gesagt: ›Du gehörst zu uns!‹«, berichtet Wauer.[454] Besuch erhält Honecker außerdem von seiner Tochter Sonja Yáñez sowie von Schwager Manfred Feist. Doch das Familientreffen in der chilenischen Botschaftsresidenz steht unter einem unguten Stern.

*Eine neue Diagnose*

Honecker geht es gesundheitlich immer schlechter. Anfang Februar erkrankt er an einer Grippe. Botschafter Almeyda läßt ihn von russischen Ärzten in der Botschaft untersuchen. Die Mediziner diagnostizieren neben den Erkältungssymptomen Nierenkoliken sowie»den Verdacht eines bösartigen Gebildes im Bereich der Leber«[455]. Der Ex-Staatschef muß so schnell wie möglich in ein Krankenhaus. Margot Honecker ruft Friedrich Wolff an:»Wann stellen Sie einen Antrag auf Aufhebung des Haftbefehls … wegen seiner Krankheit?« will sie wissen. Wolff ist skeptisch. Er sagt, er bezweifle,»ob die deutschen Richter es mit der Aufhebung des Haftbefehls genauso eilig haben wie bei der Ausstellung« und gibt Margot Honecker zu bedenken, daß außerdem noch keine ärztlichen Gutachten vorliegen.[456]

Auf jeden Fall darf Honecker die Botschaftsresidenz unter freiem Geleit verlassen und in ein Krankenhaus fahren. Er wird am 24. Februar 1992 in die Moskauer Botkinskaja-Klinik eingeliefert. Die Bonner Regierung hat dazu ihre Zustimmung gegeben. Bundeskanzler Kohl bestätigt eine Vereinbarung mit Rußland, wonach Honecker nach seinem Krankenhausaufenthalt wieder in die chilenische Botschaft zurückkehren darf. Er fällt damit seinem Justizminister Kinkel in den

Rücken, der erklärt hat, eine medizinische Behandlung könne schließlich auch in Deutschland erfolgen. Bezahlt wird Honeckers Krankenhausaufenthalt von der chilenischen Botschaft. Der Verdacht auf Leberkrebs bestätigt sich.[457]

In dieser Situation unternimmt Chiles Moskau-Botschafter Almeyda einen letzten Versuch, seine Regierung doch noch zur Aufnahme Honeckers »aus humanitären Gründen« zu bewegen. Er will, daß Honecker ohne Paß, das heißt ohne deutsches und russisches Einverständnis, nach Santiago gebracht wird. Doch Präsident Aylwin bleibt dabei: Jede Lösung der Affäre müsse gemeinsam mit Deutschland und Rußland vereinbart werden. Ihm sind die Hände gebunden, zumal der deutsche Justizminister bei jeder Gelegenheit äußert, es gebe keinen Grund, von einer strafrechtlichen Verfolgung Honeckers, gegen den ein Haftbefehl wegen der Todesschüsse an der Berliner Mauer und der innerdeutschen Grenze vorliegt, abzusehen.

Der Zeitpunkt, über ein Innehalten bei der Jagd auf den ehemaligen DDR-Staats- und Parteichef nachzudenken, wäre jedoch in diesem Augenblick nicht nur reif, sondern auch ohne Gesichtsverlust möglich gewesen. Honecker ist 79 Jahre alt. Nachdem er Anfang 1990 wegen Nierenkrebs operiert worden war, stellten die Ärzte nun Leberkrebs fest. Obendrein zeigt sich, daß die Justiz Probleme hat, an die verfehlte Politik der DDR-Führung den Maßstab des Strafgesetzbuches anzulegen. Gegen den 84jährigen Mielke beispielsweise verhandelt man seit dem 10. Februar 1992 mit bereitstehendem Reanimationsgerät nicht etwa wegen seiner düsteren Vergangenheit als Chef der Staatssicherheit, sondern wegen eines Mordvorwurfes aus dem Jahre 1934.

Doch die Angelegenheit Honecker ist aufgrund der in letzter Zeit immer wieder lauthals verkündeten Auslieferungsforderungen verfahren. Es findet sich in Deutschland kein Politiker, der in der Lage wäre, dem unwürdigen Spektakel um den kranken Greis ein Ende zu setzen. Die deutsche Öffentlichkeit steht Honecker inzwischen abgeklärter gegenüber. Laut einer Umfrage des ZDF-Politbarometers beharren 52 Prozent der Deutschen nicht mehr auf dessen Auslieferung.

Am 3. März 1992 holt Clodomiro Almeyda Margot und Erich Honecker wieder aus dem Krankenhaus ab. Rußland drängt nun verstärkt darauf, Erich Honecker aus der Botschaft auszuweisen. Es könne nicht akzeptiert werden, daß durch das »unfreundliche Verhalten« des chilenischen Botschafters Clodomiro Almeyda die Entscheidung der russischen Regierung zur Rücküberstellung Honeckers nicht vollzogen

*Entlassen ins Ungewisse: Margot und Erich Honecker beim Verlassen des Moskauer Botinskaja-Krankenhauses am 3. März 1992.*

werden könne, erklärt der Justizminister Fjodorow. Auch Deutschland übt verstärkt diplomatischen Druck auf Chile aus. Chile steht vor einer innenpolitischen Zerreißprobe. Außenminister Enrique Silva Cimma beordert Honeckers Freund Clodomiro Almeyda zur Berichterstattung nach Santiago zurück. Im April 1992 wird Almeyda als Botschafter in Moskau abgelöst. In Santiago scheint man nun entschieden zu sein, dem außenpolitischen Skandal ein Ende zu setzen. Der stellvertretende chilenische Botschafter bei den Vereinten Nationen, James Holger, wird zum Sonderbeauftragten für den Fall Honecker ernannt. Eine Pendeldiplomatie beginnt. Holger lotet ein letztes Mal aus, ob es eine Möglichkeit gibt, die Affäre einvernehmlich mit Rußland und Deutschland zu lösen, ohne Honecker gewaltsam vor die Tür setzen zu müssen. Er stößt auf taube Ohren. Am 10. April 1992 bittet er Honecker vergeblich, die Botschaftsresidenz in Moskau freiwillig zu verlassen. Einen Monat später erhebt die Berliner Justiz Anklage gegen Honecker. Er soll wegen des Schießbefehls gemeinsam mit Stoph, Keßler, Mielke, Albrecht und Streletz vor Gericht gestellt werden. Honecker klagt in einem persönlichen Schreiben an den stellvertretenden KPD-Chef Wauer:»Die Leute, die die DDR niederwalzten, haben nicht das Recht, auch noch über sie (zu) Gericht zu sitzen. Wer würde das über die BRD tun?«[458] Der Ton ist kämpferisch. Pressegerüchte, Honecker habe sich für den Fall seiner Auslieferung schon eine Zyankalikapsel besorgt, entbehren jeder Grundlage. Als sich abzeichnet, daß der ehemalige DDR-Staatschef möglicherweise nach Deutschland zurückkehrt, setzt eine wahre Medienhysterie ein. Journalisten saugen jede noch so belanglose Äußerung, die mit dem Medienstar Honecker in Zusammenhang steht, gierig auf. Selbst die hämische Äußerung eines Autohändlers, der gerade dabei ist, Honeckers Dienstvolvo zu versteigern, ist es Wert, abgedruckt zu werden:»Wenn Honecker nach Deutschland ausgewiesen wird, können wir ihn ja mit seinem Wagen aus Deutschland abholen.«[459]

Nachdem die deutsche Justiz Anklage gegen den einstigen SED-Chef erhoben hat, muß auch Helmut Kohl, der sich bisher im Fall Honecker eher zurückhaltend zeigte, öffentlich Farbe bekennen. Am Rande des Umweltgipfels in Rio de Janeiro trifft er sich im Juni 1992 mit dem chilenischen Präsidenten Aylwin und verlangt Honeckers Auslieferung. Sonderbotschafter Holger fordert Honecker am 15. Juli 1992 ein weiteres Mal zum freiwilligen Verlassen der Botschaft auf. Es gäbe kein Entgegenkommen von deutscher oder russischer Seite. Doch Honecker geht nicht freiwillig. In einem Schreiben wendet er sich an den russischen Parlamentspräsidenten Ruslan Chasbulatow und bittet »um (dessen) Unterstützung zur Erreichung des politischen Asyls oder zur Erlangung eines Ausreisevisums in ein Land (seiner) Wahl ...«[460] Margot Honecker schafft den Brief zum »Weißen Haus«, dem Sitz des Parlaments. Eine Antwort bekommt sie nicht. Chasbulatow macht gerade Urlaub auf der Krim.

Auch die Geduld der chilenischen Seite ist erschöpft. Das Gastrecht für Honecker wird offiziell aufgehoben. James Holger teilt dem ehemaligen DDR-Staatsoberhaupt am Nachmittag des 29. Juli 1992 mit, daß er das Botschaftsgelände zu verlassen hat:»Eine Eskorte wird Sie begleiten.«[461] Erich Honecker reagiert zornig:»Es ist für mich schwer

*Kämpferische Geste: Erich Honecker mit Sonderbotschafter James Holger beim Verlassen der chilenischen Botschaft in Moskau am 29. Juli 1992.*

zu verstehen, daß Chile sich so einem Land und dessen Repräsentanten gegenüber verhält, das so vielen Chilenen Solidarität bewiesen (hat) und das als Asylland in der Welt gilt.« Die hohe Meinung, die er Holger gegenüber gehabt habe, sei ein Irrtum gewesen. Unter die Ausweisungsverfügung schreibt er:»Unter Protest zur Kenntnis genommen. Erich Honecker«.[462] Honecker tut dem Diplomaten Unrecht. James Holger hat alles versucht, um diesen letzten Schritt zu verhindern. Vier russische Sicherheitsbeamte warten bereits vor dem Botschafterbüro. Holger öffnet ihnen nun die Tür und läßt sie eintreten. Ein Vertreter des russischen Außenministeriums sagt zu Honecker:»Ich bin beauftragt, Sie auf russisches Territorium zu übernehmen, um Sie an Deutschland zu übergeben.«[463] Die Sicherheitsbeamten lassen Honecker keinen Moment aus den Augen. Erst als Holger interveniert, darf der Botschaftsflüchtling noch allein seinen Koffer packen. Ihm bleiben dafür zehn Minuten Zeit, in denen er sich auch von seiner Frau verabschieden muß. Margot Honecker begleitet ihn nicht nach Deutschland. Sie zieht es vor, zu ihrer Tochter nach Chile zu reisen. Als Erich Honecker die Botschafterresidenz um 16.30 Uhr verläßt, warten schon viele Journalisten auf ihn. Im Rampenlicht der Öffentlichkeit zeigt Honecker keine Schwäche. Kämpferisch reckt er den rechten Arm zum Rot-Front-Gruß. Dann wird er in der Limousine von Sonderbotschafter Holger und in Begleitung mehrerer russischer Sicherheitsfahrzeuge zum Flughafen Moskau-Wnukowo gebracht. Honecker sitzt schweigend neben Holger und blickt starr geradeaus. Journalistenautos verfolgen den Konvoi. Das Sonderflugzeug, das Honecker nach Berlin bringen soll, eine »Tupolew«, steht schon bereit. Es startet 18.00 Uhr.

# »Tun Sie, was Sie nicht lassen können.«

Untersuchungshäftling Honecker – Ein 80jähriger vor Gericht
(Juli 1992 – Januar 1993)

## Ein Medienstar landet

Die Nachricht von der Rückkehr des einstigen DDR-Staatsoberhauptes hat sich in den Redaktionen der Medien wie ein Lauffeuer verbreitet. Dutzende von Kamerateams setzen sich in Richtung Berlin-Tegel in Bewegung. Es ist ein heißer Sommertag. Tausende Berliner strömen zum Flughafen. Sensationsgier macht sich breit. Man postiert sich, mit Videokameras oder Fotoapparaten bewaffnet, an den Ausfallstraßen des Flughafenareals. Als die russische Sondermaschine mit ihrem prominenten Passagier am 29. Juli 1992 um 20.07 Uhr landet, richten sich die Objektive unzähliger Kameras in Richtung Landebahn. Doch aus der Ferne kann man nicht mehr erkennen als einen kleinen Mann in einem hellen Mantel, der die Gangway heruntersteigt. Polizeibeamte nehmen ihn sofort fest.

Gegen 20.30 Uhr rast eine Wagenkolonne an den wartenden Schaulustigen vorbei. In welcher der gepanzerten Limousinen Honecker sitzt, können sie nicht erkennen. Man gewinnt den Eindruck, ein hoher Staatsgast sei gerade angekommen. Die Straßen sind für den gewöhnlichen Verkehr gesperrt, Blaulicht und Sirenen bestimmen das Bild. Erich Honecker wird in einer sensationellen Autowettfahrt zwischen der Polizei und den Fernsehteams ins Gefängnis Berlin-Moabit gebracht. Als würde es sich um ein sportliches Großereignis handeln, übertragen mehrere Fernsehstationen live vom Ort des Geschehens. Soviel freiwillige Aufmerksamkeit hat Honecker in seinen aktiven Zeiten nicht erlebt. Auch vor dem Gebäude der Justizvollzugsanstalt hat sich eine riesige Menschenmenge versammelt. Fernsehscheinwerfer beleuchten die Szenerie. Der neue Untersuchungshäftling fährt ein, dann schließen sich die Tore. Noch am gleichen Abend versucht Anwalt Friedrich Wolff, zu Honecker vorgelassen zu werden. Da er für diesen späten Besuch keine

Sondergenehmigung der Justizsenatorin vorweisen kann, wird er abgewiesen. Dafür pöbelt ihn die schaulustige Menge an:»Wer einen Verbrecher verteidigt, ist selbst ein Verbrecher!« und»Stasi raus!« tönt es ihm entgegen. Wolff trägt es mit Galgenhumor. Er denkt an Mielke, der hinter den Mauern sitzt, und findet»den Text an sich komisch«. Die Berliner Justiz bemüht sich derweil, Normalität zu demonstrieren. Honecker sei ein Häftling wie jeder andere auch, verlautet es wenig überzeugend. Auf jeden Fall muß er sich die Krankenzelle für die erste Nacht mit einem»gewöhnlichen Kriminellen« teilen. Es handelt sich um einen 40jährigen Sinti, der später berichtet:»Honecker ist ein alter Herr, zurückhaltend, aber freundlich.«[464]

## Erste Reaktionen

Die Deutschen sind über Honeckers Rückkehr geteilter Meinung. Ihr Bundeskanzler gibt sich notgedrungen zufrieden:»Er wurde Zeit. Jetzt kann der Prozeß beginnen«,[465] sagt er. Es klingt wenig überzeugend. Kohl war nie wirklich vom Sinn eines Strafprozesses gegen Honecker überzeugt. Die Sache war zum Selbstläufer geworden, den er nicht aufhalten konnte. Die Gewaltenteilung wäre in Frage gestellt worden. Sein Parteifreund Heinrich Lummer ist da aus anderem Holz geschnitzt. Der Berliner Bundestagsabgeordnete fordert indirekt die Todesstrafe für Honecker. Seine Begründung: In der DDR seien Tötungsdelikte, die»heimtückisch oder in besonders brutaler Weise« begangen wurden, mit der Todesstrafe geahndet worden. Es sei»unlogisch, das alte DDR-Strafrecht nur dort anzuwenden, wo es milder als das bundesdeutsche Recht ist«.[466] SPD-Chef Björn Engholm äußert sich verhalten. Er gibt zu bedenken: Die Menschen in den neuen Bundesländern hätten es als ungerecht empfunden, daß»gegen die Befehlsempfänger Prozesse geführt werden und der politische Befehlsgeber außen vor bleibt«[467]. Sabine Leutheusser-Schnarrenberger, die Klaus Kinkel nach dessen Ernennung zum Außenminister ins Justizressort nachgefolgt ist, erklärt forsch:»Jetzt nimmt die Gerechtigkeit ihren Lauf.«[468] Die Bürgerrechtlerin Freya Klier erwartet sogar, daß in dem Prozeß herausgearbeitet wird, wie die DDR funktionierte. PDS-Chef Gregor Gysi hält die Verhaftung Honeckers schlicht und einfach für einen »ahumanen Akt, (weil) einem todkranken Menschen das Recht verweigert wird, in Würde sein Leben zu beschließen«[469].

## Die Verkündung des Haftbefehls

Am Morgen des 30. Juli kommt Anwalt Wolff erneut nach Moabit. Erich Honecker trägt einen Anstaltsschlafanzug. Er macht einen gefaßten Eindruck. Zumindest läßt er sich nicht anmerken, was in seinem Inneren vorgeht. Um 11 Uhr bekommt der Untersuchungshäftling 244/92 zwei Haftbefehle verkündet: einen bereits am 30. November 1990 ergangenen Haftbefehl wegen des Verdachts auf Totschlag[470] und einen zweiten wegen des Verdachts des Vertrauensmißbrauchs. Honecker habe seine Befugnis, Vermögensinteressen des sozialistischen Eigentums wahrzunehmen, mißbraucht. Aus dem Munde des Westberliner Richters hört sich das kurios an. Auch die Begründung dieses zweiten Haftbefehls hat in ihrer juristischen Akkuratesse etwas Possenhaftes: »Infolge der günstigen Kalkulation der Endverbraucherpreise in Wandlitz entgingen allein in den Jahren 1988 und 1989 dem Haushalt des MfS Einnahmen in Höhe von mindestens 3 684 705, 14 Mark der DDR. In dieser Höhe wurde das sozialistische Eigentum der DDR besonders schwer geschädigt.«[471] Die bundesdeutsche Justiz klagt Honecker allen Ernstes an, das Ministerium für Staatssicherheit geschädigt zu haben. Anwalt Wolff äußert süffisant: »Verhandelt oder gar geurteilt wurde über den Vorwurf der Schädigung des MfS aber nie. Schade!«[472]

## Über Sinn und Unsinn der Anklage

Die Amtsdeutschen der Justiz wollen die Honecker-Anklage um jeden Preis. Sie lockt der Ruhm eines Jahrhundertprozesses. Doch bereits das Vorspiel zu dieser Veranstaltung zeigt, daß sie zur Burleske zu verkommen droht. Daran tragen die beteiligten Staatsanwälte oder Richter keine Schuld. Sie haben sich nach Kräften bemüht, die Anklageschrift und die Haftbefehle nach allen Regeln ihrer Kunst zu fertigen. Sie wollen das Gerechtigkeitsempfinden und das Strafbedürfnis einer breiten Öffentlichkeit sowie der Opfer des kommunistischen Systems befriedigen. Dabei müssen sie ein ehernes Prinzip des Verfassungsrechts beachten: das Rückwirkungsverbot. Artikel 103 des Grundgesetzes bestimmt, daß eine Tat »nur bestraft werden (kann), wenn die Strafbarkeit gesetzlich bestimmt war, bevor die Tat begangen wurde«. Das Dilemma, vor dem die Anklagebehörde steht, wird damit offensichtlich. Der demokratische Rechtsstaat Bundesrepublik muß sich nach den Gesetzen richten, die in der DDR-Diktatur galten. Und das DDR-Grenzgesetz, das übrigens nicht Honecker, sondern die Volkskammer erlassen hatte, spricht für die Angeklagten.[473]

Aus der Zwickmühle, DDR-Recht anwenden zu müssen, dieses aber nicht zu wollen, befreiten sich die Richter mit einem Trick. Sie bemühten die Allgemeine Erklärung der Menschenrechte der Vereinten Nationen, zu deren Anerkennung sich die DDR in der KSZE-Schlußakte von 1975 verpflichtet hatte. Danach hätte es jedermann freistehen müssen, jedes Land, einschließlich seines eigenen, zu verlassen. Doch die KSZE-Dokumente sind sogenanntes »soft law«, das heißt sie sind weder rechtlich einklagbar noch durch die Verhängung von Repressalien durchsetzbar. Die individuelle Schuld des Angeklagten Honecker angesichts dieser Rechtslage nachzuweisen, wird schwierig werden. Der Leitartikler des Berliner »Tagesspiegel« brachte die Quadratur des Kreises auf den Punkt: Das Verfahren müsse »als Strafprozeß scheitern, wenn es zu einem Tribunal über das DDR-Regime und seine Herrschaftspraxis würde. Aber es verfehle auch seinen Gegenstand, wenn aus ihm irgendein Kriminalfall würde, bei dem es allein um die Anwendbarkeit von Paragraphen und das Beibringen von Beweisen ginge.«[474]

Die Berliner Justizsenatorin Jutta Limbach will der Honecker-Anklage den Ruch eines politischen Prozesses nehmen. Sie erklärt: »Honecker wird nicht als politischer Gegner verfolgt. Es werden keine Normen des politischen Strafrechts angewandt, sondern Strafbestände des Totschlages. Die Staatsanwaltschaft bemüht sich um den Nachweis seiner individuellen Schuld – und das nach damals gültigem DDR-Recht.«[475]

Es bleibt beim Bemühen. Obwohl Erich Honecker der moralisch Hauptschuldige ist, hat er im bevorstehenden Strafprozeß die eindeutig besseren Karten. Einerseits kann er sich darauf berufen, daß sein Fall nicht ohne Einbettung in die historischen Umstände zu verhandeln ist. Andererseits kann er den »Klassenfeind« dadurch vorführen, indem er ihn an dessen eigenen Verfassungsgrundsatz der »Menschenwürde«[476] erinnert. Und was hat es schon mit Menschenwürde zu tun, einen 79jährigen todkranken Mann vor Gericht zu stellen? Honecker wollte nicht nach Deutschland zurückkehren. Jetzt, nachdem er unter Zwang aus Moskau ausgeflogen worden ist, rüstet er sich für seinen letzten großen Kampf.

## Solidaritätskomitee Honecker

Unterstützung findet er bei ein paar Dutzend Kampfgefährten, die ein sogenanntes »Solidaritätskomitee für Erich Honecker und alle verfolgten Kommunistinnen und Kommunisten in Deutschland« ins Leben rufen. Nach eigenen Angaben zählt das Solidaritätskomitee ca. 100 Mitglieder.[477] Eine erste Initiative dazu kam aus Westdeutschland. 1990 regte ein Dortmunder Altkommunist namens Heinz Junge ein solches Komitee an. Junge kannte Honecker aus der kommunistischen Jugendarbeit der 30er Jahre. Es ist kein ehemaliger DDR-Bürger, der sich zum Sprecher des »Honecker-Fanclubs« macht, sondern Klaus Feske, von Beruf Kraftfahrer. In besseren Zeiten war er hauptamtlicher Funktionär der SEW, des Westberliner Ablegers der SED. Seit Oktober 1991 ist Feske Mitglied der PDS. Im Hintergrund zieht Honeckers Schwager Manfred Feist die Fäden. Ihm sekundieren Margot Honeckers ehemaliger Stellvertreter Werner Engst sowie Erich Honeckers neue Genossen aus der KPD, Michael Koth und Hans Wauer. Gemeinsam sorgen sie zunächst für finanziellen Spielraum und organisieren eine Spendenaktion. Nach Angaben Hans Wauers »haben sich international viele kommunistische Parteien für Honecker verwendet«[478]. Indirekt bestätigt er, daß die nordkoreanische »Partei der Arbeit« vom Kim Il Sung aufgrund der guten Beziehungen, die Wauer und Koth in Pjöngjang unterhalten, eine entscheidende Rolle gespielt hat. Auch die chilenische KP hilft. Volodia Teitelboim, der Generalsekretär der chilenischen KP, hatte die Honeckers bereits in ihrem Moskauer Exil besucht. Auf die Solidarität eines weiteren Freundes muß Honecker verzichten. Der britische Verleger Robert Maxwell wurde am 5. November 1991 tot vor den Kanaren aus dem Atlantik geborgen, nachdem er von Bord seiner Jacht gestürzt war. Ob es sich dabei um Mord, Suizid oder Herzversagen gehandelt hat, bleibt unklar.

Komiteesprecher Feske erklärt es zur Pflicht, »einen Genossen oder Freund, der in die Hand der Klassenjustiz gerät, weil er unsere Idee vertritt, aus den Klauen der Justiz zu befreien«[479]. Die Mitglieder besuchen den Untersuchungshäftling regelmäßig in Moabit. Das erste, was ihm Wauer mitbringt, ist der KPD-Mitgliedsausweis und eine Schreibmaschine. Deren »Einbringung« wurde zuvor höchstrichterlich genehmigt. Auf ihr tippt Honecker den Entwurf für seine bevorstehende Verteidigungsrede. Außerdem hilft er der KPD bei deren »programmatischer Arbeit«. Wauer hat ihm drei Dokumente überlassen, die auf dem bevor-

*Aus alter Gewohnheit: Erich Honecker zeichnete die Dokumente der 1990
gegründeten KPD mit seinem berühmten Kürzel ab.*

stehenden II. Parteitag der KPD beschlossen werden sollen. Es geht um
das Parteistatut, einen Entwurf zur Arbeitsweise der Schiedskommission und um die neue »Programmatische Orientierung der Kommunistischen Partei Deutschlands«. Honecker liest sie alle, und er zeichnet
sie mit seinem »EH« ab. Es ist schon länger her, daß er Parteitagsdo-
kumente bestätigen durfte, und so irrt er sich einmal im Datum: »EH,
21. 8. 89« steht auf dem Statutenentwurf der KPD. Interessant sind Honeckers handschriftliche Änderungen. Die KPD will zukünftig »die
Mahnung der durch sozialismusfremden Machtmißbrauch unschuldig
Verurteilten« beherzigen. Das geht Honecker zu weit. Er streicht den
Satz. Die KPD wendet sich an »politisch enttäuscht(e) und belei-
digt(e)« ehemalige SED-Mitglieder. So etwas gibt es bei Honecker
nicht. Gestrichen! Außerdem mißfällt ihm, daß sich die KPD von »un-
gerechtfertigter Gewalt« distanziert. Warum so zimperlich? Honecker
macht einen dicken Strich durch diese Formulierung. Alles andere gefällt ihm. Schließlich sieht die KPD »in der Verteufelung der DDR
eine Verfälschung der geschichtlichen Wahrheit«[480].

## 80. Geburtstag, Weinbrandbohnen und viel Post

Am 25. August 1992 begeht Erich Honecker im Haftkrankenhaus der
Justizvollzugsanstalt Moabit seinen 80. Geburtstag. Von der Haftanstalt wird Honecker nach seinen Wünschen befragt. Er wünscht sich

Weinbrandbohnen. Honecker bekommt viel Besuch. Unter anderem gratulieren ihm seine Tochter Erika Wildau, einer seiner ehemaligen Leibwächter, seine Anwälte sowie die Mitglieder des Solidaritätskomitees.[481] Auch Karl-Eduard von Schnitzler hat sich bereits am Morgen vor dem Gefängnis eingefunden. Margot Honecker, die am gleichen Tag in Chile auf einer Pressekonferenz zu »internationaler Solidarität« für ihren Mann aufruft, übermittelt telefonische Glückwünsche. Die Justizbehörde hat Honecker Telefonate mit seiner Frau sowie mit seiner Tochter Erika generell genehmigt. Allerdings dürfen sie nur in Gegenwart eines Justizvollzugsbeamten geführt werden. Verteidiger Wolff sagt, daß die Besuche seinem Mandanten gut taten. Alle Besuchsanträge werden dem Rechtsanwalt vorgelegt. Wolff sagt, an manchen Tagen seien es so viele gewesen, daß die Besuchszeiten gar nicht ausreichten. Ehemalige Genossen wollen ihrem einstigen Generalsekretär Mut zusprechen. Erich Honecker erklärt in den Gesprächen, warum die DDR seiner Meinung nach zusammengebrochen ist. Eveline Kuhn, einst wissenschaftliche Mitarbeiterin im Museum für Deutsche Geschichte, besucht Honecker im Dezember 1992. Der ehemalige Staats- und Parteichef macht ihr gegenüber drei Personen für das Scheitern der DDR verantwortlich. Michail Gorbatschow, Günter Mittag und Prof. Otto Reinhold. Letzterer war Rektor der Akademie für Gesellschaftswissenschaften beim ZK der SED. Er hätte den Marxismus-Leninismus falsch weiterentwickelt.[482]

Der prominenteste Besucher, der zu Honecker kommt, ist ein politischer Freund aus besseren Zeiten: Daniel Ortega. Der ehemalige nicaraguanische Präsident hält sich anläßlich der Trauerfeierlichkeiten für den am 8. Oktober 1992 verstorbenen Altbundeskanzler Willy Brandt in Berlin auf. Honeckers Verteidiger Becker, der Ortega nach Moabit brachte, ist beeindruckt:»Commandante Ortega, groß, in einer beeindruckenden Kampfuniform, mit schwarzer Trauerkrawatte und Cowboystiefeln, machte einen so gebieterischen Eindruck, daß die Pfortenbeamten ihre normale Pingeligkeit vergaßen. Ohne ein Wort zu sagen, marschierte Ortega ... durch die langen Hallen des Gefängnisses, als ob er den Weg zu den Krankenanstalten kenne. Die Gefangenen an den Balustraden verstummten, die Wärter nahmen vor ungläubigem Staunen Haltung an. Der Commandante verhielt sich eben wie ein Commandante.«[483] Honecker wird in das Besucherzimmer geführt. Er ist mit einem Pyjama bekleidet und trägt Pantoffeln. Klein und abgemagert wirkt er. Rechtsanwalt Becker:»Und nun geschah etwas, was die beiden sicherlich schon oft vor Fernsehkameras getan hatten, was aber hier eine vollkommen andere Bedeutung hatte. Sie umarmten sich. Der kräftige Kommandante den schmächtigen Häftling.«[484] Ortega bleibt nicht lange, der Staatsakt wartet. Aber er ist neben dem griechischen Kommunistenchef Charilos Florakis und der künftigen chilenischen KP-Chefin Gladys Marin einer der wenigen ranghohen früheren Weggefährten Honeckers, der die inzwischen inopportun gewordene politische Freundschaft mit ihm nicht verleugnet. Michail Gorbatschow, der im November in Berlin zum Ehrenbürger ernannt wird, besucht Honecker nicht.

Erich Honecker erhält in Moabit einige Tausend Briefe, Postkarten und Telegramme aus dem In- und Ausland. Darunter sind auch viele Schmäh- und Drohbriefe. Doch sie werden ihm von der Gefängnisleitung in Absprache mit der Verteidigung nicht ausgehändigt. So erfährt er beispielsweise nicht, daß man ihn eigentlich für eine »dumme Sau«[485] hält. Auch Urlaubsgrüße werden ihm vorenthalten. Eine ostdeutsche Familie schreibt aus Südtirol:»Wir sind sehr glücklich, von einem Ort an Sie denken zu können, den Sie uns – und all die anderen wunderschönen Orte dieser Welt – so viele Jahre vorenthalten haben. Wir wünschen Ihnen noch ein ganz langes Leben dort, wo Sie jetzt sind, und alle denkbaren Entbehrungen.«[486]

Dafür freut sich der Häftling über Briefe wie diese:»Mein größter Wunsch ist, daß Sie wieder Staatsratsvorsitzender der DDR werden und die Mauer noch höher bauen«,[487] schreibt ihm eine Brandenburgerin, die mit der Entwicklung nach der Wiedervereinigung anscheinend genauso unzufrieden ist wie ein anderer Briefeschreiber. Dieser läßt Honecker wissen:»Du hast alles gut gemacht. Wir hätten Dich gerne wieder. Bei uns herrscht Chaos. Zigeuner bestehlen uns. Asylanten betrügen uns. Unsere Kinder sterben an Rauschgift. Schwule dürfen heiraten.«[488] Vor allem zu Honeckers 80. Geburtstag geht viel Post ein.»Wir sind erschüttert und tief betroffen von dem Unrecht, das Dir widerfahren ist. Dieser sog. ›Rechtsstaat‹ der kapitalistischen BRD kann niemals unsere Heimat sein«, heißt es,»halte durch – die Geschichte wird Dir recht geben.«[489]

## Öffentliches Sterben

An seinem 80. Geburtstag sitzt Honecker bereits den 28. Tag in der Justizvollzugsanstalt. Die Hauptverhandlung hat noch nicht begonnen. Bisher ist der Ex-SED-Chef lediglich untersucht worden. Unmittelbar

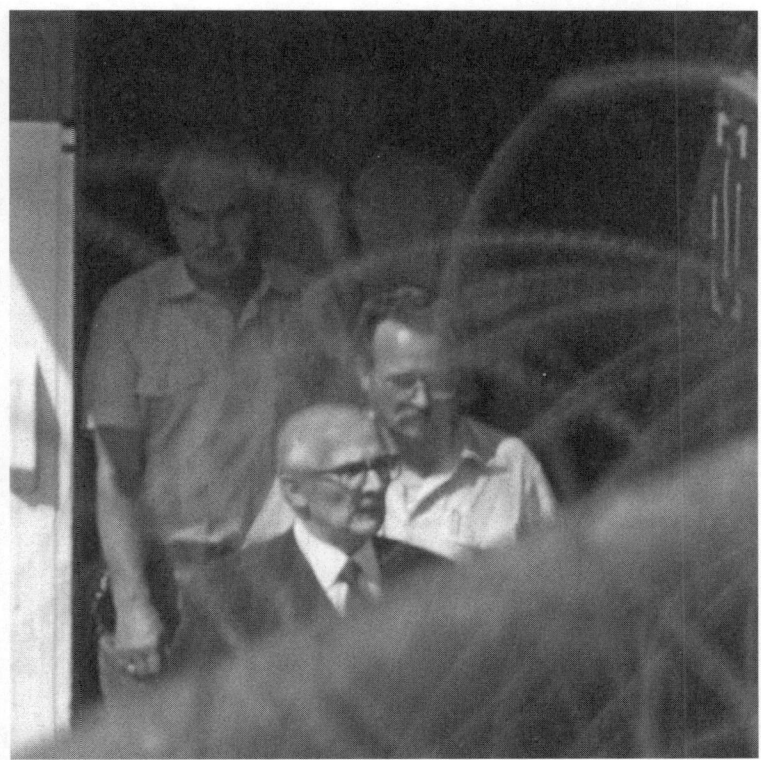

*Hinter Stacheldraht: Honecker im Berliner Untersuchungsgefängnis
Moabit am 30. Juli 1992.*

nach Honeckers Einlieferung ins Moabiter Haftkrankenhaus hatte eine
Computertomographie Klarheit darüber gebracht, daß sich bei Honecker – wie in Moskau diagnostiziert – eine Metastase an der Leber gebildet hat. Sie ist etwa 5 cm groß. Friedrich Wolff, Wolfgang Ziegler
und Nicolas Becker, die mittlerweile zu Honeckers Pflichtverteidigern
bestellt worden sind, gehen mit diesem Befund zunächst an die Öffentlichkeit.»Honecker offenbar todkrank«, meldet daraufhin die»Frankfurter Allgemeine Zeitung«. Am 14. August beantragen die Rechtsanwälte,
die Eröffnung des Hauptverfahrens abzulehnen und den Haftbefehl gegen Honecker aufzuheben. Als Begründung führen sie an: Es »ist medi-
zinisch leider absolut sicher, daß unser Mandant aufgrund dieser Krank-

163

heit in absehbarer Zeit sterben wird. Er hat das Recht, in Ruhe und Würde zu sterben, ohne die Zeit bis zu seinem Tode Objekt eines öffentlichen Strafverfahrens zu sein.«[490] Für den Fall der Haftentlassung hat die katholische Kirche bereits Hilfsbereitschaft signalisiert und Honecker Obdach angeboten.

Die Argumente der Staatsanwaltschaft stehen dem entgegen. Honecker habe ein Leiden, das unabhängig von der Verhandlung zum Tode führe. Das Resultat dieser Überlegung: ihm kann der Prozeß gemacht werden. Auch der vom Berliner Landgericht bestellte ärztliche Gutachter sieht Honeckers Haftfähigkeit als gegeben an. Man könne alle erforderlichen ärztlichen Maßnahmen im Haftkrankenhaus oder in externen Spezialabteilungen durchführen. Die Vernehmungs- und Verhandlungsfähigkeit wird eingeschränkt bejaht. Eine Nachuntersuchung Honeckers soll im Oktober erfolgen. Allerdings bringt der Gutachter auch zum Ausdruck, es sei schwer vorstellbar, daß »Herr Honecker eine Verhandlung über 2 Jahre durchsteht«[491]. Dennoch – die Große Strafkammer des Berliner Landgerichts entscheidet gegen die Aufhebung des Haftbefehls. Eine darauf folgende Beschwerde der Honecker-Verteidiger wird von der übergeordneten Instanz, dem Kammergericht, verworfen. Als Honecker im Oktober erneut begutachtet wird, ist die Krebsgeschwulst zwar um über einen Zentimeter gewachsen, aber nach wie vor gelangen die Gutachter zu der Auffassung, daß Honecker haft- und verhandlungsfähig ist.

Spätestens seit diesem Zeitpunkt ist Honeckers Gesundheitszustand und die ihm noch verbleibende Lebenszeit Gegenstand erhitzter Stammtischgespräche und Medienspekulationen im ganzen Land. Die »Bild«-Zeitung veröffentlicht eine Ultraschall-Aufnahme. »Das ist Honeckers Leber«,[492] steht in Balkenschrift daneben.

Wenn Honeckers Anwälte dies jedoch beklagen, heucheln sie. Den ersten Schritt in die Medienöffentlichkeit sind sie selbst gegangen, und sie werden nicht müde, auch weiterhin Honeckers Krebsgeschwulst in den Mittelpunkt des Verfahrens zu rücken.

## Die ersten Verhandlungstage

Nach der »Wende« sprach das frühere SED-Politbüromitglied Günter Schabowski über Honeckers historischen Besuch in der Bundesrepublik im Jahre 1987: »Die BRD nahm im Denken und in der Politik Ho-

164

neckers einen ganz dominanten Platz ein … Und Honecker ist ja schließlich auch Saarländer, nicht in dem Sinne, daß er sich mit dem System arrangieren wollte, aber der Besuch Honeckers in der Bundesrepublik war für ihn so etwas wie die Krönung seines Lebenswerkes. Er als Staatsoberhaupt in der Höhle des Löwen! Der Kleine mit dem Strohhut aus dem Saarland ist wieder dorthin zurückgekommen, aber als der erste Mann von diesem anderen Staat, den doch die BRD so lange unter den Daumen nehmen wollte …«[493] Aus dem Hochgefühl, das Honecker 1987 beim Empfang durch westdeutsche Politiker verspürte, ist Verbitterung geworden. Er sitzt nun auf der Anklagebank des Staates, über dessen roten Teppich er einst schritt.

Am 12. November 1992 beginnt die Hauptverhandlung gegen Erich Honecker, Willi Stoph, Heinz Keßler, Erich Mielke, Fritz Streletz und Hans Albrecht. Das sind die noch lebenden Teilnehmer einer Sitzung des Nationalen Verteidigungsrates der DDR aus dem Jahre 1974, von der ein ausführlicher Hinweis auf die Existenz des Schießbefehls vorliegt. Der jüngste Angeklagte ist mit 66 Jahren Fritz Streletz, Erich Mielke ist mit 84 Jahren der älteste Beschuldigte. Der Tatvorwurf: gemeinschaftlicher Totschlag. Ort der Verhandlung: Berliner Landgericht. Dieses Kriminalgericht hat im sogenannten Justizpalast in der Turmstraße 91 seinen Sitz. Der schmucklose Klinkerbau, der um die Jahrhundertwende errichtet wurde, wirkt respekteinflößend. Es ist das größte Gerichtsgebäude Europas. In der Mitte des zweiten Stockwerkes liegt der holzgetäfelte Saal 700, ein sogenannter Schwurgerichtssaal, in dem schon in der Kaiserzeit Mörder und Totschläger ihren irdischen Richter fanden. Die 27. Strafkammer des Landgerichts, die über die DDR-Politiker urteilen soll, hat alle Vorbereitungen getroffen: Die Sitzordnung für die Angeklagten, notwendige Sicherheitsvorkehrungen, Bestimmungen zur Presseberichterstattung – alles scheint geregelt zu sein, und das Spektakel kann beginnen. Uwe Wesel, der für die »Wochenpost« berichtet, schreibt: »Vorn die Richter, links und rechts die Angeklagten mit ihren Verteidigern, vorn rechts die Staatsanwaltschaft, in der Mitte gegenüber den Richtern einige Nebenkläger mit Anwälten, dahinter siebzig Journalisten und ganz hinten fünfundsiebzig Zuschauer. Damit ist der Saal ähnlich überfordert wie die deutsche Justiz.«[494] Klaus Feske vom »Solidaritätskomitee Honecker« spöttelt, man solle doch den Prozeß in die Kongreßhalle verlegen, um genügend Raum für alle interessierten Prozeßbeobachter, Fernsehstationen und Zuschauer zu haben.

Auf den Zuschauerbänken befinden sich zwei gleichstarke Parteien. »Honeckerfreunde – Honeckerfeinde. Rufen die einen regelmäßig: ›Erich – halt den Kopf hoch!‹, schreien die anderen: ›Bolschewistenschweine‹.«[495] Film- und Fotoaufnahmen im Sitzungssaal sowie Interviews mit den Angeklagten hat der Vorsitzende Richter Rainer Bräutigam verboten. Lediglich im Sicherheitsbereich hinter der Kontrolle darf täglich 20 Minuten gefilmt werden, wobei eine »Poollösung« angeordnet ist, das heißt »nur ein Team einer Fernsehanstalt bzw. eines Privatsenders sowie ein Fotograf einer Nachrichtenagentur und ein weiterer Fotograf (dürfen) filmen bzw. fotografieren«. Die Aufnahmen müssen dann auch den Konkurrenzunternehmen zur Verfügung gestellt werden.[496] Bloß vor Beginn des ersten Verhandlungstages dürfen ausnahmsweise ein Kamerateam und zwei Fotojournalisten im Sitzungssaal Aufnahmen machen. Gegen diese angebliche Beschränkung der Pressefreiheit klagt das Zweite Deutsche Fernsehen beim Bundesverfassungsgericht. Vorerst vergebens.

Richter Bräutigam eröffnet den Prozeß pünktlich um 9.30 Uhr. Ein Angeklagter fehlt. Die Anwälte von Willi Stoph, der sich nicht in Untersuchungshaft befindet, legen ein Attest seines Hausarztes vor, das ihm Verhandlungsunfähigkeit bescheinigt. Richter Bräutigam reagiert nervös und gereizt, so daß Honeckers Anwalt Wolff befürchtet, »der nächste, der verhandlungsunfähig wird, ist der Vorsitzende«[497]. Nach nur 45 Minuten wird der Prozeß vertagt. Stoph soll von einem Amtsarzt untersucht werden. Wenig später werden schließlich die Verfahren gegen den kranken Stoph und den senilen Mielke abgetrennt, um den Prozeß gegen Honecker zügig fortführen zu können.

Der 55jährige Richter Bräutigam wirkt mit der Prozeßführung überfordert. Die Presse kritisiert, daß er schon vor Beginn der Hauptverhandlung Interviews gegeben und Probleme hat, Distanz zur eigenen Eitelkeit und Selbstüberschätzung zu wahren.[498] Honeckers Verteidiger Becker charakterisiert ihn »als ein(en) umgänglich(en), freundlich(en) Mann, mit dem man … gerne im selben Verein Tennis gespielt hätte«[499]. Auch keine respektvolle Einschätzung gegenüber einer Person, die in einem historischen Prozeß Recht sprechen soll.

Das Gericht will mit Rücksicht auf die verbliebenen Angeklagten, die gleichfalls gesundheitlich angegriffen sind, lediglich zweimal wöchentlich verhandeln, montags und donnerstags, jeweils drei Stunden von 9.30 Uhr bis 12.30 Uhr. An den nächsten Verhandlungstagen

*Wiedersehen alter Kampfgefährten: Erich Mielke und Erich Honecker im Moabiter Gerichtssaal am 12. November 1992.*

geht es um Verfahrensfragen und Befangenheitsanträge. Die vier verbliebenen Angeklagten werden zur Person vernommen.

Honeckers Verteidigung lehnt die Richter mit dem Hauptargument der angeblich fehlenden Unvoreingenommenheit ab. Der Prozeß sei vorauseilend geplant worden, man habe dabei keine Rücksicht auf die Krankheit ihres Mandanten genommen: »Mit ihren Entscheidungen zeigen die abgelehnten Richter, daß sie entschlossen sind, den Prozeß im Wettlauf mit dem Tode von Herrn Honecker zu führen.«[500] Der Antrag wird abgelehnt.

Am fünften Verhandlungstag verliest Oberstaatsanwalt Christoph Schaefgen endlich die 780seitige Anklageschrift, die er auf eine 15-Minuten-Fassung komprimiert hat. Die Staatsanwaltschaft weiß, daß die Verteidigung eine Verzögerungstaktik fährt. Sie hingegen will den Prozeß zügig vorantreiben. Noch einmal erläutert Schaefgen die Verantwortung der Angeklagten für Errichtung, Ausbau und Vollzug des DDR-Grenzregimes. Konkret soll sich Honecker des 13fachen, Keßler des zehnfachen und Streletz sowie Albrecht des neunfachen Totschlages schuldig gemacht haben. Der ehemalige Vorsitzende des Nationa-

167

len Verteidigungsrates der DDR, Erich Honecker, hört unbeeindruckt zu, als der Anklagevertreter zitiert, was er am 3. Mai 1974 auf einer Sitzung des obersten Sicherheitsgremiums der DDR gesagt hat: Es »muß angestrebt werden, daß Grenzdurchbrüche überhaupt nicht zugelassen werden …, überall muß ein einwandfreies Schußfeld gewährleistet werden …, nach wie vor muß bei Grenzdurchbruchversuchen von der Schußwaffe rücksichtslos Gebrauch gemacht werden, und es sind die Genossen, die die Schußwaffe erfolgreich angewandt haben, zu belobigen.«[501] An diesen Bestimmungen, so meinte Honecker damals,»wird sich … weder heute noch in Zukunft etwas ändern«.[502]

Mit der Verlesung der Anklageschrift sind die reinen Formalitäten der Hauptverhandlung beendet.


## Honeckers großer Auftritt

Der Prozeß soll sechs Monate dauern, aber eigentlich hängt alles von der Krankheit Honeckers ab. Am 1. Dezember stellt der ärztliche Gutachter fest, daß der Tumor an der Leber weiter gewachsen ist.

Erich Honecker bereitet derweil den letzten großen Auftritt in seinem Leben vor. Am 3. Dezember soll er das Wort zu einer Erklärung erhalten. Der Schwurgerichtssaal ist wie immer zum Bersten gefüllt. Honecker ist hoch konzentriert, und seine 70minütige Erklärung läßt die Zuhörer nicht unbeeindruckt. Sie ist eine geschickte Mischung aus Mitgefühl erheischender Prozeßkritik, kluger Einbettung der ihm gemachten strafbewährten Vorhalte in die historische Entwicklung, Siegerjustizvorwürfen und mit einem Sahnehäubchen DDR-Nostalgie obendrauf.»Sehr geehrte Damen und Herren, ich werde dieser Anklage und diesem Gerichtsverfahren nicht dadurch den Anschein des Rechts verleihen, daß ich mich gegen den offensichtlich unbegründeten Vorwurf des Totschlags verteidige. Verteidigung erübrigt sich auch, weil ich Ihr Urteil nicht mehr erleben werde. Die Strafe, die Sie mir offensichtlich zudenken, wird mich nicht erreichen.« Mit dieser emotionalen Einleitung beginnt er seinen Auftritt. Das Ziel des Prozesses sei, sich der politischen Gegner mit den Mitteln des Strafrechts zu entledigen und den»totgesagten Sozialismus noch einmal zu töten«, behauptet Honecker. Zur Sache sagt er, daß die Schüsse an der Mauer nur in ihrem weltgeschichtlichen Zusammenhang zu bewerten seien,

168

und beklagt:»Wie und warum es zum Bau der Mauer gekommen ist, interessiert die Staatsanwaltschaft nicht. Die Ursachen und Bedingungen werden unterschlagen, die Kette der historischen Ereignisse wird willkürlich zerrissen. Erich Honecker hat die Mauer gebaut und aufrechterhalten. Basta. So einfach vermag der bundesdeutsche Jurist die Geschichte zu sehen und darzustellen.« Der Beifall seiner Fans unter den Zuschauern ist Honecker spätestens in diesem Augenblick gewiß. Der ehemalige Staatschef der DDR vertritt weiter die Meinung, daß die Mauer das Risiko eines dritten Weltkrieges verringert hätte:»Man muß nicht spekulieren ... Man muß nur wissen, was 1956 in Ungarn und 1968 in der ČSSR geschehen ist. Genauso wie dort hätten auch 1961 in der DDR die ohnehin anwesenden sowjetischen Truppen interveniert. Die ihm gemachten Vorwürfe, so Honecker, seien einseitig. Menschenleben hätten auch die politischen Entscheidungen gefordert, durch die amerikanische Truppen nach Vietnam, Grenada und Panama oder britische Truppen auf die Falklandinseln entsandt wurden.»Wenn Sie Ihre Augen davor verschließen, was von 1961 bis 1989 in der Welt außerhalb Deutschlands passierte, können Sie kein gerechtes Urteil fällen.« Er sei jedenfalls sicher, daß die DDR »nicht umsonst gegründet« wurde. Ohnehin würden »immer mehr ›Ossis‹ erkennen, daß die Lebensbedingungen in der DDR sie weit weniger deformiert haben, als die ›Wessis‹ durch die ›soziale‹ Marktwirtschaft deformiert worden sind.« Der Prozeß gegen ihn, so führte er weiter aus, sei »eine Fortsetzung des Kalten Krieges«. Am Ende schaute Honecker seine Richter an und sagt:»Tun Sie, was Sie nicht lassen können.«[503] Dann setzt er sich wieder hin. Für einen Augenblick herrscht Stille im Saal. Dann klatschen seine Anhänger Beifall.

Der 80jährige Honecker hat die vielleicht beste Rede seines Lebens gehalten. Mit ihr hat er sich bei seinen Sympathisanten Märtyrerstatus gesichert.»Ja, die Justiz in Deutschland hält sich auch heute an ihre schlechten Traditionen«,[504] schreibt ihm eine Genossin aus dem Erzgebirge ins Gefängnis. Aber auch aus den alten Bundesländern kommen Reaktionen. Ein Bremer Pfarrer findet Honeckers Worte »voller Würde und Wahrheit«[505].

Die Rede des einstigen Staatsoberhauptes war clever, sie hatte innere Logik, und sie war Angriff und Verteidigung zugleich. Von menschlicher Größe zeugte die Rede dennoch nicht. Der ehemalige Staats- und Parteichef der DDR hat kein einziges Wort des Bedauerns und der Entschuldigung für die Opfer gefunden, die sein Regime auf dem Gewissen hat. »Der unnatürliche Tod jedes Menschen in unserem Land hat uns immer bedrückt«,[506] mehr als diese distanzierte Äußerung über die Opfer gibt es von ihm nicht. »Daß an der Mauer Menschen erschossen wurden«, so Honecker, wußte schließlich »jedes Kind in Deutschland«.[507] Erich Honecker verlangt die gerechte Einordnung seiner Politik in die Geschichte.

Die Presse kommentiert den Honecker-Auftritt geteilt. Die »Welt« findet »keine Spur von Reue« und erwidert auf Honeckers Darstellung, in der DDR habe es »keine Konzentrationslager, keine Gaskammern, keine politischen Todesurteile, keinen Volksgerichtshof, keine Gestapo (und) keine SS«[508] gegeben: »Aber natürlich gab es das, wenn auch teilweise unter anderem Namen – außer den Gaskammern; dieses System bevorzugte den Genickschuß ...«[509] Die »taz« hingegen meint: »Mit dieser Rede gewann Erich Honecker seine persönliche Ehre zurück.«[510]

## »Der öffentliche Leberkrebs«[511]

In den Verhandlungstagen nach Honeckers großem Auftritt ging es kaum noch um die Sache. Der Hauptangeklagte hat ohnedies verkündet, daß er sich über seine Erklärung hinaus nicht mehr äußern werde. Seine Anwälte beschränken sich darauf, Honeckers Krankheit in den Mittelpunkt der Verhandlung zu rücken. Man scheint mit einer raschen Haftentlassung zu rechnen. Am 5. Dezember 1992 kommt die Tochter von Friedrich Wolff zu Honecker nach Moabit. Sie ist Notarin. Der ehemalige Staatsratsvorsitzende hat offenbar außerhalb der Gefängnismauern noch diverse Angelegenheiten zu regeln, die keinen Aufschub dulden. Welcher Art diese sind, ist unbekannt. Auf jeden Fall bestellt er seinen Schwager Manfred Feist zu seinem »Generalbevollmächtigten«. Honecker ermächtigt ihn, »jede Rechtshandlung, welche (er) selbst vornehmen könnte und bei welcher Stellvertretung grundsätzlich zugelassen ist, für (ihn) und in (seinem) Namen rechtsverbindlich vorzunehmen«[512]. Den Wert seines Vermögens, dessen Angabe für die Berechnung der Notargebühr notwendig ist, beziffert der Ex-Staats- und Parteichef, der mittlerweile wieder seine Rente und Ehrenpension als antifaschistischer Widerstandskämpfer bezieht,[513] bescheiden auf 5 000 DM.

Mitte Dezember stellt der ärztliche Gutachter Prof. Dr. Volkmar Schneider nach Konsultationen mit Kollegen fest, daß »der Tumor an

170

*Genutztes Medieninteresse: Die Honeckeranwälte Friedrich Wolff und (dahinter) Wolfgang Ziegler fordern wiederholt die Einstellung des Verfahrens gegen ihren Mandanten.*

der Leber erheblich an Größe zugenommen hat ... Bei Herrn Honecker besteht ein Zustand, wo sich Leben und Sterben überlappen ... Eine Haftverschonung könnte vielleicht dazu führen, daß noch gewisse Reserven freigesetzt werden ... Die Lebenserwartung mag bei aller Schwierigkeit der Einschätzung einer solchen Frage ab 4.12.92 bei 3 bis 6 Monaten liegen.«[514]

Honeckers Anwälte fordern daraufhin am 17. Dezember 1992 die Einstellung des Verfahrens gegen ihren Mandanten. Die Medien spekulieren, wann Honecker sterben wird. »Ist er im Frühling tot?« fragt sich die »Bild«. Sein Freund und Mitangeklagter Heinz Keßler schreibt später: Der Gerichtssaal »glich eher einem medizinischen Kolloquium über Größe und Entwicklungstendenzen von Tumoren, über Leberlappen und Blutwerte ... (Diese) bis ins kleinste Detail gehenden Erörterungen über die Möglichkeiten eines sehr raschen oder etwas verzögerten, auf alle Fälle aber schmerzhaften Todes fanden in Anwesenheit Honeckers statt.«[515]

171

*Peinlichkeiten*

Honecker ist schwer krank. Die Justiz hat das Abenteuer der Hauptverhandlung dennoch riskiert und steht nun vor einem Scherbenhaufen. Eine Peinlichkeit jagt die nächste. Den blamabelsten Eindruck hinterläßt in diesem Prozeß Rechtsanwalt Hanns Ekkehard Plöger. Er vertritt eine Nebenklage und damit die Hinterbliebenen derer, die von Deutschland nach Deutschland wollten und daran von Mauerschützen gehindert wurden. Seine Art der Anklageführung trägt entscheidend dazu bei, daß der berechtigte Wunsch seiner Mandanten nach Sühne in den Hintergrund tritt. Einmal behauptet Plöger, es handelte sich bei Honecker gar nicht um Honecker, sondern um ein Double. Der wirkliche Ex-Staats- und Parteichef würde schon längst bei seiner Frau in Chile sitzen. Ein anderes Mal gibt er bekannt, daß Honecker überhaupt keinen Krebs habe, sondern in ihm lediglich »ein Fuchsbandwurm … sein Unwesen treibt«[516]. Plöger darf diesen Unsinn in der öffentlichen Verhandlung verbreiten, ohne daß er zur Ordnung gerufen wird. Und als würde dies alles noch nicht ausreichen, um sich mit dem Honecker-Prozeß endgültig vor der Weltöffentlichkeit lächerlich zu machen, setzt der vorsitzende Richter dem ganzen Spektakel die Krone auf. Am 21. Dezember 1992 bittet Rainer Bräutigam Honeckers Verteidiger in einer Verhandlungspause zu sich und gibt ihm einen alten Stadtatlas des Verlages VEB Berlin-Tourist. Ein Schöffe hätte gern ein Autogramm des Herrn Honecker darauf, ob das möglich sei, fragt er den Verteidiger. Wolff wundert sich zwar, daß man sich als Richter »von Totschlägern Autogramme wünscht«[517], steckt den Plan aber ein. Am selben Tag verkündet Bräutigam, daß das Verfahren gegen Honecker nicht eingestellt wird. Eine neue medizinische Untersuchung soll im Januar durchgeführt werden. Nun reicht es Friedrich Wolff. Er macht das vertrauliche Gespräch mit Bräutigam öffentlich. Die Verteidiger lehnen den vorsitzenden Richter sowie einen Schöffen wegen Befangenheit ab. Über den Antrag der Verteidigung soll nach Weihnachten entschieden werden. Für Anklagevertreter Bernhard Jahntz zeugt Bräutigams Handeln zwar zu Recht davon, daß dieser Honecker gegenüber erstaunlich unbefangen war. Am liebsten würde der Oberstaatsanwalt aber wohl sagen: »unbedarft«.

Während der Feiertage erhält Honecker Besuch von Vertretern des Solidaritätskomitees. Außerdem telefoniert er mit seiner Frau. »Er klang müde«, sagt Margot Honecker, »aber er versicherte mir, er wolle um jeden Preis den Prozeß durchstehen.«[518] Auf dem Speiseplan der Moabiter Anstaltsküche stehen für Heiligabend Brühreis, Rindfleisch, Möhren und Sellerie. Am Ersten Feiertag bekommt Honecker Kalbsbraten mit Rosenkohl aufgetischt. Nach Weihnachten spürt Honecker, daß seine Entlassung bevorsteht. Man hat ihm bereits einen Paß ausgestellt. Am 29. Dezember 1992 legen seine Anwälte gegen seine fortdauernde Haft Verfassungsbeschwerde beim Berliner Verfassungsgerichtshof ein. Sie beantragen, das Verfahren gegen ihren Mandanten einzustellen und den Haftbefehl aufzuheben. In der Begründung heißt es:»Die Fortführung eines Strafverfahrens und einer Hauptverhandlung gegen einen Angeklagten, von dem mit Sicherheit zu erwarten ist, daß er ... vor einer Entscheidung über Schuld oder Unschuld sterben wird, verletzt die Menschenwürde des Betroffenen.«[519]

## Prozeßende

Im Januar geht der Prozeß weiter. Zunächst aber wird dem Befangenheitsantrag gegen Bräutigam stattgegeben. Dem Richter werden seine Dienste für einen Autogrammjäger zum Verhängnis. Sein Nachfolger ist der als ruhig und sachlich geltende Richter Hans Boß. Am 7. Januar 1993 ertönt das Notsignal des Arztes Dr. Rainer Rex, der Honecker seit dessen Einlieferung in Moabit betreut. Er richtet per Boten ein Schreiben an das Gericht.»Eilt sehr« steht auf dem Umschlag. Der Arzt schreibt:»Unbeeinflußbare Entkräftung und Auszehrung sowie sich steigernde schmerzmittelbedürftige Beschwerden sind die sich für die nächste Zukunft mit an Sicherheit grenzender Wahrscheinlichkeit abzeichnenden Etappen auf dem Weg zum Tod ... Tiefe Depression und Mutlosigkeit, Selbstaufgabe und hochgradige Erschöpfbarkeit kennzeichnen den psychischen Habitus des todgeweihten Patienten.«[520] Die Verteidigung beantragt daraufhin erneut die Einstellung des Verfahrens, die Staatsanwaltschaft stellt sich auf den Standpunkt, daß Honeckers Krankheit in keinem Zusammenhang mit der Verhandlung steht. Nebenklagevertreter Plöger spricht nach wie vor von Honeckers Fuchsbandwurm.

Das Kammergericht beschließt in einer Eilentscheidung am 7. Januar zunächst die Abtrennung des Honecker-Verfahrens von dem seiner Mitangeklagten. Ist das der Einstieg für den Ausstieg aus dem Prozeß? Dennoch – der Ex-SED-Chef soll ein weiteres Mal ärztlich untersucht werden, als Termin wird der 12. Januar festgelegt. Das Warten der letzten Tage macht Honecker sichtbar zu schaffen. Doch bevor die angekündigte Untersuchung stattfindet, erhalten seine Rechtsanwälte das Urteil des Berliner Verfassungsgerichts. Die Entscheidung ist gefallen – Ende der Verhandlung und Haftentlassung. In dem Gerichtsbeschluß heißt es: »Ein Strafverfahren kann seinen Zweck, eine verbindliche Entscheidung über die dem Angeklagten zur Last gelegten Taten herbeizuführen, nicht mehr erreichen, wenn der Angeklagte mit an Sicherheit grenzender Wahrscheinlichkeit das Ende des Strafverfahrens nicht mehr erreicht.«[521]

Ein Sieg der Verteidigung! Und eine Niederlage für die Staatsanwaltschaft. Sie wollte den Prozeß bis zum Ende durchfechten. Oberstaatsanwalt Jahntz gibt zu Protokoll: »Das einzige Politische an diesem Prozeß war die Entscheidung der Verfassungsrichter. Sie haben sich in Verkennung ihrer Zuständigkeiten eingemischt. Es gab politischen Druck, dem sich das Verfassungsgericht beugte.«[522] Wer diesen Druck ausübte, sagt er nicht.

Hektik breitet sich aus. Das Landgericht kommt am 12. Januar dem Beschluß des Verfassungsgerichts nach und stellt das Verfahren gegen Honecker ein. Die Staatsanwaltschaft geht in Beschwerde. Außerdem schiebt sie einen zweiten Haftbefehl wegen der Wandlitz-Versorgung nach. Die Entscheidung des obersten Berliner Gerichts ist eine bittere Niederlage für die SPD-Justizsenatorin Limbach. Sie ärgert sich darüber so, daß sie dem Generalstaatsanwalt Formulierungshilfe bei dessen Urteilsschelte am Berliner Verfassungsgericht gibt, eine klare Mißachtung der Gewaltenteilung.

Honecker bleibt eine weitere Nacht in Moabit. Am Abend erhält er Besuch von dem Berliner Krebsspezialisten Prof. Dr. Peter Neuhaus. Dieser bespricht mit ihm ausführlich und »unter Betonung seiner ärztlichen Schweigepflicht« die Möglichkeiten, den Tumor zu behandeln. Laut Neuhaus wäre die Geschwulst ohne Risiko operativ zu entfernen. Danach hätte der Patient »rein statistisch gesehen eine 50 %ige Chance, 5 Jahre tumorfrei zu leben«[523]. Sollten die vorausgegangenen Gutachten etwa bewußt so erstellt worden sein, daß man an einer Haftentlassung Honeckers nicht vorbeikommt? Wer hat Neuhaus geschickt? Der Professor informiert jedenfalls die Berliner Justizsenatorin über Honeckers Heilungsaussichten. Die wiederum spricht mit dem Leiter der Arbeitsgruppe »DDR-Regierungskriminalität« über die Erkenntnisse von Peter Neuhaus. Will man in letzter Sekunde die Haftentlassung Honeckers verhindern?

Erst am Nachmittag des 13. Januar stehen alle Ampeln auf Grün. Die neuen Anträge der Staatsanwaltschaft sind zurückgewiesen worden. Der Untersuchungshäftling Honecker darf seine Krankenhauskleidung ablegen und erhält seine persönlichen Sachen zurück. Er ist frei. So wie Honecker vor 169 Tagen nach Moabit gekommen ist, so verläßt er diesen Ort nun wieder. Eine Wagenkolonne rast in Richtung Flughafen. Der einstige Staatschef sitzt in einer dunklen Limousine, Polizeiautos schirmen den Konvoi ab. Doch diesmal begleiten Honecker keine Journalistenfahrzeuge. Die Polizei hat vorgesorgt und den Häftling durch einen Hinterausgang entlassen. Das Solidaritätskomitee hat sich bereits um Flugtickets gekümmert. Am Abend soll Honecker nach Santiago de Chile starten. Eine letzte Juristenposse nimmt niemand mehr ernst. Kurz vor dem Abflug erreichen Friedrich Wolff und Nicolas Becker Anrufe der Staatsanwaltschaft. Das Gericht hätte bei der Aufhebung des Haftbefehls einen Formfehler begangen, Honecker müsse noch hierbleiben. Doch zu einer neuen Festnahme kommt es nicht.

Die Boing 747 der brasilianischen Fluggesellschaft »Varig« soll 20.00 Uhr starten. 20.25 Uhr hebt sie endlich ab. Honecker war aber nicht der Grund für die Verspätung. Ein Hund wollte sich nicht im Gepäckraum verstauen lassen. Nach einer Zwischenlandung in Frankfurt fliegt Honecker nach São Paulo (Brasilien), von dort geht es weiter nach Santiago de Chile. Das ehemalige Staatsoberhaupt des zweiten deutschen Staates wird nie wieder deutschen Boden betreten.

Der Prozeß gegen seine ehemaligen Mitangeklagten geht indes weiter. Fritz Streletz und Heinz Keßler erhalten im September 1993 wegen Anstiftung zum Totschlag Freiheitsstrafen von fünfeinhalb bzw. von siebeneinhalb Jahren. Hans Albrecht erhält wegen Beihilfe zum Totschlag vier Jahre und sechs Monate Gefängnis.[524] Wäre Honecker geblieben, hätte die Staatsanwaltschaft für ihn 15 Jahre Haft gefordert.[525]

# »Für die ›Trotz alledem‹-Grüße …
## möchte ich herzlich danken.«

Honecker auf dem Abstellgleis – Der Lebensabend in Chile
(Januar 1993 – Mai 1994)

### Auf dem Weg nach Südamerika

Auf seinem Flug nach Südamerika wird Honecker von Klaus Feske sowie zwei Personenschützern der Berliner Polizei begleitet. Das einstige Staatsoberhaupt fliegt »First Class«. Nach gleichlautenden Angaben von Klaus Feske, Hans Wauer und Margot Honecker soll das Ticket aus Spendengeldern finanziert worden sein, die das Solidaritätskomitee gesammelt habe. Weder Honecker noch Feske wollen Journalisten an Bord haben. Der Name Honecker erscheint deshalb gleich auf den Reservierungslisten mehrerer Fluggesellschaften. Umsonst – fünf Kamerateams, zwei Fotografen und zwei Reporter schaffen es, in die richtige Maschine einzusteigen.

Auf dem Flug nach São Paulo hat Erich Honecker Sitzplatz Nr. 13 A auf dem Oberdeck. Er trägt einen dunkelblauen Anzug und einen roten Schlips. Honecker blättert geschäftig in einem Manuskript, das ihm kurz vor seinem Abflug Klaus Huhn zugesteckt hat. Huhn ist der Halb-Bruder von Ex-Politbüromitglied Werner Eberlein. Früher arbeitete er als Sportjournalist für das »Neue Deutschland«, jetzt leitet er einen kleinen Verlag, der überwiegend Bücher von ehemaligen SED-Größen sowie DDR-nostalgische Publikationen veröffentlicht. Das Manuskript, mit dem sich Honecker während seines Fluges beschäftigt, stammt aus der Feder von Erich Selbmann. Der einstige Chefredakteur der DDR-Nachrichtensendung »Aktuelle Kamera« beschreibt darin Honeckers Verfolgung durch die »Klassenjustiz«.

Neben Honecker sitzt Feske, der gemeinsam mit den Personenschützern die Journalisten auf Distanz hält. Ein Reporter berichtet, daß Honecker mit wächsernem Gesicht jeden Ansprechversuch zurückweist: »Auf Blickkontakte zeigt Honecker während des Fluges kaum … Reak-

*Die letzte Reise: Erich Honecker mit Klaus Felske vom
Solidaritätskomitee während des Fluges nach Chile.*

tionen. Äußerstenfalls huscht mal ein verhaltenes Lächeln über sein Gesicht.«[526] Zweimal bricht Honecker sein Schweigen. Gegenüber einem chilenischen Fernsehjournalisten murmelt er etwas von »Dank für die chilenische Gastfreundschaft«. Und als ihm ein »Spiegel«-Korrespondent ein paar Fotos aus früheren Zeiten überreicht, schaut er sie sich aufmerksam an und nennt, »als müsse er sein Gedächtnis unter Beweis stellen, die Namen der abgebildeten Gesprächspartner ... Franz Josef Strauß und Johannes Rau, Eberhard Diepgen (›Das war bei der Leipziger Messe‹) und Willy Brandt ... Ein Foto allerdings weist Honecker schroff zurück. Es zeigt ihn mit Michail Gorbatschow in Berlin, die Aufnahme stammt aus dem Jahr 1987. Honecker: ›Das tun Sie lieber weg.‹«[527]

Seinem Reisebegleiter Feske hingegen scheint das Interesse an seiner Person gutzutun. Es sei »eine angenehme Sache, einen Freund und Kampfgefährten zu begleiten«[528], läßt der einstige SEW-Funktionär die Reporter wissen. Dann ergeht er sich in Beschimpfungen über die »Fuchsbandwurmfraktion«. Er meint damit die Mannschaft um Rechtsanwalt Plöger, die gemeinsam mit der Staatsanwaltschaft bis zuletzt versucht hätte, Honeckers Ausreise zu verhindern.

*Staatsmännischer Empfang: Auf dem Flugplatz in Santiago de Chile warten nicht nur Familienangehörige auf den Ex-DDR-Staatschef.*

Es wird Nacht, und Erich Honecker schläft ein. Südamerika, sein letzter Zufluchtsort, kommt immer näher. Nach dem Aufwachen sortiert Honecker vor laufenden Fernsehkameras seine Medikamente. In São Paulo angekommen, wechselt er gemeinsam mit seinen Begleitern das Flugzeug. Die letzte Etappe seiner Reise fliegt er erneut mit der brasilianischen Fluglinie »Varig«. Diesmal sitzt er standesgemäß auf Platz 1 A.

Genau 22 Stunden, nachdem Erich Honecker Berlin verlassen hat, landet er auf dem Flughafen von Santiago de Chile. Er verläßt die Maschine als letzter. Auf dem Rollfeld warten seine Frau und seine Tochter gemeinsam mit etwa 150 Anhängern auf den ehemaligen Staats- und Parteichef der DDR. Auch Gladys Marin, die designierte Nachfolgerin von KP-Generalsekretär Volodia Teitelboim, ist gekommen. Außerdem haben sich eine Unmenge von Journalisten aus aller Welt auf dem Rollfeld eingefunden. Ein letztes Mal steigt Honecker in seinem Leben eine Gangway hinab. Er grüßt, wie ein Staatsmann es gelernt hat.

## Ankunft in der Sonne

Es ist Sommer in Chile. Vom rechtlichen Standpunkt aus gesehen, ist Erich Honecker Tourist. Er besitzt ein Touristenvisum, das 90 Tage gültig ist, aber nach stillschweigender Übereinkunft mit den chilenischen Behörden immer wieder verlängert werden wird. Der sozialistische Regierungssprecher Enrique Corea läßt erkennen, daß Honecker so lange bleiben kann, wie er will. Der gestürzte Staatschef wendet sich dem Empfangskomitee zu und bedankt sich.»Die Worte, die Erich Honecker bei seiner Ankunft sprach, waren die eines Mannes, der sich aufrecht und tapfer hält«,[529] urteilt Luis Corvalán. Dann geht es auf direktem Weg in die Privatklinik Las Condes. Hier bezieht Honecker in der zweiten Etage ein Zimmer. Für seine Frau ist ein Raum auf demselben Gang reserviert. Beide verlassen die Klinik an diesem Tage nicht mehr. Honeckers persönlicher Arzt wird Dr. Miguel Puccio. Dessen Vater war einst der Sekretär von Salvador Allende. Nachdem Pinochet an die Macht gekommen war, erhielten auch die Puccios Asyl in der DDR.»Mit (der Mutter von Miguel Puccio) und seinem Bruder Osvaldo ... verband uns hier in Chile ein enges Verhältnis«,[530] sagt Margot Honecker.

Honecker wird in Chile nicht heimisch. Bekannte berichten, am schlimmsten sei für ihn das Heimweh nach Deutschland gewesen. Honecker spricht kein Spanisch, und ihm ist die Mentalität der Leute fremd. Mit Ausnahme der Familien Almeyda, Puccio sowie des ehemaligen KP-Generalsekretärs Luis Corvalán hat er kaum Freunde. Einmal besuchte er mit seiner Frau Hortensia Bussi, die Witwe Salvador Allendes. Als die DDR noch bestand, verbrachte Honecker seinen Urlaub kaum im Ausland, er mochte die Ostsee und die Schorfheide.

Die letzten Lebensmonate fern von Deutschland verbringen zu müssen, das macht ihm zu schaffen.

Am 17. April 1993 wird Margot Honecker 66 Jahre alt. Eine Woche später feiert sie ihren Geburtstag im Restaurant »Rincón de los Teatinos«. Über hundert Gäste sind gekommen. Es sind überwiegend politische Freunde, die während der Pinochet-Diktatur in der DDR Asyl gefunden hatten. Der Raum ist mit einer DDR-Fahne geschmückt. Erich Honecker zeigt sich das erste Mal nach seiner Ankunft in Chile öffentlich. Er bedauert den Untergang der DDR. Sie sei ein »gutes Projekt und in Wirklichkeit eine neue, gerechtere, vor allem sozialere Gesellschaft gewesen«[531], sagt er.

Rechtsanwalt Nicolas Becker besucht seinen ehemaligen Mandanten einige Zeit später und berichtet über dessen Lebensumstände:»Es ging ihm gesundheitlich schon sehr schlecht. Seine Unterbringung war keineswegs luxuriös, eher im Stil eines einfacheren Bahnwärterhäuschens. (Es) war Winter. Das Haus ließ sich schlecht heizen. Er litt unter der Kälte und trug unter dem Staatsratsvorsitzenden-Jackett einen dicken chilenischen Pullover mit eingestickten Lamas. Er war begierig auf Nachrichten aus Deutschland. Ich brachte ihm Kwizinskis Memoiren, und als ich mich zwei Tage später verabschiedete, hatte er alle ›Fehler‹ in dem Buch des sowjetischen Diplomaten bereits angestrichen.«[532] In einem Punkt bedürfen Beckers Erinnerungen einer Anmerkung. Es ist es untertrieben, Honeckers neues Zuhause mit einem »Bahnwärterhäuschen« zu vergleichen. Der ehemalige Staatsratsvorsitzende bewohnt in La Reina, einem Mittelklasseviertel im Osten von Santiago, eine Villa mit fünf Zimmern. Als Eigentümerin im Grundbuch ist Honeckers Tochter Sonja eingetragen. Sie selbst wohnt nur einen Steinwurf entfernt. Auf ihrem chilenischen Bankkonto gab es in letzter Zeit viel Bewegung. Es weist am 14. Januar den stolzen Kontostand von umgerechnet 247 638 US-Dollar auf. An dem Tag, als ihr Vater aus dem Gefängnis entlassen wurde, gingen die letzten 11 800 Dollar ein.[533]

Erich Honeckers neues Heim in der Calle Carlos Silva Vildosola gehört zur Siedlung »Condominio Andalue«. Die Anlage ist von außen nicht einsehbar. Hier wohnen besser verdienende Bankangestellte, Ingenieure oder Ärzte. Man leistet sich einen Pförtner. Eine VIP-Siedlung ist es dennoch nicht.

Im Schlafzimmer von Erich Honecker liegen eine Menge deutscher Zeitungen und Zeitschriften, außerdem gibt es Kabelfernsehen, so daß er einigermaßen auf dem laufenden bleibt.

## Die deutsche Justiz gibt nicht auf

In seiner abfälligen Meinung über das vereinigte Deutschland sieht er sich bestärkt. Im Februar 1993 legt Bundesinnenminister Rudolf Seiters den Jahresbericht des Bundesamtes für Verfassungsschutz vor. Die Zahlen offenbaren einen Anstieg rechter Gewalttaten und verzeichnen für das Jahr 1992 2 235 ausländerfeindliche Anschläge. Honecker wußte es ja schon immer: Die »böse Saat (geht auf), Pogrome, Mord

*Fern der Heimat: Auf einem Spaziergang in Santiago de Chile im April 1993.*

und Brandanschläge faschistischer Terrorbanden (sind) an der Tagesordnung.«[534] Er wird nicht mehr begreifen, daß die Saat für solche Gewalttaten auch in seiner DDR gelegt worden ist, die sich zwar den Antifaschismus auf die Fahnen geschrieben hatte, aber die Geschichte des Nationalsozialismus niemals ehrlich aufarbeitete. Interessiert zeigt sich Honecker auch an den Skandalen in der bundesdeutschen Politik. Im Mai 1993 muß der SPD-Vorsitzende und Kanzlerkandidat Björn Engholm zurücktreten. Er hatte im Zusammenhang mit der Barschel-Affaire im Jahre 1987 die Unwahrheit gesagt.

Kein Interesse hingegen hat Honecker an den neuen Justizquerelen, obwohl sie in direktem Zusammenhang mit seiner Person stehen. Nachdem Honecker dank der Entscheidung des Berliner Verfassungsgerichts aus der Untersuchungshaft entlassen worden war, schlugen die Wogen in Deutschland hoch. Zehn Personen, darunter acht bayerische CSU-Landtagsabgeordnete, stellten gegen die obersten Berliner Verfassungsrichter Strafanzeige wegen Rechtsbeugung und Strafvereitelung im Amt. Staatsrechtsprofessor Rupert Scholz (CDU) warf dem Verfassungsgericht vor, für das Verfahren gegen Honecker überhaupt nicht zuständig gewesen zu sein. Er demonstrierte damit Einigkeit mit der Berliner SPD-Justizsenatorin. Der sächsische Umweltminister Arnold Vaatz trat aus Protest gegen Honeckers Freilassung von seinem Amt als stellvertretender Vorsitzender der CDU-Grundsatzkommission zurück.

Die Staatsanwaltschaft leitet zwar kein Ermittlungsverfahren gegen die Verfassungsrichter ein, aber die Sache kam aus einem anderen Grund nicht zur Ruhe. Die Urteilschelte, die der Generalstaatsanwalt Berlins in trauter Gemeinsamkeit mit Jutta Limbach zu Papier gebracht hat, erregt die Gemüter.

Honeckers Anwälte tun ihr übriges, um die Berliner Justiz nun vorzuführen. Friedrich Wolff stellt Ende Januar 1993 Strafanzeige gegen Professor Peter Neuhaus und Justizsenatorin Jutta Limbach. Er bezieht sich auf das Gespräch, das Neuhaus im Dezember vergangenen Jahres mit Honecker über dessen Krebserkrankung geführt hat, und wirft dem Arzt und der Senatorin »die Verletzung von Privatgeheimnissen«[535] vor. Die Verteidiger der im Honecker-Prozeß verbliebenen Angeklagten Keßler, Streletz und Albrecht fordern indes, daß Honecker als Entlastungszeuge vernommen werden soll. Auch der Nebenklage-Vertreter verlangt die Rückkehr des ausgewanderten Angeklagten.

Der Vorsitzende Richter Boß teilt schließlich mit, bei der Einstellung des Prozesses gegen Honecker habe es einen Formfehler gegeben, da sie außerhalb der Hauptverhandlung geschehen sei. Honecker möge deshalb am 8. Februar 1993, 9.30 Uhr, erneut im Kriminalgericht Berlin-Moabit erscheinen. Das Schreiben schließt:»Für den Fall, daß Sie zu diesem Termin nicht erscheinen sollten und die Kammer Ihr Ausbleiben als eigenmächtig ansehen würde, bestünde die Möglichkeit einer Fortsetzung der Hauptverhandlung in Ihrer Abwesenheit bzw. des Erlasses eines erneuten Haftbefehls.«[536] So richtig ernst nimmt dieses Ansinnen wohl keiner mehr. Honeckers Anwälte legen ein Attest der Las-Condes-Klinik aus Santiago vor. Der Zustand von Erich Honecker habe sich weiter verschlechtert, heißt es da kurz und knapp. Zum neuen Verhandlungstermin, so wird verlautet, kann er nicht anreisen. Am 13. April 1993 werden schließlich der Prozeß gegen Honecker sowie sämtliche noch anhängigen Ermittlungsverfahren gegen ihn eingestellt. Die bundesdeutsche Justiz ist an der Aufgabe gescheitert, mit dem Strafgesetzbuch über die Geschichte des zweiten deutschen Staates richten zu wollen. Den Opfern des Honecker-Regimes widerfährt in dieser Hinsicht kaum Gerechtigkeit. Den einzigen Prozeß, den Honecker (und nach dessen Tod seine Frau) nicht gewinnt, ist das Verfahren um die Rückgabe des 1989 beschlagnahmten Honecker-Vermögens. Im Sommer 1999 lehnt das Berliner Verwaltungsgericht eine Klage von Margot Honecker auf Herausgabe von ca. 117 000 DM ab. Das Vermögen sei 1989 rechtmäßig eingezogen worden, denn Honecker habe sein Sparguthaben unter »Mißbrauch gesellschaftlicher und staatlicher Befugnisse zum Nachteil des Gemeinwohls erlangt«[537]. Lediglich 12 630 DM Rente, die nach der »Wende« versehentlich auf das Sperrkonto gelangt waren, müssen Margot Honecker ausgehändigt werden.

Dafür bekam die Familie beschlagnahmte Gegenstände zurück. Nach der endgültigen Einstellung des Verfahrens gegen den früheren Staatsratsvorsitzenden der DDR holen Manfred Feist und Hans Wauer Gegenstände aus Honeckers Besitz bei der Polizei ab. Darunter befinden sich nach Angaben Wauers alle möglichen Dinge:»Pelzmützen, Schnapsgläser, Unterhosen. Die ›Modrow-Büttel‹ hatten diese sinnlose Beschlagnahmeaktion während des damaligen Ermittlungsverfahrens durchgeführt«, schimpft er.»Ein Hauptkommissar aus Westberlin sagte (zu ihm): ›Wir haben diesen Müll nur eingelagert.‹«[538]

*Die Krankheit schreitet fort*

Gleich die erste medizinische Untersuchung, die Honecker in Chile über sich ergehen lassen muß bestätigt die Berliner Befunde. Der Tumor an der Leber hat während der Haft zugenommen. Im Juli 1993 sagt sein behandelnder Arzt Miguel Puccio, daß Erich Honecker nicht mehr lange zu leben habe. Es können Tage oder Wochen sein, »aber das ist schwer oder gar nicht vorauszusagen«[539]. Seit März sei der Tumor auf 14 Zentimeter Durchmesser gewachsen und fast schon so groß wie das gesamte Organ. Die Geschwulst konsumiere viel Blut. Honecker bekäme Transfusionen gegen die Blutarmut und Mittel gegen Bluthochdruck. Unter großen Schmerzen leide der Patient nicht, aber unter Schwächeanfällen, Herzbeschwerden, Anämie und Depressionen. Eine Operation lehnt Honecker ab. Er will seine Ruhe haben.

Wenn er nicht zu einer Behandlung muß, verläßt er sein Haus in La Reina täglich gegen 10.00 Uhr. Anwohner berichten, wie er mit Greisenschritten immer wieder den gleichen Weg nimmt, einmal rechts um den Block herum, bis zu einer Bank auf der Plaza Reina Alta, wo er sich ausruht. Für die meisten Passanten »blieb er nur eine der Rentnergestalten, die auf Parkbänken sitzen und manchmal mit sich selber sprechen. Er erinnerte sie an nichts und niemanden, am allerwenigsten an einen Diktator. Denn ein Diktator ist für die Chilenen etwas Überlebensgroßes, ein Monstrum in einer weißen Generalsuniform und kein kleiner sprachloser Mann, dessen Frau für ihn das Essen aufwärmt.«[540]

Manchmal noch denken seine alten Genossen in Deutschland an ihn. So etwa am 7. Oktober 1993. Die DDR wäre an diesem Tag 44 Jahre alt geworden. In Ostberlin versammeln sich im ehemaligen FDJ-Zentralratsgebäude einige verbliebene Honecker-Fans. Michael Koth, Hans Wauer, auch Karl-Eduard von Schnitzler mit Ehefrau Martha gehören dazu. Ihre DDR mißt heute 47 Quadratmeter. Der Raum hängt voller Devotionalien, und man wartet. Schließlich steht nichts Geringeres auf dem Programm als ein Telefonat mit Erich Honecker im fernen Chile. Ein »Stern«-Reporter hat sich in die Runde eingeschlichen. Er berichtet: »Die Einwohner der Mini-DDR sind bieder gekleidet, trinken Bier und Brause. Viele Männer tragen – es lebe die Selbstironie – kleine rote Wollsocken am Revers ... Michael Koth wählt Santiago an. Die Verbindung ist gut. Margot Honecker formuliert ein leises ›Hallo‹ in den Hörer, Sekunden später eine andere Stimme. Noch schwächer, noch mürber, noch ängstlicher, ›Hallo Michael‹, – ›Hallo Erich, hier ist der FDJ-Zentralrat in Berlin und die Veranstaltung zum 44. Jahrestag.‹ Stille, langes Schweigen. Nur langsam wollen sich im fernen Chile offenbar die Gedanken zu einem Satz der Güte-Klasse Honecker formen. ›In dieser Zeit gibt es sehr viele Fragen, die Gegenwart und Zukunft betreffen, und ich freue mich, daß ihr euch alle an meiner früheren Arbeits- und Kampfstelle zusammengefunden habt.‹«[541] Honecker klingt müde. Es ist für alle ein deprimierender Augenblick.

## Moabiter Notizen aus Chile

In der deutschen Presse kursieren seit Mitte 1993 in regelmäßigen Abständen Gerüchte über Honeckers augenblicklichen Gesundheitszustand. Niemand weiß etwas Genaues, aber zugeben wollen dies die Medien nicht. Der »Spiegel« will im August 1993 wissen, daß Honecker unter Magenschmerzen leide und nur noch »sehr wenig und unregelmäßig ißt. Am Mittwoch vergangener Woche blieb er den ganzen Tag über im Bett. Er versucht weiter, seine Memoiren zu schreiben, hat allerdings kaum noch die Kraft, sich selbst an den Computer zu setzen. Honecker diktiert seiner Ehefrau Margot den Text.«[542] Doch Erich Honecker hat in Chile keine Lust mehr zum Arbeiten. Im Moabiter Gefängnis redigierte er noch Statuten für die KPD. Vize-Parteichef Wauer schickt ihm auch nach Chile Parteiunterlagen und spricht ihm Mut zu. Erich Honecker antwortet: »Gefreut haben Margot und ich uns über die verschiedenen Materialien. Damit sprecht ihr die Interessen der verschiedensten Schichten an und das ist für die Entwicklung einer Breitenarbeit sehr gut und wichtig.« Doch seine Zeilen klingen resigniert und müde: »Für die ›Trotz alledem‹-Grüße … möchte ich herzlich danken … Zugleich wünsche ich Euch Erfolg in Eurer Arbeit, die sicher mit der Zeit Früchte tragen wird.«[543] Honecker weiß, daß sein Ende kurz bevorsteht.

Seine »Memoiren«, über deren Entstehen der »Spiegel« berichtete, kauft im Mai 1994 der Berliner Verlag »edition ost«. Sie erscheinen unter dem Titel »Moabiter Notizen«. Auf dem Buchumschlag heißt es: »Die Zeilen entstanden hinter Gittern, als ihm in Berlin der Prozeß gemacht wurde. Im chilenischen Exil wurden sie ergänzt und autorisiert.«[544] Honecker stirbt wenige Tage nach Abschluß des Verlags-

185

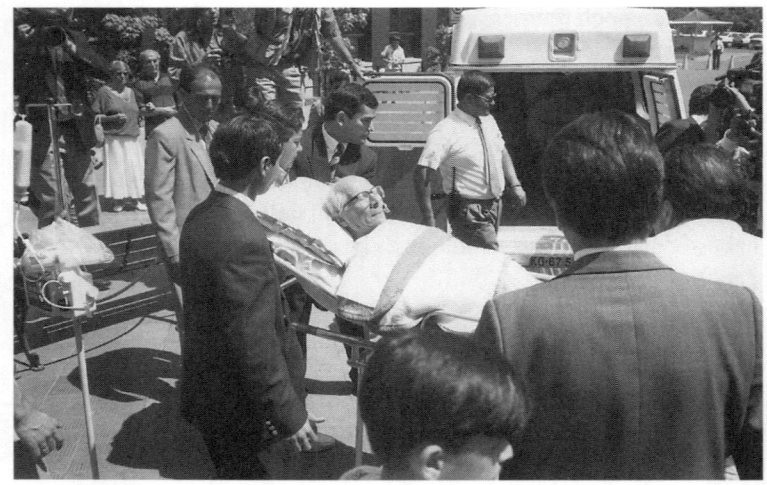

*Das Ende: Erich Honecker verläßt am 11. Dezember 1993 das Santiagoer Krankenhaus auf der Trage.*

vertrages. Sein Tod wird zur besten Werbung für den Verlag und das Buch zum Bestseller. Neue Einsichten bietet es nicht. Auf 80 Seiten kann man noch einmal nachlesen, daß Gorbatschow die DDR verraten hat, Krenz, Modrow, Tisch und Wolf nichts taugen, daß die Bundesrepublik jetzt einen Rachefeldzug fährt, daß die DDR »dank des Fleißes der Arbeiter, Bauern und Wissenschaftler« in der Lage war, ihre Bürger zu ernähren oder daß die DDR angetreten war, um »elementare Menschenrechte im Leben und nicht nur auf dem Papier zu verwirklichen«[545]. Man findet in dem Buch viel DDR-Nostalgie und viele Daten aus statistischen Jahrbüchern der DDR. Es zeichnet ein Gemälde sozialistischen Zeitgeistes aus Funktionärssicht. Der Rest der »Moabiter Notizen« besteht aus Protokollen über Gespräche, die Honecker einst mit westdeutschen Politikern führte.

Zwei Dinge sind ziemlich sicher: Das Buch entstand nicht in Moabit, und es stammt nicht nur aus der Feder von Erich Honecker. Vielmehr wurde das Manuskript in der Dingelstädter Straße in Berlin getippt – im Haus von Hans Wauer, welches der KPD gleichzeitig als Parteibüro dient. Wauers Frau Marianne saß an der Schreibmaschine. Hans Wauer sagt vorsichtig, daß Honeckers Schwager Manfred Feist die Erstschrift überarbeitet habe. Doch der Anteil von Margot Honeckers Bruder und Erich Honeckers notariell ernannten Generalbevollmächtigten dürfte wesentlich größer gewesen sein. Die Korrekturen erledigte Margot Honecker in Chile. Die Art und Weise, wie sie das tat, beweist, daß das Manuskript keinesfalls von Honecker in Moabit geschrieben wurde. Der Verfasser bezieht sich in der Urfassung beispielsweise auf die Wahlfälschungsprozesse, die im Frühjahr 1993 in Dresden stattfanden. Margot Honecker erkennt den Fehler und notiert handschriftlich:»Streichung … Die Prozesse fanden zum Zeitpunkt des Geschriebenen noch nicht statt.«[546] Ein paar Seiten weiter ein ähnlicher Lapsus des Ghostwriters. Er spricht über die Entwicklung Deutschlands »vier Jahre nach der Annexion« der DDR durch die Bundesrepublik. Margot Honecker vermerkt:»4 Jahre war damals noch nicht.«[547] An einer anderen Stelle kann man im Originalmanuskript lesen, daß die DDR für das von Gorbatschow erdachte europäische Haus geopfert worden sei. Margot Honecker notiert:»gestrichen … vielleicht zuviel der ›Ehre‹, daß er es erdacht hat, oder?«[548] Der erste Teil des Vorwortes stammt von Margot Honecker selbst. Sie ergänzt die Originalfassung ihres Bruders wie folgt:»Es drängt mich bestimmte Dinge, die mir noch gut in Erinnerung sind, und eine Reihe von Fragen, die mich tief bewegen, niederzuschreiben, meine Gedanken zu bestimmten Ereignissen zu formulieren, hier im Gefängnis Berlin Moabit … Was damit geschehen soll, ob ich es noch schaffe, diese meine Gedanken geordnet niederzuschreiben, ist mir heute noch nicht klar.«[549] Als Margot Honecker diesen Text in Chile schrieb, lag ihr Mann im Sterben. Die Endfassung des Buches, einschließlich aller von Margot gemachten Änderungen, autorisierte er mit seinem berühmten »EH«.

## Das Ende

Luis Corvalán berichtet über die letzten Begegnungen, die er mit seinem alten Kampfgefährten Honecker in Santiago hatte:»Ich habe ihn nie niedergeschlagen erlebt wegen seiner Krankheit, von der er genau wußte, daß sie tödlich war …«[550] Doch Erich Honecker hat resigniert. Der Zusammenbruch kommt Anfang Dezember 1993. Der 81jährige muß mit einem Rettungswagen in die Klinik gebracht werden. Er ist bewußtlos. Im Krankenhaus erhält er erneut eine Bluttransfusion. Außerdem wird ihm ein Herzschrittmacher eingesetzt. Honecker wird wieder entlassen, doch nun fühlt er das Ende kommen. »Trotz der intensiven ärztlichen Pflege war Erichs Krankheit nicht aufzuhalten«,[551] sagt seine Frau. Eine erneute Operation lehnt er ab. Die »Bild«-Zeitung recherchiert beinahe genüßlich die letzten Tage der »Mauer-Bestie«[552]: »Er hustet Blut. Blut ist auch in seinem Urin. Der quittegelbe Mann im Bett wiegt nur noch 40 Kilo. Ein Heizstrahler wärmt auf höchster Stufe. Honecker friert. Seine Knochenhand tastet nach seiner Frau Margot. Leberkrebs! Ein zuletzt 16 cm großer Tumor fraß Honeckers gesunde Zellen auf. Er hatte gräßliche Schmerzen.«[553]

Am 29. Mai 1994, um 8.30 Uhr Ortszeit, verstirbt der ehemalige Staats- und Parteichef der DDR in Santiago de Chile. Er wird auf dem Zentralfriedhof von Santiago unter einem Christusbild aufgebahrt. Das Kruzifix auf dem Sarg bedeckt eine DDR-Fahne. Die Trauergemeinde singt die »Internationale«. Dann wird Erich Honecker 100 Meter weit zum Krematorium getragen und eingeäschert.

Sechs Wochen später fällen die Karlsruher Verfassungsrichter über die Beschwerde des ZDF gegen das Drehverbot beim Honecker-Prozeß ihr Urteil: Der DDR-Staats- und Parteichef a. D. darf nun doch im Sitzungssaal gefilmt werden.

## Weder Neunkirchen noch Berlin

»Ich will einmal im Saarland an der Seite meiner Mutter beerdigt werden.«[554] Das vertraute Erich Honecker im Januar 1990 seinem Arzt an. Hans Wauer sagt, Honecker wäre auch gern in der Gedenkstätte der Sozialisten in Berlin beerdigt worden.

Keiner dieser Wünsche hat sich erfüllt. Seine Frau Margot stellte bis heute weder in Honeckers Geburtsstadt Neunkirchen noch auf dem für die Gedenkstätte zuständigen Berliner Bezirksamt Lichtenberg einen Bestattungsantrag.[555] Erich Honeckers Urne befindet sich bei ihr in Chile. Dort gibt es keine Bestattungspflicht.

*Trauerfeier auf dem Sozialistenfriedhof in Berlin-Friedrichsfelde.*

# Nachwort

Wenn Diktaturen durch Demokratien abgelöst werden, kommen die Täter davon. Das gilt für Italien nach Mussolini, für Portugal nach Salazar, für Spanien nach Franco oder für Japan nach 1945. Begründet durch die besondere Dimension Auschwitz, setzte lediglich das Nürnberger Statut zur Führung der Hauptkriegsverbrecherprozesse ein rückwirkendes Recht.

Ansonsten waren Rechtsstaaten immer dann hilflos, wenn ein gesamter Staat verbrecherisch funktionierte. Dies wird auch am Schicksal der kommunistischen Führer ersichtlich, die ihre Völker hinter dem Eisernen Vorhang diktatorisch regierten und deren Macht 1989 durch eine europäische Freiheitsrevolution beseitigt wurde. Der sowjetische Staats- und Parteichef Michail Gorbatschow, der mit »Perestroika« Weltgeschichte schrieb, wurde Ende 1991 gleichsam sein eigenes Opfer. Die Sowjetunion brach auseinander, und er verlor sämtliche politischen Ämter.

Die Machthaber in den ehemaligen »Bruderstaaten« der Sowjetunion leben heute entweder in Freiheit oder starben – mit Ausnahme des Rumänen Nicolae Ceauşescu – mehr oder weniger unbehelligt einen friedlichen Tod in ihrer Heimat.

Erich Honecker war seine letzten Lebensjahre auf der Flucht. Es wurde ihm leicht gemacht, sich als Märtyrer zu inszenieren. Der »Fall Honecker« wurde zum Politikum, da der Staat, den Honecker 16 Jahre lang beherrschte, nicht mehr existierte. Als der ehemalige DDR-Staats- und Parteichef im Mai 1994 starb, schrieb sein früherer Politbürokollege Günter Schabowski: »In den (letzten) Monaten und Jahren geht bei Honecker der physische Verfall mit dem Nachwachsen des lädierten Bewußtseinspanzers einher. Den arthritischen Arm gereckt, die Hand zur Faust geballt – die Bilder aus dem Berliner Gerichtssaal und beim Verlassen der chilenischen Botschaft in Moskau haben zeitlosen

Symbolwert –, stilisiert sich Honecker mit neuem Selbstbewußtsein zur Galionsfigur der Unbelehrbaren, von keinen Gewissenszweifeln geplagt, mit eiserner Stirn die Opfer seiner Politik leugnend ... Seine Welt ist nicht untergegangen. Er hat sie um sich herum wiedererrichtet.«[555]

In den vergangenen Jahren wurde viel darüber diskutiert, inwiefern die bundesdeutsche Justiz in der Lage ist, über Staatsverbrechen der DDR zu richten. Darüber geriet jedoch in Vergessenheit, daß den Stein der Ermittlungen gegen Honecker dessen eigene Genossen ins Rollen brachten. Kurz nach dessen Sturz ermittelte die Staatssicherheit (!) gegen ihn, der Generalstaatsanwalt der DDR übernahm deren Ermittlungsergebnisse nach der Auflösung des »Amtes für Nationale Sicherheit« im Januar 1990. Das eifrige Bemühen der damaligen SED-PDS, Erich Honecker zum Kriminellen zu stempeln, erschwerte letztlich eine objektive juristische und historische Aufarbeitung von Honeckers Politik, da seine Ankläger nichts anderes im Sinn hatten, als sich von eigener Schuld reinzuwaschen.

Die gesamtdeutsche Justiz wollte den Opfern des DDR-Regimes gegenüber Gerechtigkeit walten lassen. Sie stellte Erich Honecker vor Gericht. Honeckers Regime hatte einem Großteil ihrer Bürger eine Existenz oktroyiert, die diese nicht wollten. Es blieb an der Herrschaft, weil es unter dem Schutz der Sowjetunion stand, sich aus dem Arsenal totalitärer Machtmittel bediente und diese rücksichtslos anwandte. Dazu gehörten psychischer und physischer Terror, demagogische Massenpropaganda und die Gleichschaltung aller gesellschaftlichen Bereiche ebenso wie eine allmächtige Staatssicherheit.

Doch mit dem bundesdeutschen Strafgesetzbuch läßt sich dieses halbe Jahrhundert Weltgeschichte nicht aufarbeiten. Der einzige Prozeß, der gegen Honecker & Genossen Sinn gemacht hätte, wäre ein wirklich politischer Prozeß gewesen, in dem die Schuld seiner Führung für begangene Staatsverbrechen sowie deren historische Verantwortung hätten zur Sprache kommen können. Honecker und die SED hatten in erster Linie nicht irgendeine Rechtsordnung gebrochen, sondern ein zum Teil kriminelles Rechtswesen geschaffen, das als solches selbst vor Gericht gehört hätte. Mit den Paragraphen des Strafgesetzbuches läßt sich weder ein politischer Prozeß führen noch ein gerechtes Urteil fällen, dieses Urteil muß die Geschichte sprechen.

# Anhang

## Anmerkungen

1 Neues Deutschland, 30. Mai 1994.
2 Zit. nach Krenz, Egon: Herbst '89, Berlin 1999, S. 114.
3 SAPMO-BArch, DE 1/56321, Bl. 188. Bei dem Archiv-Fund handelt es sich um undatierte und nicht signierte handschriftliche Notizen. Gerhard Schürer bestätigte dem Autor gegenüber, daß er der Verfasser ist. Schürer erinnert sich, den Plan nach dem 13. Oktober 1989 zu Papier gebracht zu haben.
4 SAPMO-BArch, DE 1/56321, Bl. 188 ff. Handschriftliche Notizen Gerhard Schürers.
5 Schreiben Günter Schabowskis vom 16. Februar 2001 an den Autor (Privatarchiv des Autors).
6 Schabowski, Günter: Das Politbüro. Ende eines Mythos. Eine Befragung von Sieren, Frank/Koehne, Ludwig (Hrsg.), Reinbek bei Hamburg, 1990, S. 99.
7 Interview des Autors mit Roland Wötzel.
8 Hertle, Hans-Hermann/Pirker, Theo/Weinert, Rainer: Der Honecker muß weg! Protokoll eines Gespräches mit Günter Schabowski am 24. April 1990 in Berlin/West, Berlin 1990, S. 21.
9 Zit. nach Krenz: Herbst '89, S. 115; Modrow bat Honecker in dem Telefonat um einen Termin für Freitag jener Woche. Nach eigenen Angaben hatte er kein Vertrauen, daß Krenz den Generalsekretär an jenem Tag wirklich stürzen würde. Hans Modrow wollte Honecker deshalb persönlich davon überzeugen, daß ein Rücktritt in der gegenwärtigen Situation das beste sei (Interview des Autors mit Hans Modrow).
10 Edwin Schwertner bestätigte gegenüber dem Autor, daß er auch die nachfolgenden Politbürositzungen wie sonst üblich protokolliert hat. Die Unterlagen sind aber nicht mehr auffindbar. Es existieren lediglich handschriftliche Notizen und Erinnerungen: Gerhard Schürer machte sich während der Politbürositzung Notizen, die den Verlauf der Tagung nachvollziehbar machen (SAPMO-BArch, DE 1/56321, Bl. 188 ff.). Auch Egon Krenz notierte seine Eindrücke von der Sitzung (SAPMO-BArch, DY 30/IV 2/2 039/345, Bl. 81, Notizen zur Politbürositzung am 17. 10. 1989).
11 Am 4. Juni 1989 hatte die chinesische Armee mit Waffengewalt eine Demonstration auf dem Tian'amen in Peking beendet. Die offiziellen Angaben über die Opfer: 300 Tote, 2 000 verletzte »gesetzlose Gewalttäter« und 5 000 verletzte

192

Soldaten. Ausländische Quellen sprachen von über 2 600 Toten und 30 000 Verletzten.

12 Zitate nach Krenz: Herbst '89, S. 116.
13 Inge Lange berichtete Heinz Keßler nach dessen Rückkehr von seiner Dienstreise über den Verlauf der Politbürositzung. Vgl. Keßler, Heinz: Zur Sache und zur Person, Erinnerungen, Berlin 1996, S. 273.
14 Schabowski, Günter: Der Absturz, Berlin 1991, S. 268.
15 Horst Sindermann über Willi Stoph; Vgl. Kirschey, Peter: Wandlitz Waldsiedlung – die geschlossene Gesellschaft, Berlin 1990, S. 27 ff.
16 Andert, Reinhold/Herzberg, Wolfgang: Der Sturz. Erich Honecker im Kreuzverhör, Berlin/Weimar 1990, S. 36.
17 Ebenda, S. 30.
18 Zit. nach Schabowski: Der Absturz, S. 268.
19 SAPMO-BArch, DE 1/56321, Bl. 197 ff. Handschriftliche Notizen über den Verlauf der Politbürositzung vom 17. 10. 1989 von Gerhard Schürer.
20 Eberlein, Werner: Begegnungen, Berlin 1999, S. 73.
21 Andert/Herzberg: Der Sturz, S. 31.
22 Schabowski: Das Politbüro, S. 105.
23 Im April 1987 verglich Hager die Perestroika mit dem Tapezieren einer Wohnung und fragte rhetorisch, ob »man seine Wohnung ebenfalls neu tapezieren« müsse, wenn der Nachbar dies tue. Vgl. Schröder, Klaus: Der SED-Staat, Geschichte und Strukturen der DDR, München 1998, S. 292.
24 Hager, Kurt: Erinnerungen, Leipzig 1996, S. 435.
25 Schwan, Heribert: Erich Mielke, München 1997, S. 276.
26 Schabowski: Das Politbüro, S. 106.
27 Offiziell besaßen die Kandidaten des Politbüros jedoch kein Stimmrecht.
28 Andert/Herzberg: Der Sturz, S. 32.
29 Laut Parteistatut war das Zentralkomitee das höchste Organ der SED zwischen den Parteitagen. Das klingt rein formal bedeutungsvoll, faktisch hatte das Gremium aber nur die Funktion eines Beratungsorgans ohne wirkliche politische Entscheidungsbefugnisse. Die Rolle der Zentralkomitees war in allen kommunistischen Ländern gleichermaßen beschnitten. Die Politik bestimmten die allmächtigen Politbüros und deren Erste bzw. Generalsekretäre.
30 SAPMO-BArch, DE 1/56321, Bl. 211. Handschriftliche Notizen vom 17. 10. 1989 von Gerhard Schürer.
31 Ebenda.
32 Ash, Timothy Garton: 1989 – Ein Jahrhundert wird abgewählt, in: Kühnhard, Ludger: Revolutionszeiten, München 1995, S. 218.
33 Kádár übernahm das neu geschaffene Amt eines Vorsitzenden des USAP, das mehr oder weniger einem Ehrenvorsitz entsprach. Im Mai 1989 wurde er davon aus gesundheitlichen Gründen entbunden. Er starb am 6. Juni 1989.
34 Genscher, Hans-Dietrich: Erinnerungen, Berlin 1999, S. 253.
35 Erich Honecker am 11. Oktober 1989 auf einer Beratung mit Spitzenfunktionären des MfS (BStU, MfS-Sekr. Neiber, Nr. 297, Bl. 213).
36 SAPMO-BArch, DE 1/56321, Bl. 208. Handschriftliche Notizen vom 17. 10. 1989 von Gerhard Schürer.
37 Erinnerungsprotokoll von Gerhard Schürer (Privatarchiv des Autors).

38 Mallmann, Klaus-Michael: Kommunisten in der Weimarer Republik, Sozialgeschichte einer revolutionären Bewegung, Darmstadt 1996, S. 191.

39 Honecker erklärte 1974: »Bei der Gestaltung der entwickelten sozialistischen Gesellschaft in der DDR wächst die führende Rolle der Partei. Es ist schon heute so, daß kein Problem von Bedeutung ohne die tatkräftige politisch-ideologische und organisatorische Arbeit unserer Partei gelöst werden kann. Zur wachsenden Rolle unserer Partei im gesellschaftlichen Leben gibt es keine Alternative.« In: Neuer Weg, 29/1974, S. 199.

40 Fricke, Karl Wilhelm: Der Wahrheit verpflichtet, Berlin 2000, S. 250.

41 Zit. nach Przybylski, Peter: Tatort Politbüro, Band 2: Honecker, Mittag und Schalck-Golodkowski, Berlin 1992, S. 15.

42 Zu den persönlichen Mitarbeitern Erich Honeckers gehörten neben der Chefsekretärin Elli Kelm Siegfried Otto (Sicherheitsfragen, Personenschutz), Hubert Ruhmke (Bearbeitung von Eingaben), Frank-Joachim Herrmann (Referent, Redenschreiber), Joachim Wolff (verschiedene politische Fragen) und Ilse Buhl (Sekretärin, Büroablage).

43 Andert/Herzberg: Der Sturz, S. 32.

44 Ebenda, S. 33.

45 Vgl. Przybylski: Tatort Politbüro, Band 2, S. 16.

46 DDR-Deutsch für »Personalpolitik«.

47 SAPMO-BArch, DY 30/IV 2/2 039/342, Bl. 83. Hausmitteilung von Horst Dohlus an Erich Honecker vom 17. Oktober 1989.

48 Krenz: Wenn Mauern fallen, S. 145.

49 Zit. nach Krenz: Herbst '89, S. 119.

50 SAPMO-BArch, DY 30/IV 2/1/703, Bl. 7 (Tagungen des ZK).

51 Andert/Herzberg: Der Sturz, S. 33.

52 Ebenda, S. 36.

53 SAPMO-BArch, DY 30/IV 2/2 039/342, Bl. 76. Büro Krenz, Entwurf von Egon Krenz für eine Erklärung des Politbüros.

54 SAPMO-BArch, DY 30/IV 2/2 039/342, Bl. 76. Büro Krenz, Hausmitteilung von Egon Krenz an Erich Honecker vom 4. Oktober 1989.

55 Interview des Autors mit Edwin Schwertner, 18. 10. 2000. Von Honecker mit dem Vorwurf konfrontiert, Schwertner habe die Unterlagen ohne Erlaubnis versandt, erwiderte der Politbüro-Büroleiter, er hätte geglaubt, die Ausarbeitung gehöre zu den Unterlagen in Zusammenhang mit der Auswertung des 40. Jahrestages der DDR.

56 SAPMO-BArch, DY 30/DE 1/638, Bl. 9. Schreiben des Zentralrates der FDJ an Erich Honecker vom 9. Oktober 1989.

57 Zitate von der Politbüro-Sitzung am 10./11. Oktober 1989 in: SAPMO-BArch, DE 1 56321, Bl. 70 ff. (Handschriftliche Notizen Gerhard Schürers).

58 Herrmann: Der Sekretär, S. 47.

59 Neues Deutschland, 12. Oktober 1989.

60 Neues Deutschland, 2. Oktober 1989.

61 SAPMO-BArch, DE 1 56321, Bl. 98 (Handschriftliche Notizen Gerhard Schürers).

62 Interview des Autors mit Edwin Schwertner.

63 SAPMO-BArch, DY 30/IV 2/2 039/345, Bl. 111. Büro Krenz, Schreiben von Eberhard Aurich an Erich Honecker vom 12. Oktober 1989.

64 Ebenda, Bl. 113. Büro Krenz, Schreiben von Eberhard Aurich an Egon Krenz vom 12. Oktober 1989.

65 Erich Honecker am 11. Oktober 1989 auf einer Beratung mit Spitzenfunktionären des Ministeriums für Staatssicherheit. (BStU, MfS-Sekr. Neiber, Nr. 297, Bl. 215).

66 BILD, Ausgabe Berlin, 13. Oktober 1989. Zit. nach Hertle, Hans-Hermann/Stephan, Gerd-Rüdiger (Hrsg.): Das Ende der SED. Die letzten Tage des Zentralkomitees, Berlin 1999, S. 50.

67 BStU, MfS-Sekr. Mittig, Nr. 43, Bl. 12 (Dr. Hannelore Banaschak war Chefärztin für Anästhesie am Regierungskrankenhaus, Dr. Helmut Wolff war Chirurgie-Professor an der Charité).

68 Zit. nach Krenz: Herbst '89, S. 103.

69 Schabowski: Das Politbüro, S. 97.

70 SAPMO-BArch, DY 30 Büro Honecker 2121, Bl. 53–61 (Handschriftliche Aufzeichnungen Erich Honeckers in Vorbereitung auf die Politbürositzungen am 10./11. Oktober 1989 und am 17./18. Oktober 1989).

71 Modrow, Hans: Aufbruch und Ende, Hamburg 1991, S. 20.

72 Interview des Autors mit Roland Wötzel.

73 Andert/Herzberg: Der Sturz, S. 55.

74 Schabowski: Das Politbüro, S. 107.

75 Krenz: Herbst '89, S. 119.

76 Herrmann: Der Sekretär, S. 18. In seinem 1996 veröffentlichten Buch behauptet Frank-Joachim Herrmann, am Vortag nichts vom Honecker-Sturz erfahren zu haben. Ob diese Behauptung wahr ist, bleibt dahingestellt. Schließlich gehörte Herrmann selbst dem Zentralkomitee an und hatte, wie alle anderen Mitglieder auch, das Telegramm mit der seltsamen Einladung für den 18. Oktober 1989 bekommen. Soll der Mann, der über 20 Jahre für Honecker gearbeitet hat, sich daraufhin wirklich nicht informiert haben, was auf der Politbürositzung vom 17. Oktober vorgefallen war? Möglicherweise wollte der ehemalige Honecker-Referent eine Angabe dazu vermeiden, wer ihn vom Sturz seines Chefs unterrichtet hat. Schließlich bemüht sich Herrmann in seinem Buch in beinahe vorbildlicher Weise, um keinen Preis in den Ruf einer »Klatschbase« zu gelangen. Gegenüber dem Autor war Herrmann zu keinen ergänzenden Auskünften bereit.

77 Krenz: Herbst '89, S. 125.

78 Neues Deutschland, 19. Oktober 1989.

79 Ebenda.

80 Der maschinegeschriebene Text »sollte ein Genosse vorgeschlagen werden« ist durchgestrichen. Handschriftlich wurde geändert: »sollte Egon Krenz vorgeschlagen werden« (SAPMO-BArch, DY 30/IV 2/1/703, BL. 13).

81 Ebenda; vgl. auch Neues Deutschland, 19. Oktober 1989.

82 Vgl. Günter Schabowski zum Tod Erich Honeckers, in: Der Spiegel, 23/1994, S. 36; vgl. auch Schabowski: Das Politbüro, S. 108.

83 Krenz: Herbst '89, S. 126.

84 Interview des Autors mit Edwin Schwertner.

85 Andert/Herzberg: Der Sturz, S. 33.

86 Interwiew des Autors mit Hans Modrow.

87 Laut Günter Schabowski war Margot Honecker »hundertprozentig nicht anwesend« (Interview des Autors mit Günter Schabowski).

88  SAPMO-BArch, DY 30/IV 2/1/703, Bl. 3 (Tagungen des ZK).

89  Ebenda, Bl. 4 (Tagungen des ZK).

90  Ebenda.

91  Zit. nach Gysi, Gregor/Falkner, Thomas: Sturm aufs große Haus. Der Untergang der SED, Berlin 1990, S. 24.

92  In einem Brief an den damaligen sowjetischen Staats- und Parteichef Leonid Breschnew schwärzten Honecker, Hager, Sindermann, Mittag, Stoph u. a. Walter Ulbricht im Januar 1971 an. Sie plauderten aus, daß sich Ulbricht von dem »Gefühl seiner Unfehlbarkeit« leiten lasse und warfen ihrem Förderer unrealistische ökonomische Zielstellungen sowie die Preisgabe des proletarischen Internationalismus vor. Vgl. Podewin, Norbert: Walter Ulbricht. Eine Biographie, Berlin 1995, S. 449.

93  Ebenda, S. 456.

94  Honecker, Erich: Aus meinem Leben, Berlin 1980, S. 241.

95  Andert/Herzberg: Der Sturz, S. 273.

96  Interview des Autors mit Roland Wötzel.

97  Protokoll der 9. Tagung des ZK der SED; Zit. nach Hertle/Stephan; Das Ende der SED, S. 105.

98  Neues Deutschland, 19. Oktober 1989.

99  Reinhard Schult vom Neuen Forum in: taz, 19. Oktober 1989.

100  taz, 19. Oktober und 18. November 1989.

101  SAPMO-BArch, DY 30/IV 2/2 039/88, Bl. 60 (Büro Egon Krenz).

102  BStU, MfS-Sekr. Mittig, Nr. 43, Bl. 54.

103  taz, 19. Oktober 1989.

104  Junge Welt, 21./22. Oktober 1989.

105  Bahrmann, Hannes/Links, Christoph: Chronik der Wende. Die DDR zwischen 7. Oktober und 18. Dezember 1989, Berlin 1999, S. 43.

106  Heute: Augustusplatz.

107  SAPMO-BArch, DY 30/IV 2/2 039/342, Bl. 110. Büro Krenz, Öffentlicher Aufruf an die Abgeordneten der Volkskammer. Egon Krenz wurde das Schreiben von einem Mitarbeiter mit folgender Bemerkung vorgelegt:»Lieber Egon! Leider muß ich Dich von beiliegendem Pamphlet unterrichten, das von der Kunsthochschule Berlin-Weißensee mit der Unterschrift des Rektors, Prof. Rudolf Grüttner, in Umlauf gesetzt wurde ... Da es sich bei Rudolf Grüttner um ein Mitglied der Bezirksleitung der Partei handelt, halten wir ein Parteiverfahren gegen ihn für unumgänglich.« (SAPMO-BArch, DY 30/IV 2/2 039/342, Bl. 109).

108  Auf der Sitzung der Volkskammer wurde auch Günter Mittag von seinen Funktionen als stellvertretender Vorsitzender des Staatsrates und Vorsitzender des Ausschusses für Industrie, Bauwesen und Verkehr entbunden. Es gab keine Gegenstimmen.

109  Zit. nach Bahrmann/Links: Chronik der Wende, S. 44.

110  Die gesamte Passage lautet:»Der Vorsitz des Staatsrates ist viele Jahre von einem erfahrenen Staatsmann mit großem internationalem Ansehen geführt worden – vom Abgeordneten Erich Honecker. Wir und – ich darf in diesem Fall wohl sagen – die Bürgerinnen und Bürger unseres Landes entbieten ihm dafür Respekt. Wir danken Erich Honecker für sein politisches Wirken und wünschen ihm Gesundheit und Wohlergehen.« In: Neues Deutschland, 24. Oktober 1989.

111 SAPMO-BArch, DY 30/IV 2/2 039/88, Bl. 66 (Büro Egon Krenz).
112 Zit. nach Bahrmann/Links: Chronik der Wende, S. 44.
113 Neues Deutschland, 25. Oktober 1989.
114 SAPMO-BArch, DY 30/IV 2/2 039/342, Bl. 215 (Büro Krenz).
115 Vgl. Schalck-Golodkowski, Alexander in: Die Welt, 4. April 1990.
116 Zit. nach Der Spiegel, 32/1993, S. 45. Schreiben des Vorsitzenden der SED-Be-
    zirksleitung Magdeburg, Politbüromitglied Werner Eberlein, an Egon Krenz
    vom 24. Oktober 1989.
117 Diplomaten durften weiterhin in Märkisch Buchholz jagen. Für Angehörige des
    Oberkommandos der Westgruppe der sowjetischen Streitkräfte blieb die Jagd
    bei Johannismühle weiter gestattet. Vgl. Leipziger Volkszeitung, 16. Novem-
    ber 1989.
118 Krenz traf sich mit Vertretern der evangelisch-lutherischen Kirchenleitung der
    DDR: Landesbischof Werner Leich, Konsistorialpräsident Manfred Stolpe, Bi-
    schof Dr. Christoph Demke und Oberkirchenrat Martin Ziegler.
119 Neues Deutschland, 28./29. Oktober 1989.
120 taz, 30. Oktober 1989.
121 Am 29. Oktober stellten sich in Ostberlin SED-Funktionäre dem Dialog mit der
    Bevölkerung. Der Andrang im Roten Rathaus war so groß, daß die Veranstal-
    tung nach draußen verlegt werden mußte. SED-Bezirkschef Günter Schabowski,
    der Ostberliner Polizeipräsident Friedhelm Rausch, Oberbürgermeister Erhard
    Krack u. a. hatten einen schweren Stand, die auf sie herniederprasselnden Fra-
    gen zu beantworten. Die Bürger forderten lautstark Rechenschaft zu den Über-
    griffen der Sicherheitsorgane auf wehrlose Demonstranten am 7. und 8. Okto-
    ber. Die Rechtfertigungsversuche von Polizeichef Rausch gingen im
    Pfeifkonzert unter. Schabowski verärgerte die Anwesenden zudem mit der per-
    manenten Wiederholung der sattsam bekanten Floskel, man werde alle Anre-
    gungen der Bürger aufnehmen und prüfen. Vgl. taz, 30. Oktober 1989.
122 Vgl. ebenda.
123 BStU, MfS, Sekr. Neiber, Nr. 297, Bl. 125.
124 Wolf war bis 1987 Stellvertreter von Erich Mielke, dann trat er zurück, um – wie
    er sagte – sich seinen Memoiren zu widmen. Eine andere Variante liefert Gün-
    ter Schabowski. Er hält es für nicht ausgeschlossen, ist überzeugt, daß die So-
    wjets Wolf nach dessen Rücktritt im Hintergrund zum neuen SED-Generalse-
    kretär aufbauen wollten. Wolf ist eng mit Modrow befreundet. Günter Schabowski
    vermutet, daß beide die trojanischen Pferde des KGB in der SED gewesen sind.
    (Interview des Autors mit Günter Schabowski). Intern war im MfS jedoch da-
    von die Rede, daß der als prüde und moralisierend geltende Erich Mielke seinem
    Stellvertreter den Rücktritt nahegelegt hat, weil Wolf sich in eine Frau verliebt
    hatte, die wegen Republikflucht vorbestraft war. Er hätte sie mit »operativen
    Mitteln« überwachen lassen und später geheiratet. (Interview des Autors mit
    einem ehemaligen Mitarbeiter des MfS/Quellenschutz).
125 Zit. nach Bahrmann/Links: Chronik der Wende, S. 62.
126 BStU, MfS, HA IX Nr. 5030, Bl 162.
127 Der Entwurf besagte, daß jede Reise einzeln beantragt werden muß, ein Rechts-
    anspruch auf eine Genehmigung besteht nicht. Auch »Reisezahlungsmittel«
    sollte es keine geben.

128 Ihren völligen Rückzug aus der Politik geben Hermann Axen, Kurt Hager, Werner Krolikowski, Erich Mielke, Erich Mückenberger, Alfred Neumann, Horst Sindermann, Willi Stoph und Harry Tisch bekannt. Sie wollen »nicht wieder für das Politbüro kandidieren, um jüngeren Kräften Platz zu machen«.

129 Auf der ZK-Tagung waren 157 stimmberechtigte Mitglieder anwesend. Zu Mitgliedern des Politbüros wurden gewählt: Generalsekretär Egon Krenz (einstimmig), Hans Joachim Böhme (66 Gegenstimmen), Werner Eberlein (einstimmig), Wolfgang Herger (einstimmig), Werner Jarowinsky (3 Gegenstimmen), Heinz Keßler (2 Gegenstimmen), Siegfried Lorenz (einstimmig), Hans Modrow (1 Gegenstimme), Wolfgang Rauchfuß (4 Gegenstimmen), Günter Schabowski (einstimmig), Gerhard Schürer (7 Enthaltungen). Zu Kandidaten des Politbüros wurden gewählt: Johannes Chemnitzer (10 Gegenstimmen, 8 Enthaltungen), Inge Lange (10 Gegenstimmen), Margarete Müller (einstimmig), Günter Sieber (einstimmig), Werner Walde (5 Gegenstimmen), Hans Joachim Willerding (einstimmig).

130 Interview des Autors mit Hans Modrow.

131 SAPMO-BArch, DE 1/56321, Bl. 192. Handschriftliche Notizen Gerhard Schürers.

132 Schabowski sagt dazu:»Daraufhin habe ich noch einmal einen Blick auf das Papier geworfen, denn diese Frage war mit mir zuvor nie besprochen worden. Ich las also noch einmal den Anfang und da hieß es: ›Ab sofort treten folgende zeitweiligen Übergangsregelungen ... in Kraft ...‹ Ich selbst wußte also nichts von einer Sperrfrist.« Günter Schabowski in: Hertle/Pirker: Der Honecker muß weg!, S. 40.

133 Bahrmann/Links: Chronik der Wende, S. 72.

134 Krenz: Herbst '89, S. 246.

135 Honecker: Aus meinem Leben, S. 205.

136 Andert/Herzberg: Der Sturz, S. 39 und 93.

137 Sein Nachfolger wird Günter Maleuda, der Vorsitzende der Demokratischen Bauernpartei Deutschlands (DBD).

138 Dem Modrow-Kabinett gehören neben 17 Ministern der SED weitere 11 Minister der Blockparteien an.

139 BStU, MfS, HA IX, Nr. 5030, Bl. 193. Hans Modrow bei der Amtseinführung von Wolfgang Schwanitz.

140 Weitere stellvertretende Ministerpräsidenten werden Christa Luft (SED) und Peter Moreth (LDPD).

141 SAPMO-BArch, DY 30, Büro Honecker, 2339, Bl. 3 (Den Vermerk unterzeichnete W. Fischer).

142 In Maxwells Verlag sind 1980 Honeckers Memoiren »Aus meinem Leben« erschienen.

143 Ebenda, Bl. 7 ff. Brief Barbara B.s an Erich Honecker vom 1.11.1989.

144 Ebenda, Bl. 14. Schreiben an Erich Honecker, undatiert.

145 Ebenda, Bl. 20. Schreiben an Erich Honecker, undatiert.

146 Zit. nach Kirschey: Wandlitz, S. 68.

147 Neues Deutschland, 14. November 1989.

148 Zit. nach Kirschey: Wandlitz, S. 33.

149 Neues Deutschland, 24. November 1989.

150 Leipziger Volkszeitung, 26. November 1989. Schreiben des Sekretariats der SED-Bezirksleitung Leipzig.

151 Leipziger Volkszeitung, 26. November 1989.

152 Kirschey: Wandlitz, S. 34.
153 Folgende Politbüromitglieder wohnten nicht in Wandlitz: Heinz Keßler (Strausberg), Werner Eberlein (Magdeburg), Hans-Joachim Böhme (Halle), Werner Müller (Erfurt), Siegfried Lorenz (Karl-Marx-Stadt), Werner Walde (Cottbus), Margarete Müller (Kotelow/Bezirk Neubrandenburg).
154 Kirschey, Peter: Wandlitz Waldsiedlung – die geschlossene Gesellschaft, Berlin 1990.
155 Schmidt, Gerd: Ich war Butler beim Politbüro, Schkeuditz 1999, S. 28.
156 Zwei weitere Posten gab es an der »Regierungsbadestelle« Liepnitzsee sowie am »Haus am See«, der Datsche des sowjetischen Botschafters.
157 Schmidt: Ich war Butler, S. 42 ff.
158 Ebenda; S. 46.
159 Krenz: Wenn Mauern fallen, S. 80.
160 Zit. nach Bergner, Paul: Die Waldsiedlung. Ein Sachbuch über »Wandlitz«, Wandlitz 1994, S. 33.
161 Schmidt: Ich war Butler, S. 57.
162 Bergner: Die Waldsiedlung, S. 45.
163 taz, 19. Januar 1990.
164 Zit. nach Kirschey: Wandlitz, S. 23.
165 Zit. nach ebenda, S. 65.
166 Schmidt: Ich war Butler, S. 50.
167 Andert/Herzberg: Der Sturz, S. 380.
168 Ebenda, S. 377 f.
169 Neben Wildfang standen Honecker als »Freizeitobjekte« das ehemalige Gästehaus von DDR-Präsident Wilhelm Pieck in Groß-Dölln sowie ein Haus in Drewitz zur Verfügung.
170 Andert/Herzberg: Der Sturz, S. 387.
171 Ebenda, S. 389.
172 Przybylski: Tatort Politbüro. Die Akte Honecker, S. 164.
173 Bergner: Die Waldsiedlung, S. 61.
174 Schabowski: Der Absturz, S. 106.
175 Krenz: Herbst '89, S. 259. Der Beschluß wurde auf der 10. ZK-Sitzung gefällt.
176 Ebenda, S. 284 f. Schreiben von Erich Honecker an Egon Krenz vom 15. November 1989.
177 Honecker, Erich: Zu dramatischen Ereignissen, Hamburg 1992, S. 29.
178 Honecker erstattete nach den Unterlagen Peter Przybylskis am 1. Dezember 1989 Strafanzeige. (Vgl. Przybylski: Tatort Politbüro. Die Akte Honecker. S. 17) In einer Stellungnahme an die Zentrale Parteikontrollkommission und das ZK der SED bestätigt Honecker, daß er diese Strafanzeige erstattet hat. (Vgl. Honecker: Zu dramatischen Ereignissen, S. 88).
179 Krenz: Herbst '89, S. 286.
180 Ebenda.
181 Corvalán, Luis: Gespräche mit Margot Honecker über das andere Deutschland, Berlin 2001, S. 97.
182 Am 16. November 1989 hatte die SED-Fraktion der Volkskammer beschlossen, daß 27 ihrer Abgeordneten, die in den letzten Wochen ihre Parteiämter verloren haben, nun auch ihre Mandate niederzulegen haben.

183 Krenz: Herbst '89, S. 287.
184 Ebenda.
185 SAPMO-BArch, DY 30/IV 2/2 039/342, Bl. 173. Büro Krenz, Interview von Anja Ludewig mit Egon Krenz am 19. November 1989.
186 Margot Honecker behauptet, das Haus in Wandlitz sei ihnen am 30. November gekündigt worden. Vgl. Corvalán: Gespräche mit Margot Honecker, S. 97.
187 Andert/Herzberg: Der Sturz, S. 47 f.
188 Junge Welt, 24. November 1989.
189 Frankfurter Allgemeine Zeitung, 25. November 1989.
190 Neues Deutschland, 24. November 1989.
191 Vgl. Beyer, Frank: Meine Filme, mein Leben. Wenn der Wind sich dreht, München 2001, S. 126 ff.
192 Neues Deutschland, 24. November 1989.
193 Krenz: Herbst '89, S. 309.
194 Ebenda, S. 309.
195 Eberlein, Werner: Geboren, am 9. November. Erinnerungen, Berlin 2000, S. 478.
196 BStU, MfS-HA IX, Nr. 13817, Bl. 12. Ermittlungsunterlagen zum Problem »Einsatz Transportfliegergeschwader 44«. Im Sommer 1989 flogen außer Eberlein folgende Politbüromitglieder mit Regierungsmaschinen in den Urlaub: Günter Schabowski (China), Horst Sindermann (Bulgarien), Hans-Joachim Böhme (Rumänien).
197 Neues Deutschland, 24. November 1989.
198 Zit. nach Eberlein: Geboren, S. 479 f.
199 Ebenda, S. 480.
200 Herrmann: Der Sekretär, S. 10.
201 Das Aufgeben des Führungsanspruches kündigte Krenz am 24. November 1989 im »Neuen Deutschland« an. Dieser Führungsanspruch war in Art. 1 der DDR-Verfassung wie folgt postuliert: »Die Deutsche Demokratische Republik ist ein sozialistischer Staat der Arbeiter und Bauern. Sie ist die politische Organisation der Werktätigen in Stadt und Land unter Führung der Arbeiterklasse und ihrer marxistisch-leninistischen Partei.«
202 Stellungnahme Erich Honeckers, 1. Dezember 1989, in: Honecker: Zu dramatischen Ereignissen, S. 88.
203 Neues Deutschland, 4. Dezember 1989. Zuvor wurde Honecker »auf Vorschlag des Politbüros und im Ergebnis der bisherigen Untersuchungen der Zentralen Parteikontrollkommission« aus dem ZK ausgeschlossen.
204 Hans Albrecht, Werner Krolikowski, Günther Kleiber, Erich Mielke, Gerhard Müller, Alexander Schalck-Golodkowski, Horst Sindermann, Willi Stoph, Harry Tisch, Herbert Ziegenhahn und Dieter Müller werden am 3. Dezember gleichfalls aus der SED ausgeschlossen.
205 Die Demokratische Bauernpartei Deutschlands (DBD) verließ den Demokratischen Block am 4. Dezember 1989, die National-Demokratische Partei Deutschlands (NDPD) am 7. Dezember.
206 Zit. nach Kirschey: Wandlitz, S. 153.
207 Interview des Autors mit Günter Schabowski.
208 DDR-Deutsch für »verhaftet«.
209 taz, 4. Dezember 1989.
210 Die Ehrenmitgliedschaft von Günter Mittag wurde gleichfalls annulliert.

211 Przybylski: Tatort Politbüro. Die Akte Honecker, S. 17.
212 Interview des Autors mit Adolf Buske.
213 BStU, MfS-HA IX, Nr. 13817, Bl. 5.
214 Strafsache gegen Honecker und andere, Az.: 111–1–90, Bd. 02./1, in: Przybylski: Tatort Politbüro. Die Akte Honecker, S. 29. Bis zum 11. Dezember mußten alle führenden Funktionäre ihre Dienstwaffen abgegeben haben.
215 BStU, Zentralarchiv MfS, HA IX, Nr. 2598, Bl. 11/12.
216 Wolff, Friedrich: Verlorene Prozesse. 1953–1998. Meine Verteidigungen in politischen Verfahren, Berlin 1999, S. 236.
217 BStU, Zentralarchiv MfS, HA IX, Nr. 5030, Bl. 1.
218 Ebenda, Bl. 1/2.
219 BStU, MfS-HA IX, Nr. 13817, Bl. 2. Schreiben von Harri Harrland an Hans Modrow vom 8. Dezember 1989.
220 Kirschey: Wandlitz, S. 15.
221 Neues Deutschland, 9./10. Dezember 1989.
222 Andert/Herzberg: Der Sturz, S. 39.
223 Zit. nach Przybylski: Tatort Politbüro. Die Akte Honecker, S. 28.
224 Strafsache gegen Honecker und andere, Az.: 111–1–90, Bd. 1. 2./1, in: Ebenda, S. 29.
225 Andert/Herzberg: Der Sturz, S. 41.
226 Honecker, Erich: Moabiter Notizen, Berlin 1994, S. 35.
227 Interview des Autors mit Hans Modrow.
228 Andert/Herzberg: Der Sturz, S. 399.
229 Neues Deutschland, 21. Dezember 1989.
230 Andert/Herzberg: Der Sturz, S. 383.
231 Wolff: Verlorene Prozesse, S. 233.
232 Honecker: Zu dramatischen Ereignissen, S. 5.
233 Ebenda, S. 9.
234 Interview des Autors mit Peter Althaus.
235 Ebenda.
236 Interview des Autors mit Hans Modrow.
237 Interview des Autors mit Roland Wötzel.
238 Honecker bestimmte während seines Krankenhausaufenthaltes und des sich anschließenden Genesungsurlaubes im August/September 1989 Günter Mittag zu seinem Vertreter.
239 Zit. nach Peter Althaus (Interview des Autors mit Peter Althaus).
240 Ebenda.
241 Neues Deutschland, 3. Januar 1990. Bereits am 14. Dezember 1989 hatte Modrows Regierung beschlossen, daß die noch in der Waldsiedlung wohnenden ehemaligen Funktionäre auszuziehen haben (Vgl. Bergner: Die Waldsiedlung, S. 201). Seit 1. Januar 1990: Ministerium für Gesundheits- und Sozialwesen ist neuer Hausherr in der Waldsiedlung.
242 Corvalán: Gespräche mit Margot Honecker, S. 98.
243 Interview des Autors mit Peter Althaus.
244 Ebenda.
245 Ebenda.
246 Andert/Herzberg: Der Sturz, S. 344.
247 Ebenda, S. 348 f.

248 Interview des Autors mit Peter Althaus.

249 Interview des Autors mit Abdallah Frangi.

250 Interview des Autors mit Günter Schabowski.

251 Interview des Autors mit Abdallah Hijazi.

252 Interview des Autors mit Peter Althaus.

253 Handschriftliche Aufzeichnungen von Werner Krolikowski vom 16. Januar 1990, in: Przybylski: Tatort Politbüro. Die Akte Honecker, S. 321 ff.

254 Aus der Partei ausgeschlossen werden: Margarete Müller, Werner Walde, Joachim Herrmann, Siegfried Lorenz, Kurt Hager, Horst Dohlus, Alfred Neumann, Günter Schabowski, Heinz Keßler, Erich Mückenberger, Werner Jarowinsky, Inge Lange, Gerhard Schürer und Egon Krenz.

255 Frankfurter Allgemeine Zeitung, 8. Februar 1990.

256 BStU, Zentralarchiv MfS, HA IX, Nr. 5030, Bl. 051.

257 § 96 StGB/DDR.

258 Wolff: Verlorene Prozesse, S. 243.

259 Interview des Autors mit Hans Modrow.

260 Interview des Autors mit Lothar Reuter.

261 Zit. nach Ralf Romahn (Interview des Autors mit Ralf Romahn).

262 Andert/Herzberg: Der Sturz, S. 42.

263 Ebenda, S. 42 f.

264 Przybylski: Tatort Politbüro. Die Akte Honecker, S. 30.

265 Interview des Autors mit Peter Althaus.

266 taz, 29. Januar 1990.

267 Zit. nach Przybylski: Tatort Politbüro. Die Akte Honecker, S. 31.

268 Andert/Herzberg: Der Sturz, S. 44.

269 Ebenda, S. 45 f.

270 Interview des Autors mit Ralf Romahn.

271 Ebenda.

272 Interview des Autors mit Lothar Reuter.

273 Przybylski: Tatort Politbüro. Die Akte Honecker, S. 7.

274 Interview des Autors mit Ralf Romahn.

275 Interview des Autors mit Lothar Reuter.

276 Lothar Reuter bestreitet heute, daß Oberstleutnant Romahn bei der Vernehmung überhaupt anwesend gewesen sei. Mag sein, daß einige unfreundliche Äußerungen, die Romahn über Reuter in der Zeitschrift »Super-Illu« (Nr. 42/2000) aussprach, der Grund für diese »Erinnerungslücke« sind. Nach eigenen Angaben hat Romahn den ehemaligen Staatschef befragt. Außerdem befinden sich unter dem Vernehmungsprotokoll, das im »Spiegel« veröffentlicht wurde, die Unterschriften von Reuter und Romahn. Ex-Staatsanwalt Adolf Buske bestätigte dem Autor gegenüber die Authentizität der Spiegel-Veröffentlichung. (Interviews des Autors mit Lothar Reuter, Ralf Romahn und Adolf Buske).

277 Protokoll der Vernehmung Erich Honeckers vom 29. Januar 1990, in: Der Spiegel 9/1990.

278 Ebenda.

279 Honecker erwiderte auf den Vorhalt, er habe systematisch Volkseigentum und systematisch Eigentum vergeudet:»Dies entfällt. Ich bin ein armer Mann.« Die Formulierung »Ich bin ein armer Mann« hat er später wieder aus dem Verneh-

mungsprotokoll gestrichen. Protokoll der Vernehmung Erich Honeckers vom 29. Januar 1990, in: Ebenda.

280 Ebenda.
281 Ebenda.
282 Andert/Herzberg: Der Sturz, S. 45.
283 Ebenda, S. 47.
284 Strafsache gegen Honecker u. a., Az.: 111–1–90, Bd. 01.1/1, in: Przybylski: Tatort Politbüro. Die Akte Honecker, S. 33 f.
285 Andert/Herzberg: Der Sturz, S. 46 f.
286 Henkys, Reinhard: Die Kirche im SED-Staat zwischen Anpassung und Widerstand, in: Weber, Hermann (Hrsg.): Der SED-Staat: Neues über eine vergangene Diktatur, München 1994, S. 217.
287 Zit. nach ebenda, S. 230.
288 Erich Honecker am 4. Juli 1980 in einem Gespräch mit dem britischen Verleger Robert Maxwell, in: Honecker: Aus meinem Leben, S 426.
289 Der Spiegel, 9/1990, S. 30.
290 Andert/Herzberg: Der Sturz, S. 47–49.
291 Neues Deutschland, 1. Dezember 1990.
292 Interview des Autors mit Hans Modrow.
293 Andert/Herzberg: Der Sturz, S. 48.
294 Neue Zeit, 6. Februar 1990.
295 Ebenda.
296 Interview des Autors mit Lothar de Maizière.
297 Interview des Autors mit Uwe Holmer.
298 Andert/Herzberg: Der Sturz, S. 50.
299 Interview des Autors mit Uwe Holmer.
300 Andert/Herzberg: Der Sturz, S. 49.
301 Schreiben Erich Honeckers an Ingmar Wagner vom 23. Februar 1990, in: taz 14. März 1990.
302 Ebenda.
303 Eberle: Anmerkungen, S. 25.
304 Andert/Herzberg: Der Sturz, S. 241.
305 Ebenda.
306 Andert/Herzberg: Der Sturz, S. 240.
307 Wolle, Stefan: Die heile Welt der Diktatur, S. 175.
308 Eberle: Anmerkungen, S. 148.
309 Andert/Herzberg: Der Sturz, S. 243.
310 Eberlein, Werner: Begegnungen, Berlin, 1999, S. 69.
311 Stern 19/1995.
312 Herrmann: Der Sekretär, S. 117.
313 Ebenda.
314 Neues Deutschland, 7. Februar 1990.
315 Schreiben Günther Maleuda an Wolfgang Vogel vom 20. Februar 1990, in: Wolff: Verlorene Prozesse, S. 247.
316 Erklärung Erich Honeckers vom 1. März 1990, in: Honecker: Zu dramatischen Ereignissen, S. 89.
317 Ebenda.

318 Wolff: Verlorene Prozesse, S. 249.
319 Ebenda, S. 250.
320 Maier, Charles S.: Das Verschwinden der DDR und der Untergang des Kommunismus, Frankfurt/M. 2000, S. 323.
321 Interview des Autors mit Uwe Holmer.
322 Ebenda.
323 Andert/Herzberg: Der Sturz, S. 50.
324 Wolff: Verlorene Prozesse, S. 250 f.
325 Andert/Herzberg: Der Sturz, S. 50.
326 Interview des Autors mit Georgi Schachnasarow.
327 Zit. nach Krenz: Herbst '89, S. 192.
328 Andert/Herzberg: Der Sturz, S. 51.
329 Interview des Autors mit Lothar de Maizière.
330 Wolff: Verlorene Prozesse, S. 254.
331 Ebenda, S. 255.
332 Andert/Herzberg: Der Sturz, S. 52.
333 Corvalán: Gespräche mit Margot Honecker, S. 99.
334 Andert/Herzberg: Der Sturz, S. 51; Vgl. auch: Erinnerungen von Tamara Ambrossi, in: Berliner Zeitung, 20. September 1991.
335 Interview des Autors mit Peter Althaus.
336 Neues Deutschland, 31. Mai 1994.
337 Wolff: Verlorene Prozesse, S. 253.
338 Interview des Autors mit Friedrich Wolff. (Friedrich Wolff glaubt zu wissen, daß Honecker im VP-Krankenhaus keinen Kontakt zu den anderen früheren Spitzenfunktionären hatte.)
339 Leipziger Volkszeitung, 6. Juni 1990.
340 Leipziger Volkszeitung, 13. Juni 1990.
341 Wolff: Verlorene Prozesse, S. 255.
342 Strafsache gegen Honecker und andere, Az. 111–1–90, Bd. 01.1/1, in: Przybylski: Tatort Politbüro. Die Akte Honecker, S. 180.
343 Schreiben von Generalstaatsanwalt Günter Seidel an das Präsidium der Volkskammer der DDR vom 27. Juli 1990, in: Przybylski: Tatort Politbüro. Die Akte Honecker, S. 391.
344 Leipziger Volkszeitung, 16. Juli 1990.
345 Interview des Autors mit Lothar de Maizière.
346 Interview des Autors mit Peter-Michael Diestel.
347 Ebenda.
348 Ebenda.
349 Ebenda.
350 Interview des Autors mit Peter Althaus.
351 Es handelte sich dabei um Susanne Albrecht, Inge Viett, Silke Maier-Witt, Henning Beer, Sigrid Sternebeck, Werner Lotze, Monika Helbing und Ekkehard von Seckendorff.
352 Wolff: Verlorene Prozesse, S. 255 f.
353 taz, 19. Juni 1990.
354 Der Bundesminister des Innern (Hrsg.): Verfassungsschutzbericht, Bonn 1991, S. 28.
355 Bei dem Fund im Strausberger Militärarchiv handelte es sich um ein Sitzungs-

protokoll des Nationalen Verteidigungsrates vom 3. Mai 1974. Fritz Streletz, damals Sekretär des Nationalen Verteidigungsrates, hatte es angefertigt, um den bei der Sitzung fehlenden DDR-Verteidigungsminister Heinz Hoffmann über den Sitzungsverlauf zu informieren. Die Niederschrift von Streletz belegt, daß Honecker auf dieser Sitzung eindeutig verlangt hatte, rücksichtslos auf Flüchtlinge zu schießen. Die späteren Anklagen gegen die Mitglieder des Nationalen Verteidigungsrates in der Zusammensetzung von 1974 (vgl. Kapitel 7) basierten auf den von Streletz sorgfältig notierten Anordnungen aus diesem Protokoll (Protokoll der 45. Sitzung des Nationalen Verteidigungsrates am 3. Mai 1974, Archiv des Landgerichts Berlin-Moabit, Prozeßakte Honecker).

356 Die Welt, 30. Januar 1990.
357 Schießbefehl von Verteidigungsminister Heinz Hoffmann vom 6. Oktober 1961, der auf einer Anweisung Honeckers vom 20. September 1961 basierte, in: Przybylski: Tatort Politbüro. Die Akte Honecker, S. 394 f.
358 Protokoll der 45. Sitzung des Nationalen Verteidigungsrates am 3. Mai 1972, Archiv des Landgerichts Berlin-Moabit, Prozeßakte Honecker.
359 Andert/Herzberg: Der Sturz, S. 263.
360 Wolff: Verlorene Prozesse, S. 259.
361 Ebenda, S. 261.
362 Ebenda, S. 262.
363 Erklärung Erich Honeckers vom 31. August 1990, in: Przybylski: Tatort Politbüro. Die Akte Honecker, S. 389 ff.
364 Honecker: Zu dramatischen Ereignissen, S. 13.
365 Honecker: Moabiter Notizen, S. 85.
366 Verhandlungen der beiden deutschen Staaten mit den Siegermächten des Zweiten Weltkrieges über die Herstellung der deutschen Einheit.
367 Corválan: Gespräche mit Margot Honekcer, S. 99 (Das Schreiben wurde der sowjetischen Botschaft am 4. September 1990 übergeben).
368 Interview des Autors mit Helmut Kohl.
369 Ebenda.
370 Ebenda.
371 Die Welt, 1. August 1990 (ebenfalls vorangegangenes Zitat).
372 taz, 2. Oktober 1990.
373 Interview des Autors mit Lothar de Maizière.
374 taz, 17. Oktober 1990.
375 taz, 19. Oktober 1990.
376 Zit. nach Selbmann, Erich: Der Prozeß »527–10/1992«, Strafsache gegen Honecker und andere, Berlin 1993, S. 32.
377 Becker, Nicolas: Einige Geschichten und Bemerkungen zu der Verteidigung Erich Honeckers, in: Hager, Frithof u. a. (Hrsg.): Bildung – Macht – Verantwortung. Welche Zukunft für die Bundesrepublik, Leipzig 1994, S. 119.
378 Ebenda, S. 121.
379 Ebenda, S. 122.
380 Haftbefehl gegen Erich Honecker, in: Wolff: Verlorene Prozesse, S. 264.
381 Corválan: Gespräche mit Margot Honecker, S. 100.
382 taz, 3. Dezember 1990.
383 BStU, Zetralarchiv MfS, HA XVII, Nr. 599, Bl. 011.

384 Haftbeschwerde vom 3. Dezember 1990, in: Wolff: Verlorene Prozesse, S. 265.
385 Schreiben Sarah Fodorová-Wiener an Super-Illu, 20. März 1992, in: Corvalán: Gespräche mit Margot Honecker, S. 196.
386 Stern, 36/1991.
387 Supper-Illu, 9. September 1991.
388 Honecker. Zu dramatischen Ereignissen, S. 65.
389 Ebenda, S. 66 ff.
390 Wolff: Verlorene Prozesse, S. 268.
391 Eidesstattliche Versicherung Erich Honeckers vom 15. November 1990, in: Wochenpost, 49/1990.
392 Autorisierung Erich Honeckers vom 1. Mai 1990, in: Wochenpost, 49/1990.
393 Andert/Herzberg: Der Sturz, S. 134.
394 Tribüne, 22. November 1990.
395 Wochenpost, 48 und 49/1990.
396 Schreiben von Egon Krenz an Erich Honecker, in: Der Spiegel, 6/1991.
397 Wochenpost, 49/1990.
398 Nicht genannte Moskauer Quelle in: Süddeutsche Zeitung, 16./17. März 1990.
399 Leipziger Volkszeitung, 9./10. März 1990.
400 Interview des Autors mit Helmut Kohl.
401 Die Welt, 16. März 1990.
402 Interview des Autors mit Norbert Blüm.
403 Werner Schulz in: Der Spiegel, 12/1991.
404 Interview des Autors mit Lothar de Maizière.
405 Neues Deutschland, 15. März und 16./17. März 1991.
406 Der Spiegel, 12/1991.
407 Interview des Autors mit Lothar de Maizière.
408 Honecker: Aus meinem Leben, S. 35f.
409 Ebenda, S. 36.
410 Zit. nach Der Spiegel. 23/1991.
411 Corvalán: Gespräche mit Margot Honecker, S. 103.
412 taz, 19. März 1991.
413 Corvalán: Gespräche mit Margot Honecker, S. 103.
414 Es handelte sich um den ehemaligen Staatssekretär im Bauministerium, Karlheinz Martini, ZK-Mitglied Hermann Pöschel, langjähriger Leiter der Abteilung Forschung und technologische Entwicklung des ZK der SED, sowie um den früheren SED-Schatzmeister Heinz Wildenhain.
415 taz, 22. März 1991.
416 taz, 26. April 1991.
417 Honecker: Zu dramatischen Ereignissen, S. 69.
418 Ebenda, S. 66.
419 Erklärung Erich Honeckers vom 21. Mai 1991, in: Honecker: Zu dramatischen Ereignissen, S. 94 ff.
420 Der Spiegel, 23/1991.
421 Wolff: Verlorene Prozesse, S. 277.
422 Hans Modrow bestätigt, daß sich Wolf zu dieser Zeit in Moskau befand: »Er hatte die Unterstützung des Dienstes (KGB, d. A.).« (Interview des Autors mit Hans Modrow).

423 Unter dem Vorsitz von Janajew konstituierte sich ein Notstandskomitee, das Gorbatschow für abgesetzt erklärte und den Ausnahmezustand ausrief. In diesem Moment ruft der russische Präsident Boris Jelzin, der ausgewiesenermaßen kein Gorbatschow-Freund war, zum Widerstand auf. Zehntausende stellten sich den auf Befehl des Notstandskomitees aufgefahrenen Panzern in Moskau und Leningrad gegenüber.

424 Erinnerungen von Tamara Ambrossi, in: Berliner Zeitung, 20. September 1991.

425 Corvalán: Gespräche mit Margot Honecker, S. 103.

426 Interview des Autors mit Helmut Kohl.

427 Junge Welt, 26. August 1991.

428 taz, 26. September 1991.

429 Junge Welt, 24. August 1991.

430 Jutta Burghardt, Berliner Justizsprecherin, gegenüber der Leipziger Volkszeitung; Vgl. Leipziger Volkszeitung, 29. August 1991.

431 Stern, 42/1991.

432 Interview des Hessischen Rundfunks mit Erich Honecker, ARD, 10. Oktober 1991.

433 Leipziger Volkszeitung, 9. Dezember 1991, Junge Welt, 14. September 1991, Der Spiegel, 51/1991.

434 Schreiben Erich Honeckers an Michail Gorbatschow vom 11. September 1991, in: Wolff: Verlorene Prozesse, S. 274.

435 Becker, in: Hager (Hrsg.): Bildung – Macht – Verantwortung, S. 131.

436 Ebenda, S. 132.

437 Wolff: Verlorene Prozesse, S. 277.

438 Stern, 19. November 1991.

439 Beschluß des russischen Innenministers A. F. Dunajew und des russischen Justizministers N. W. Fedorow vom 10. Dezember 1991, in: Wolff: Verlorene Prozesse, S. 280 f.

440 Corvalán: Gespräche mit Margot Honecker, S. 107.

441 Zit. nach Frankfurter Allgemeine Zeitung, 18. Dezember 1991.

442 Der nordkoreanische Botschafter in Wien, Chon In Chan, bestätigte gegenüber der Presse, daß sein Land bereit sei, Honecker zum Zwecke der ärztlichen Behandlung aufzunehmen. Vgl. taz, 8. Januar 1992.

443 Michail Gorbatschow am 17. Dezember 1991 gegenüber WDR-Intendant Friedrich Nowottny. Zit. nach Frankfurter Allgemeine Zeitung, 18. Dezember 1991.

444 Honecker: Zu dramatischen Ereignissen, Impressum-Seite.

445 Ebenda, S. 5.

446 Ebenda, S. 34.

447 Bundeskanzler Helmut Kohl am 21. Juni 1990 vor dem Deutschen Bundestag.

448 Erklärung Erich Honeckers vom 21. Mai 1991, in: Honecker: Zu dramatischen Ereignissen, S. 95.

449 Ebenda, S. 7.

450 Programm der KPD, Berlin, o. J. (Eigendruck) S. 3 und S. 31.

451 Ebenda, S. 46.

452 Ebenda, S. 6.

453 Interview des Autors mit Hans Wauer.

454 Ebenda.

455 Corvalán: Gespräche mit Margot Honecker, S. 111.

456 In: Wolff: Verlorene Prozesse, S. 283.
457 Es gab zwei verschiedene Befunde. Im ersten Befund bestätigte man den Verdacht auf Leberkrebs, im zweiten Gutachten sprach man von einem »diffusen Befund der Leber«. Die späteren Untersuchungen im Haftkrankenhaus Moabit bestätigten die Diagnose eines bösartigen Tumors.
458 Schreiben Erich Honecker an Hans Wauer vom 17. Mai 1992 (Privatarchiv des Autors).
459 taz, 14. Februar 1992.
460 Schreiben Erich Honeckers an R. Chasbulatow vom 28. Juli 1992, in: Der Spiegel, 32/1992.
461 Erinnerungsprotokoll von Margot Honecker über das Gespräch mit James Holger am 29. Juli 1992, in: Wolff: Verlorene Prozesse, S 291.
462 Ausweisungsverfügung von Sonderbotschafter James Holger, 29. Juli 1992, in: Der Spiegel, 32/1992.
463 Corvalán: Gespräche mit Margot Honecker, S. 114.
464 Der Spiegel, 32/1992.
465 taz, 31. Juli 1992.
466 taz, 1. August 1992.
467 taz, 31. Juli 1992.
468 Ebenda.
469 Wochenpost, 47/1992.
470 Dieser Haftbefehl wurde von Amtsgericht Tiergarten in unwesentlich geänderter Fassung noch einmal am 2. Dezember 1990 erlassen. Honecker bekam durch einen Fehler die alte Fassung verlesen, dieser Fehler wurde kurz darauf korrigiert.
471 Begründung des Haftbefehls, in: Ebenda, S. 296.
472 Ebenda.
473 § 27 des DDR-Grenzgesetzes sah Schußwaffengebrauch vor.
474 Der Tagesspiegel, 12. November 1992.
475 Stern, 25/1992.
476 Art. 1 GG (Grundgesetz).
477 taz, 7. Juli 1992.
478 Interview des Autors mit Hans Wauer.
479 taz, 12. November 1992.
480 Beschlußentwurf zur Änderung des Statutes der KPD durch den 2. Parteitag 1992, Entwurf »Aufgaben und Arbeitsweise der Schiedskommission der KPD«, Programmatische Orientierung der KPD in Vorbereitung auf den II. Parteitag am 24./25. Oktober 1992, mit handschriftlichen Anmerkungen/Streichungen durch Erich Honecker (Privatarchiv des Autors).
481 Laut Mitteilung der Berliner Senatsverwaltung für Justiz vom 6. April 2001 ist es aus Gründen des Datenschutzes nicht möglich, Einsicht in die Besucherlisten zu nehmen (Schreiben des zuständigen Referatsleiters an den Autor).
482 Erinnerungsprotokoll von Eveline Kuhn (Privatarchiv des Autors).
483 Becker, in: Hager (Hrsg.): Bildung – Macht – Verantwortung, S. 134.
484 Ebenda.
485 Erich, wir brauchen Dich! Briefe nach Moabit, Köln 1996, S. 106.
486 Ebenda, S. 29.

487 Brief einer Frau aus Brandenburg an Erich Honecker vom 12. Dezember 1992 (Privatarchiv des Autors).

488 Erich wir brauchen Dich, S. 53.

489 Ebenda, S. 11 und 59.

490 Wolff: Verlorene Prozesse, S. 303.

491 Stellungnahme von Prof. Dr. Volkmar Schneider vom 26. August 1992, in: Wolff: Verlorene Prozesse, S. 306.

492 BILD Berlin, 8. November 1992.

493 Günter Schabowski in: Hertle/Pirker: Der Honecker muß weg!, S. 14.

494 Wochenpost, 48/1992.

495 Selbmann: Der Prozeß, S. 35.

496 Anordnung des Vorsitzenden der 27. Strafkammer vom 3. November 1992 (Pressemitteilung 168/92 der Justizpressestelle Moabit).

497 Wolff: Verlorene Prozesse, S. 316.

498 Der Spiegel, 2/1993.

499 Becker, in: Hager (Hrsg.): Bildung – Macht – Verantwortung, S. 136.

500 Befangenheitsantrag der Verteidigung, in: Wolff: Verlorene Prozesse, S. 317.

501 Protokoll der 45. Sitzung des Nationalen Verteidigungsrates am 3. Mai 1974, Archiv des Landgerichts Berlin-Moabit, Prozeßakte Honecker.

502 Ebenda.

503 Redezitate aus Wolff: Verlorene Prozesse, S. 321 ff.

504 Brief von Inge M. an Erich Honecker vom 4. Januar 1993 (Privatarchiv des Autors).

505 Brief von Pfarrer Hartmut D. an Erich Honecker vom 8. Januar 1993 (Privatarchiv des Autors).

506 Erklärung Erich Honeckers, in: Wolff: Verlorene Prozesse, S., 323.

507 Ebenda.

508 Ebenda, S. 330.

509 Die Welt, 4. Dezember 1992.

510 taz, 4. Dezember 1992.

511 Wochenpost, 39/1992.

512 Urkunde der Notarin Barbara Erdmann, Berlin (Privatarchiv des Autors). Die gleiche Vollmacht wurde für Margot Honecker ausgestellt, die sich aber zu der Zeit in Chile aufhielt.

513 Die Rentenzahlungen waren eingestellt worden, als sich Honecker in Moskau befand.

514 Gutachten Prof. Dr. Volkmar Schneider, 12. Dezember 1992, in: Wolff: Verlorene Prozesse, S. 335.

515 Keßler: Zur Sache, S. 358.

516 taz, 5. Januar 1993.

517 Wolff: Verlorene Prozesse, S. 338.

518 Corvalán: Gespräche mit Margot Honecker, S. 117.

519 Begründung der Verfassungsbeschwerde vom 29. Dezember 1992, in: Wolff: Verlorene Prozesse, S. 341.

520 Stellungnahme von Dr. Rainer Rex vom 6. Januar 1993, in: Ebenda, S. 343.

521 taz, 13. Januar 1992.

522 Interview des Autors mit Bernhard Jahntz.

523 Gutachten von Prof. Dr. Peter Neuhaus, in: Wolff: Verlorene Prozesse, S. 348.
524 Trotz der Verurteilung hob das Gericht die Haftbefehle gegen Keßler und Stre-letz auf, da wegen der geringen noch zu verbüßenden Reststrafe keine Flucht-gefahr gesehen wurde. Albrecht war schon vorher wegen seines angegriffenen Gesundheitszustandes Haftverschonung gewährt worden.
525 Interview des Autors mit Bernhard Jahntz.
526 Der Spiegel, 3/1993.
527 Ebenda.
528 Ebenda.
529 Corvalán: Gespräche mit Margot Honecker, S. 119.
530 Ebenda, S. 120.
531 Giorgio Oldrini für das italienische Focus-Partnermagazin »Panorama«, in: Focus, 19/1993, S. 157.
532 Becker, in: Hager (Hrsg.): Bildung – Macht – Verantwortung, S. 140.
533 Kontoauszüge der Banco BHIF, in: Focus, 6/1993, S. 129.
534 Honecker: Zu dramatischen Ereignissen, S. 62.
535 Wolff: Verlorene Prozesse, S. 359.
536 Ebenda, S. 355.
537 Zit. nach Leipziger Volkszeitung, 15. Juni 1999.
538 Interview des Autors mit Hans Wauer.
539 Zit. nach Stern, 8. Juli 1993.
540 Ebenda.
541 Stern, 14. Oktober 1993.
542 Der Spiegel, 33/1993.
543 Brief Erich Honeckers an Hans Wauer vom 30. September 1993 (Privatarchiv des Autors).
544 Honecker: Moabiter Notizen (Einband-Rückseite).
545 Ebenda, S. 79.
546 Vgl. Manuskriptfassung mit handschriftlichen Korrekturen Margot Honeckers (Privatarchiv des Autors).
547 Vgl. ebenda.
548 Vgl. ebenda.
549 Vgl. ebenda.
550 Corvalán: Gespräche mit Margot Honecker, S. 17.
551 Ebenda, S. 120.
552 BILD, 31. Mai 1994.
553 Ebenda.
554 Interview des Autors mit Peter Althaus.
555 Interviews des Autors mit den zuständigen Amtsleitern Jürgen Schmidt (Neun-kirchen) und Klaus-Peter Heinecke (Berlin-Lichtenberg).
556 Der Spiegel, 23/1994.

# Abbildungsnachweis

Archiv des Autors   160

Archiv der Bundesbeauftragten für die Stasi-Unterlagen (BstU, MfS-HA IX, Nr. 2508, Bl. 11)   71

Archiv des Landgerichts Berlin-Moabit, Prozeßakte Honecker   116

Archiv der Parteien und Massenorganisationen der DDR im Bundesarchiv (SAPMO-BArch, DY 30/IV 2/1/703, Bl. 13)   34/35

Archiv des Verlages   23, 63

Bundesarchiv Koblenz (ADN/Zentralbild)   17 (K 0615/1/109 N), 40 (K 0630/1/26 N), 45 (R 0306/19 N), 53 o. (85 711/1 N), 85 (1990/0129/14)

dpa   139, 145, 151, 153, 165, 167, 171, 177, 178, 181

Gäbler, Gerhard   93

Krull, Axel/VISION-Photos   189

Kurby, Christina   107, 127

Nekrasov, Vadim   147

Osterwald, Rüdiger   Schutzumschlag

Perez, Claudio   186

Robert-Havemann-Archiv, Berlin   29

Schoelzel, Andreas   24, 53 u.

# Biobliographie

## Monographien

**Andert,** Reinhold/Herzberg, Wolfgang: Der Sturz. Erich Honecker im Kreuzverhör, Berlin/Weimar 1990.

**Ash,** Timothy G.: Im Namen Europas. Deutschland und der geteilte Kontinent, Wien 1993.

**Axen,** Hermann: Ich war ein Diener der Partei. Autobiographische Gespräche mit Harald Neubert, Berlin 1996.

**Bahrmann,** Hannes/Links, Christoph: Chronik der Wende. Die Ereignisse in der DDR zwischen 7. Oktober 1989 und 18. März 1990, Berlin 1999.

**Bergner,** Paul: Die Waldsiedlung. Ein Sachbuch über »Wandlitz«, Wandlitz 1994.

**Beyer,** Frank: Meine Filme, mein Leben. Wenn der Wind sich dreht, München 2001.

**Bisky,** Lothar u. a. (Hrsg.): Die PDS – Herkunft und Selbstverständnis. Eine politisch-historische Debatte, Berlin 1996.

**Bölling,** Klaus: Die fernen Nachbarn. Erfahrungen in der DDR, Hamburg 1983.

**Borkowski,** Dieter: Erich Honecker. Statthalter Moskaus oder deutscher Patriot? Eine Biographie, München 1987.

**Bortfeldt,** Heinrich: Von der SED zur PDS. Wandlung zur Demokratie?, Bonn 1992.

**Brandt,** Willy: Erinnerungen, Berlin 1997.

**Bürgerkomitee** Leipzig (Hrsg.): Stasi intern. Macht und Banalität, Leipzig, 1992.

**Čzerný,** Jochen/Keller, Dietmar/Neuhaus, Manfred (Hrsg.): Ansichten zur Geschichte der DDR, Band V, Bonn/Berlin 1994.

**Corvalán,** Luis: Conversaciones con Margot Honecker, Santiago de Chile 2000.

**Corvalán,** Luis: Gespräche mit Margot Honecker über das andere Deutschland, Berlin 2001.

**Courtois,** Stephane: Schwarzbuch des Kommunismus, München 1998.

**Deutz-Schröder,** Monika/Staadt, Jochen: Teurer Genosse. Briefe an Erich Honecker, Berlin 1994.

**Eberle,** Henrik (Hrsg.): Einverstanden, E. H., Parteiinterne Hausmitteilungen. Briefe, Akten und Intrigen aus der Honecker-Zeit, Berlin 1999.

**Eberle,** Henrik: Anmerkungen zu Honecker, Berlin 2000.

**Eberlein,** Werner: Ansichten, Einsichten, Aussichten, Berlin 1994.

**Eberlein,** Werner: Begegnungen, Berlin 1999.

**Eberlein,** Werner: Geboren am 9. November. Erinnerungen, Berlin 2000.

**Elm,** Ludwig/Keller, Dietmar/Mocek, Reinhard (Hrsg.): Ansichten zur Geschichte der DDR, Band VI, Bonn/Berlin 1996.

**Eppelmann,** Rainer: Fremd im eigenen Haus, Köln 1993.

**Erich,** wir brauchen Dich! Briefe nach Moabit, Köln 1996.

**Falin,** Valentin: Politische Erinnerungen, Berlin 1997.

**Fricke,** Karl Wilhelm: Akten-Einsicht. Rekonstruktion einer politischen Verfolgung, Berlin 1997.

**Fricke,** Karl Wilhelm: Der Wahrheit verpflichtet. Texte aus fünf Jahrzehnten zur Geschichte der DDR, Berlin 2000.

**Genscher,** Hans-Dietrich: Erinnerungen, Berlin 1999.

**Gerner,** Manfred: Partei ohne Zukunft? Von der SED zur PDS, München 1992.

**Geschichte** der SED. Abriß, Berlin 1978.

**Gläßner,** Gert-Joachim: Herrschaft durch Kader. Leitung der Gesellschaft und Kaderpolitik in der DDR, Opladen 1977.

**Gorbatschow,** Michail: Erinnerungen, Berlin 1995.

**Gorbatschow,** Michail: Wie es war. Die deutsche Wiedervereinigung, München 2000.

**Gysi,** Gregor/Falkner, Thomas: Sturm aufs große Haus. Der Untergang der SED, Berlin 1990.

**Gysi,** Gregor/Heuer, Uwe-Jens/Schumann, Michael (Hrsg.): Zweigeteilt. Über den Umgang mit der SED-Vergangenheit, Hamburg 1992.

**Hacker,** Jens: Deutsche Irrtümer 1949–1989, Berlin, Frankfurt/M. 1992.

**Hager,** Frithof u. a. (Hrsg.): Bildung – Macht – Verantwortung. Welche Zukunft für die Bundesrepublik, Leipzig 1994.

**Hager,** Kurt: Erinnerungen, Leipzig 1996.

**Herbst,** Andreas/Ranke, Winfried/Winkler, Jürgen: So funktionierte die DDR, 3 Bände, Reinbek bei Hamburg 1994.

**Herbst,** Andreas/Stephan, Gerd-Rüdiger/Winkler, Jürgen (Hrsg.): Die SED. Geschichte – Organisation – Politik. Ein Handbuch, Berlin 1997.

**Herrmann,** Frank-Joachim: Der Sekretär des Generalsekretärs. Honeckers persönlicher Mitarbeiter über seinen Chef. Berlin 1996.

**Hertle,** Hans-Hermann: Der Sturz Erich Honeckers. Zur Rekonstruktion eines innerparteilichen Machtkampfes, in: Henke, Klaus-Dietmar/Steinbach, Peter/Tuchel: Johannes (Hrsg.): Widerstand und Opposition in der DDR, Köln/Weimar/Wien 1999.

**Hertle,** Hans-Hermann/Pirker, Theo/Weinert, Rainer: Der Honecker muß weg! Protokoll eines Gespräches mit Günter Schabowski am 24. April 1990 in Berlin/West, Berlin 1990.

**Hertle,** Hans-Hermann/Stephan, Gerd-Rüdiger (Hrsg.): Das Ende der SED. Die letzten Tage des Zentralkomitees, Berlin 1999.

**Hertle,** Hans-Hermann: Chronik des Mauerfalls. Die dramatischen Ereignisse um den 9. November 1989, Berlin 1999.

**Hertle,** Hans-Hermann: Der Fall der Mauer. Die unbeabsichtigte Selbstauflösung des SED-Staates, Opladen 1996.

**Hoffmann,** Theodor: Das letzte Kommando. Ein Minister erinnert sich, Berlin 1993.

**Honecker,** Erich: Aus meinem Leben, Berlin 1980.

**Honecker,** Erich: Moabiter Notizen, Berlin 1994.

**Honecker,** Erich: Reden und Aufsätze, 12 Bände, Berlin 1975–1988.

**Honecker,** Erich: Zu dramatischen Ereignissen, Hamburg 1992.

**Honecker**-Witze. Als Politiker ist er eine Null, aber küssen kann er, Frankfurt a. M. 1988.

**Institut** für Marxismus-Leninismus (Hrsg.): Erich Honecker. Skizze seines politischen Lebens, Berlin 1977.

**Janka,** Walter: Schwierigkeiten mit der Wahrheit, Berlin 1990.

**Janson,** Carl-Heinz: Totengräber der DDR. Wie Günter Mittag den SED-Staat ruinierte, Düsseldorf/Wien/New York 1991.

**Jaruzelski,** Wojciech: Hinter den Türen der Macht, Leipzig 1996.

**Judt,** Matthias (Hrsg.): DDR-Geschichte in Dokumenten. Beschlüsse, Berichte, interne Materialien und Alltagszeugnisse, Berlin 1997.

**Kaiser,** Monika: Machtwechsel von Ulbricht zu Honecker. Funktionsmechanismen der SED-Diktatur in Konfliktsituationen 1962–1972, Berlin 1997.

**Keller,** Dietmar/Modrow, Hans/Wolf, Herbert (Hrsg.): Ansichten zur Geschichte der DDR, 4 Bände, Berlin 1993 f.

**Keßler,** Heinz: Zur Sache und zur Person, Erinnerungen, Berlin 1996.

**Kirschey,** Peter: Wandlitz Waldsiedlung – die geschlossene Gesellschaft, Berlin 1990.

**Klein,** Thomas/Otto, Wilfriede/Grieder, Peter: Visionen. Repression und Opposition in der SED, Frankfurt/O. 1997.

**Klemm,** Volker: Korruption und Amtsmißbrauch in der DDR, Stuttgart 1991.

**Knabe,** Hubertus: Die unterwanderte Republik. Stasi im Westen, Berlin 1999.

**Koch,** Peter-Ferdinand: Die feindlichen Brüder. DDR contra BRD, Bern/München/Wien 1994.

**Kohl,** Helmut: Ich wollte Deutschlands Einheit. Dargestellt von Kai Dieckmann und Rolf Georg Reuth, Berlin 1996.

**Krenz,** Egon: Herbst '89, Berlin 1999.

**Krenz,** Egon: Wenn Mauern fallen, Wien 1990.

**Krömke,** Claus: Das »neue ökonomische System der Planung und Leitung der Volkswirtschaft« und die Wandlungen des Günter Mittag (hefte zur ddr-geschichte, 37); Berlin 1997.

**Küchenmeister,** Daniel (Hrsg.): Honecker – Gorbatschow. Vieraugengespräche, Berlin 1993.

**Kühnhardt,** Ludger: Revolutionszeiten, München 1995.

**Kwizinskij,** Juri: Vor dem Sturm, Berlin 1993.

**Lang,** Jochen von: Erich Mielke. Eine deutsche Karriere, Berlin 1991.

**Lehmann,** Hans-Georg: Deutschland-Chronik 1945–1995, Bonn 1995.

**Lippmann,** Heinz: Honecker. Porträt eines Nachfolgers, Köln 1971.

**Löw,** Konrad (Hrsg.): Ursachen und Verlauf der deutschen Revolution 1989, Berlin 1997.

**Luft,** Christa: Zwischen Wende und Ende. Eindrücke, Erlebnisse, Erfahrungen eines Mitglieds der Modrow-Regierung, Berlin 1991.

**Maaz,** Hans-Joachim: Der Gefühlsstau, München 1992.

**Maier,** Charles S.: Das Verschwinden der DDR und der Untergang des Kommunismus, Frankfurt/M. 2000.

**Mallmann,** Klaus-Michael: Kommunisten in der Weimarer Republik, Sozialgeschichte einer revolutionären Bewegung, Darmstadt 1996.

**Meuschel,** Sigrid: Legitimation und Parteiherrschaft. Zum Paradox von Stabilität und Revolution in der DDR, Frankfurt/M. 1992.

**Meyer,** Gerd: Die DDR-Machtelite in der Ära Honecker, Tübingen 1991.

**Michel,** Karl M./Spengler, Tilmann: In Sachen Erich Honecker, Kursbuch 111, Berlin 1993.

**Mittag,** Günter: Um jeden Preis. Im Spannungsfeld zweier Systeme, Berlin/Weimar 1991.

**Mitter,** Armin/Wolle, Stefan: Untergang auf Raten. Unbekannte Kapitel der DDR-Geschichte, München 1993.

**Modrow,** Hans: Aufbruch und Ende, Hamburg 1991.

**Modrow,** Hans (Hrsg.): Das große Haus. Insider berichten aus dem ZK der SED, Berlin 1994.

**Modrow,** Hans (Hrsg.): Das große Haus von außen. Erfahrungen im Umgang mit der Machtzentrale in der DDR, Berlin 1996.

214

**Modrow,** Hans: Ich wollte ein neues Deutschland, München 1999.

**Modrow,** Hans: Von Berlin bis Strasbourg, Berlin 2001.

**Müller-Enbergs,** Helmut/Wielgohs, Jan/Hoffmann, Dieter: Wer war wer in der DDR? Ein biographisches Lexikon, Berlin 2000.

**Nakath,** Detlef: Deutschlandpolitiker der DDR erinnern sich, Berlin 1995.

**Nakath,** Detlef: Von Hubertusstock nach Bonn, Berlin 1995.

**Neugebauer,** Gero/Stöss, Richard: Die PDS. Geschichte, Organisation, Wähler, Konkurrenten, Opladen 1996.

**Neumann,** Thomas: Die Maßnahme. Eine Herrschaftsgeschichte der SED, Reinbek bei Hamburg 1991.

**Neubert,** Ehrhart: Geschichte der Opposition in der DDR 1949–1989, Berlin 1997.

**Oldenburg,** Fred: Das Dreieck Moskau – Ost-Berlin – Bonn 1975–1989, Köln 1994.

**Oldenburg,** Fred: Die Implosion des SED-Regimes. Ursachen und Entwicklungsprozesse, Köln 1991.

**Otto,** Wilfriede: Erich Mielke. Biographie, Berlin 2000.

**Podewin,** Norbert: Walter Ulbricht. Eine neue Biographie, Berlin 1995.

**Potthoff,** Heinrich: Die Koalition der Vernunft. Deutschlandpolitik in den 80er Jahren, München 1995.

**Pötzl,** Norbert F.: Basar der Spione. Die geheimen Missionen des DDR-Unterhändlers Wolfgang Vogel, München 1999.

**Prokop,** Siegfried (Hrsg.): Die kurze Zeit der Utopie. Die »zweite« DDR im vergessenen Jahr 1989/90, Berlin 1994.

**Prokop,** Siegfried: Das SED-Politbüro. Aufstieg und Ende (1949–1989) (hefte zur ddr-geschichte, 40, Berlin 1996).

**Przybylski,** Peter: Tatort Politbüro, Band 2: Honecker, Mittag und Schalck-Golodkowski, Berlin 1992.

**Przybylski,** Peter: Tatort Politbüro. Die Akte Honecker, Berlin 1991.

**Runge,** Irene/Stelbrink, Uwe: Gregor Gysi: Ich bin Opposition, Berlin 1990.

**Schabowski,** Günter: Das Politbüro. Ende eines Mythos. Eine Befragung von Sieren, Frank/Koehne, Ludwig (Hrsg.), Reinbek bei Hamburg 1990.

**Schabowski,** Günter: Der Absturz, Berlin 1991.

**Schachnasarow,** Georgi: Preis der Freiheit, Bonn 1996.

**Schalck-Golodkowski,** Alexander: Deutsch-deutsche Erinnerungen, Reinbek bei Hamburg 2000.

**Schmidt,** Gerd: Ich war Butler beim Politbüro, Schkeuditz 1999.

**Schmidt,** Helmut: Die Deutschen und ihre Nachbarn, Berlin 1992.

**Schröder,** Klaus: Der SED-Staat. Geschichte und Strukturen der DDR, München 1998.

**Schürer,** Gerhard: Gewagt und verloren. Eine deutsche Biographie, Frankfurt/O., 1996.

**Schwan,** Heribert: Erich Mielke. Der Mann, der die Stasi war, München 1997.

**Selbmann,** Erich: Der Prozeß »527–10/1992«, Strafsache gegen Honecker und andere, Berlin 1993.

**Staadt,** Jochen: Auf höchster Stufe. Gespräche mit Honecker, Berlin 1995.

**Staritz,** Dietrich: Geschichte der DDR, Frankfurt/M. 1996.

**Teltschik,** Horst: 329 Tage. Innenansichten der Einigung, Berlin 1993.

**Ulrich,** Albrecht: Die Abwicklung der DDR. Die »2+4-Verhandlungen«: Ein Insiderbericht, Opladen 1992.

Uschner, Manfred: Die zweite Etage. Funktionsweise eines Machtapparates, Berlin 1993.
Voslensky, Michael S.: Das Geheime wird offenbar. Moskauer Archive erzählen. 1917–1991, München 1995.
Weber, Hermann (Hrsg.): Der SED-Staat: Neues über eine vergangene Diktatur, München 1994.
Weber, Hermann/Staritz, Dietrich (Hrsg.): Kommunisten verfolgen Kommunisten. Stalinistischer Terror und »Säuberungen« in den kommunistischen Parteien Europas seit den 30er Jahren, Berlin 1993.
Weber, Hermann: DDR. Grundriß der Geschichte 1945–1990, Hannover, 1991.
Weber, Hermann: Geschichte der DDR, München 1999.
Wolf, Markus: Die Troika, Berlin 2000.
Wolf, Markus: In eigenem Auftrag. Bekenntnisse und Einsichten, München 1991.
Wolf, Markus: Spionagechef im geheimen Krieg. Erinnerungen, München 1998.
Wolff, Friedrich: Verlorene Prozesse. 1953–1998. Meine Verteidigungen in politischen Verfahren, Berlin 1999.
Wolle, Stefan: Die heile Welt der Diktatur. Alltag und Herrschaft in der DDR 1971–1989, Berlin 1998.


*Periodika, Zeitschriften, Zeitungen*

Aus Politik und Zeitgeschichte; Beilage der Wochenzeitung Das Parlament, Bonn (seit 1950).
Beiträge zur Geschichte der deutschen Arbeiterbewegung (BZG), Berlin (seit 1959).
Berliner Arbeitshefte und Berichte zur sozialwissenschaftlichen Forschung (ab 1991).
Berliner Zeitung.
BILD.
Blätter für deutsche und internationale Politik, Köln (seit 1955).
Der Bundesminister des Innern (Hrsg.): Verfassungsschutzberichte, Bonn, 1990–1994.
Der Spiegel.
Der Tagesspiegel.
Deutsche Studien, Lüneburg (seit 1963).
Deutschland-Archiv, Köln (seit 1968).
Die Welt.
Focus.
Frankfurter Allgemeine Zeitung.
Frankfurter Rundschau.
Jahrbuch für Historische Kommunismusforschung, Berlin (seit 1993).
Junge Welt.
Leipziger Volkszeitung.
Neue Zeit.
Neuer Weg.
Neues Deutschland.
Stern.
Süddeutsche Zeitung.
Super-Illu.
taz (Die Tageszeitung).

216

Tribüne.
Vierteljahreshefte für Zeitgeschichte, München (seit 1953).
Wochenpost.
Zeitschrift für Geschichtswissenschaft (ZfG), Berlin (seit 1953).

## Gedruckte Quellen

**Deutscher Bundestag** (Hrsg.): Materialien der Enquete-Kommission Aufarbeitung von Geschichte und Folgen der SED-Diktatur in Deutschland, 10 Bände, Baden-Baden 1995.
**Deutscher Bundestag** (Hrsg.): Protokolle der Volkskammer der Deutschen Demokratischen Republik, 10. Wahlperiode (5. April – 2. Oktober 1990), Opladen 2000.
**Tagungen der Volkskammer** der DDR, 9. Wahlperiode, Berlin 1990.

## Archive

**Stiftung Archiv der Parteien und Massenorganisationen** der DDR im Bundesarchiv (SAPMO-BArch) – Zentrales Parteiarchiv der SED.
**Archiv der Partei des Demokratischen Sozialismus** (PDS).
**Archiv der Bundesbeauftragten** für die Unterlagen des Staatssicherheitsdienstes der ehemaligen Deutschen Demokratischen Republik.
**Archiv des Landgerichts Berlin-Moabit.**

## Interviews und Korrespondenz:

(Angaben in Klammern beziehen sich auf die Funktionen, welche die Personen im behandelten Zeitraum ausübten)

### Schriftliche Anfragen/Korrespondenz:
**Bohl,** Dr. Friedrich (Kanzleramtsminister).
**Herrmann,** Frank-Joachim (Leiter der Kanzlei des Staatsratsvorsitzenden der DDR).
**Honecker,** Margot (DDR-Volksbildungsministerin, Ehefrau von Erich Honecker).
**Schily,** Otto (Rechtsanwalt).
**Senatsverwaltung** für Justiz, Berlin.
**Stolpe,** Manfred (Konsistorialpräsident der ev. Kirche, Ministerpräsident von Brandenburg).

### Gesprächspartner:
**Althaus,** Prof. Dr. Peter (Chefarzt an der Charité).
**Andert,** Reinhold (ehemaliges Mitglied im»Oktoberklub«, Liedermacher, Buchautor).
**Blüm,** Dr. Norbert (Bundesarbeitsminister).
**Buske,** Dr. Adolf (Staatsanwalt, Leiter der Abt. Wirtschaftsstrafsachen beim Generalstaatsanwalt der DDR).

**Diestel,** Dr. Peter-Michael (Stellvertretender Ministerpräsident und Innenminister der DDR).

**Faber,** Elmar (Leiter des Aufbau-Verlages, Vorsitzender des Verlegerausschusses des Börsenvereins der Deutschen Buchhändler).

**Frangi,** Abdallah (Leiter der Generaldelegation Palästinas in der Bundesrepublik Deutschland).

**Hartmann,** Günter (Vorsitzender der NDPD).

**Heinecke,** Klaus-Peter (Leiter des Friedhofsamtes Berlin-Lichtenberg).

**Hijazi,** Abdallah (Kulturattaché der Botschaft Palästinas in der DDR).

**Holmer,** Uwe (Pfarrer, Bürgermeister von Lobetal).

**Homann,** Prof. Dr. Heinrich (Stellvertretender Vorsitzender des Staatsrates der DDR, Vorsitzender der NDPD).

**Jahntz,** Bernhard (Oberstaatsanwalt, Honecker-Ankläger, Landgericht Moabit).

**Karagesian,** Karen (Mitglied im ZK der KPdSU, Gorbatschow-Berater).

**Kohl,** Dr. Helmut (Bundeskanzler, Vorsitzender der CDU).

**Krenz,** Egon (Mitglied des Politbüros des ZK und Generalsekretär des ZK der SED, Vorsitzender des Staatsrates und des Nationalen Verteidigungsrates der DDR).

**Kuhn,** Eveline (Wissenschaftliche Mitarbeiterin im Museum für Deutsche Geschichte, Abt. Gedenkstätten).

**Maizière,** Lothar de (Vorsitzender der CDU in der DDR, stellvertretender Vorsitzender des Ministerrates für Kirchenfragen, Ministerpräsident der DDR, Bundesminister ohne Geschäftsbereich, stellvertretender Vorsitzender der Gesamt-CDU).

**Modrow,** Dr. Hans (Erster Sekretär der SED-Bezirksleitung Dresden, Vorsitzender des Ministerrates der DDR).

**Podewin,** Dr. Norbert (Sekretär des Nationalrates der Nationalen Front).

**Reuter,** Prof. Dr. Lothar (Stellvertretender Generalstaatsanwalt der DDR).

**Romahn,** Ralf (Oberstleutnant der Kriminalpolizei).

**Schabowski,** Günter (Erster Sekretär der SED-Bezirksleitung Berlin, Mitglied des Politbüros des ZK der SED).

**Schachnasarow,** Georgi (Berater von Michail Gorbatschow).

**Schmidt,** Jürgen (Amtsleiter des Hauptamtes der Stadt Neunkirchen).

**Schürer,** Dr. Gerhard (stellvertretender Vorsitzender des Ministerrates der DDR, Vorsitzender der Staatlichen Plankommission, Kandidat des Politbüros des ZK der SED).

**Schwertner,** Edwin (Leiter des Büros des Politbüros des ZK der SED).

**Tschernajew,** Anatoli (Berater von Michail Gorbatschow).

**Wauer,** Hans (stellvertretender Vorsitzender der KPD, Mitglied des Solidaritätskomitees für Erich Honecker).

**Wildau,** Erika (Rechtsanwältin, Tochter Erich Honeckers).

**Wolff,** Dr. Friedrich (Vorsitzender des Rates der Kollegien der Rechtsanwälte der DDR, Rechtsanwalt Erich Honeckers).

**Wötzel,** Dr. Roland (Sekretär für Wissenschaft der SED-Bezirksleitung Leipzig, Erster Sekretär der SED-Bezirksleitung Leipzig).

**Ziegler,** Martin (Oberkirchenrat, Moderator des Zentralen Runden Tisches).

# Personenregister

Erich und Margot Honecker wurden nicht ins Register aufgenommen.

# Ein Blick hinter die Kulissen der Macht

**Thomas Kunze**
**Nicolae Ceausescu**
Eine Biographie

Thomas Kunze
**Nicolae Ceausescu**
Eine Biographie

2. Auflage 2000,
464 Seiten, 33 Abbildungen
gebunden mit Schutzumschlag,
ISBN 3-86153-211-5

Der Historiker Thomas Kunze hat in seiner Ceausescu-Biographie
sorgfältig Legende und Wirklichkeit getrennt. Nach Blick in
Geheimarchive und Gesprächen mit Zeitzeugen stellt er eine
detailreiche Vita vor.
*Focus, München*

Die Lektüre ist fesselnd. Sie zeigt, welche Formen von Machtkalkül
und Größenwahn zur jüngsten Geschichte Europas gehören.
*F.A.Z., Frankfurt a.M.*

Hervorragend dokumentiert zeichnet diese absolut nicht
romantisierende»Geschichte« den biographischen und politischen
Lebensweg des Mannes nach, der unsere Geschichte in diesem
Jahrhundert geprägt hat und an den wir uns wie an einen Alptraum
erinnern. Um diesen Alptraum zu überwinden, müssen wir ihn zuerst
dechiffrieren. Genau das ist die Absicht des Buches.
*Observator, Bukarest*

Die beste Arbeit zu diesem Thema, die bisher in deutscher
Sprache vorliegt.
*Südostdeutsche Vierteljahresblätter,*
*München*

**Ch. Links**

Ch. Links Verlag, Schönhauser Allee 36, 10435 Berlin, www.linksverlag.de

# Standardwerke zur DDR-Geschichte

Helmut Müller-Enbergs, Dieter Hoffmann, Jan Wielgohs (Hg.)
**Wer war wer in der DDR?**
Ein biographisches Lexikon
2. aktual. Auflage, 1040 Seiten, gebunden
ISBN 3-86153-201-8

Matthias Judt (Hg.)
**DDR-Geschichte in Dokumenten**
Beschlüsse, Berichte, interne Materialien und Alltagszeugnisse
2. Auflage, 640 Seiten
ISBN 3-86153-142-9

Ehrhart Neubert
**Geschichte der Opposition in der DDR 1949–1989**
2. Auflage, 1016 Seiten, Broschur
ISBN 3-86153-163-1

Stefan Wolle
**Die heile Welt der Diktatur**
Alltag und Herrschaft in der DDR 1971-1989
2. Auflage, 424 Seiten, gebunden mit Schutzumschlag
ISBN 3-86153-157-7

Hannes Bahrmann, Christoph Links
**Chronik der Wende**
Die Ereignisse in der DDR zwischen 7. Oktober 1989 und 18. März 1990
3. Auflage, 304 Seiten, Klappenbroschur
ISBN 3-86153-187-9

Hans-Hermann Hertle
**Chronik des Mauerfalls**
Die dramatischen Ereignisse um den 9. November 1989
8. Auflage, 340 Seiten, Klappenbroschur
ISBN 3-86153-113-5

Dokumentationszentrum Alltagskultur der DDR (Hg.)
**Fortschritt, Norm und Eigensinn**
Erkundungen im Alltag der DDR
296 Seiten, Klappenbroschur
ISBN 3-86153-190-9

**Ch.Links**

**Ch. Links Verlag, Schönhauser Allee 36, 10435 Berlin, www.linksverlag.de**